中国机制铜元目录
（第三版）

Concise Catalogue of Modern Chinese Copper Coins
(3rd Edition)

周沁园
李平文 ◎ 编著

上海科学技术出版社

图书在版编目（CIP）数据

中国机制铜元目录 / 周沁园，李平文编著. -- 3版. -- 上海：上海科学技术出版社，2024.6
 ISBN 978-7-5478-6621-4

Ⅰ．①中… Ⅱ．①周… ②李… Ⅲ．①铜币(考古)－中国－图录 Ⅳ．①K875.62

中国国家版本馆CIP数据核字(2024)第086231号

策划编辑　励　真
责任编辑　励　真
责任校对　卢文斌
美术设计　房惠平
电脑制作　谢腊妹

中国机制铜元目录（第三版）
Concise Catalogue of Modern Chinese Copper Coins (3rd Edition)
周沁园　李平文　编著

上海世纪出版（集团）有限公司
上海科学技术出版社　出版、发行
（上海市闵行区号景路159弄A座 9F-10F）
邮政编码201101　　www.sstp.cn
山东韵杰文化科技有限公司印刷
开本 787×1092　1/16　印张 24.75
字数 490 千字
2012 年 3 月第 1 版　2018 年 5 月第 2 版
2024 年 6 月第 3 版　2024 年 6 月第 1 次印刷
ISBN 978-7-5478-6621-4/G·1221
定价：218.00 元

本书如有缺页、错装或坏损等严重质量问题，请向工厂联系调换

寓其深而言之显，
就其理而示之物；
删其枝而富之本，
止其滥而扬之畅。
此均足见编者之苦旨，
洞元所藏之不易也。

洪嶋镐
2011年6月

序
XU

中国机制铜元诞生在 1900 年，也就是光绪二十六年庚子义和团运动和八国联军入侵北京的同年。多变之秋注定了多变的铜元，铜元在中国货币史上出现时间不算太长，它却改变了中国三千年来的钱币铸造模式。

一百多年前，广东省试造了中国第一枚铜元，由于样式新颖，使用方便，受到商民喜爱，政府对此也有利可图，于是各省竞相设置造币厂，大量制造铜元，从清朝的龙图到民国北洋政府的嘉禾双旗，至 1949 年 10 月中华人民共和国成立止，独特的时代背景之下，产生了许多不同省份的铜元和版式，这也正是铜元迷人的地方。

铜元存世的数量非常多，但有些稀少的版式却是找许多年也找不着；目前有关中国铜元的专书相当多，但因书中铜元品相普遍不佳或印刷不好，常使初入门者望而却步。于是，一本精简实用，且铜元图片精美的铜元书就此应运而生。

编者对于中国铜元的热爱是令人佩服的，往往为了一枚铜元而专程飞到全国各地，不辞辛苦及代价，对铜元的研究亦不拘泥于前人的看法，而有自己独到的见解，譬如"吉林省造当制钱二十个背坐龙"，一般认为是前期与后期样式的错配，而编者通过对实物的收藏和研究，发现其背面坐龙的版式与后期"吉林当二十"的坐龙版式不同，而且没有混配，而推测其应不属于错配，而是过渡期少量打制的产物。编者与我通信多年，每有新的研究心得都喜与人互相交流，在一些期刊和钱币论坛上也发表过许多文章。

《中国机制铜元目录》一书汇集了编者多年收藏和研究的成果，内容涵盖了各省不同面值的铜元，从普通品到珍稀品，都尽可能以最好品相的图片来作介绍，也将品相分级并标注参考价，针对一些珍罕币也作了收藏流传经过和近几年拍卖成交的说明，对于初入门者或收藏者来讲都是一本优良的铜元书，值得读者赏阅。

郑仁杰

前言
QIANYAN

从伍德华先生的《中国当十铜元》系列文章在1936年结集成书后，迄21世纪初，陆续有多部铜元书问世。计有秋友晃（日）的《光绪元宝》《大清铜币》《民国铜元》三本大作(1971)、张培林的《中国机制铜币》(1989)、华光普的《中国铜元目录》(1992)、台湾地区郑仁杰的《中国铜元鉴赏》(1997)、李晓萍的《中国铜元图典》(2000)、广西钱币学会的《中国十文铜元版式研究》(2003)和段洪刚的《中国铜元分类研究》(2006)及《中国铜元谱》(2007),等等。众多的铜元著作对中国铜元的制造历史和版式研究作出了巨大的贡献，有力地推动了中国铜元的收藏和宣传。当然，互联网对此亦功不可没。

中国机制铜元作为流通货币不足50年的历史，却创造了货币史上的一个极致！不是专业深入的研究，则难解个中三昧。虽说当年的制造数量浩瀚，但恰逢社会急剧动荡的时期，损毁也极为严重。更值得引起关注的是，当时的机制铜元是许多地方政府或军阀势力牟利的工具，所以很多品种都是粗制滥造，这在民国铜元中表现得尤其突出；由于铜元是非贵重金属制成的辅币，在流通中任意地损毁，不像精工细制的银币在流通中还得到人们刻意的保护；铜材本身极易磨损和腐蚀，一经入土根本无法让人了解铜元的精美纹饰。其实，铜元绝大部分的版式（包括10级最普通的品种）都难以找到入藏的品相，能入藏的比例不是百分之一，而是千分之一

Ever since Tracey Woodward published his masterpiece "The Minted Ten Cash Coins of China" in 1936, it has made great contributions to the understanding of modern machine-made Chinese copper coins. Many numismatic literatures in this area have followed his step even at the beginning of 21st century. These literary works, including forums on the internet, play important role in the research of this subject.

The struck copper coins were circulated only about half a century as fractional currency in China. However, it had created a legend only those who studied hard in-depth could enjoy it. Although the output pieces were enormous then, yet during that turmoil period most of these base-metal coins were crudely made and overlooked by many collectors. Unlike silver coins, copper coins were not carefully protected. When they are appeared,

乃至万分之一！6级以上的品种，在一大堆铜元中也难挑出几枚。好的品种和精美品相者的存世量与其产量形成了巨大的反差。正因为许多品种的存世量极少，以致玩了十几年的泉友没见过的品种也多得是，也难怪一般人难以了解铜元的真实全貌。

铜元版式众多，若分得过多过细，将使得新手敬而远之；而物以稀为贵，能够入藏的品种和品相较少，也大大地限制了人们更进一步地了解中国铜元！所以我们想借助本书把中国机制铜元最美和最精彩的一面展现出来。对于喜爱铜元精巧纹饰的人来说，这是一本鉴赏书；对于新手或初学者，此书则是入门的钥匙，一本难得的工具书。我们以二十多年来的收藏和市场经验，结合互联网上与拍卖会的成交价格，按不同品相标注市场参考价。本书着重主干和大版，合并和省略细小版式，学有余力的泉友在有一定基础后可再进行细分。凡"镍币"、"臆造币"、"趣味品"、"代用币"、"私版"和"翻砂品"等，均不在本书之列。目的是简单明了，通俗易懂，让更多的人了解中国机制铜元，让更多的人因喜欢与重视中国铜元而加入到收藏的行列，使中国铜元发扬光大，大放异彩！

由于中国铜元博大精深，编者的见识和经验有限，书中疏漏和错误之处在所难免，敬请批评指正！

编　者

corrosion has made it difficult for people to recognize the beauty of the details. High grade coins are hard to find and others either rested in junk boxes or destroyed during the years. The large variations of different eras and issuers also confuse beginner collectors like puzzle. All these create difficulties for the general public to see the true value of Chinese copper coin.

This book is intended to present the most splendid side of Chinese copper coins, also provide the basis for rarity and evaluation of coins included in this book. For enthusiasts it will be a book of appreciation; for new collectors, it is a beginner's guide book. For the convenience of readers, all nickel, fantasy, errors, tokens, unofficial issuer's and cast coins are not included. It's the author's anticipation that this book will stimulate interest in Chinese struck copper coins.

凡例
FANLI

- 本书所收录的以正式行用的机制铜元（含机制方孔制钱）为主，各类铜元试样、呈样等样币为辅，加上造币厂所作的异配币、戏作币，合计收录 2 105 枚。
- 本书不列伪造币、臆造币、私版币、代用币和翻砂币。四川马兰和奉天当圆系列因难以简单定性归类，虽无纪地但受到业内广泛认可故选录。
- 本书铜元图片一币双图，图下配以编号和简单说明。图片编号由铜元背面英文省名起首字母加数字组成，省内有机制方孔制钱则再加英文字母 .C，如广东省铜元背面上缘英文 KWANG-TUNG，本书所收录的第一枚广东省铜元的编号为 KT.01；机制方孔的编号为 KT.C1。如遇英文首字母相叠而无法分者，如湖南省（HU-NAN）和河南省（HO-NAN），则多选一个字母，分别为 HUN.01 和 HON.01，铜元背面无英文者则取其所在省区汉语拼音的起首字母，如西藏为 XZ.01。江西篇、湖北篇、四川篇中的民国时期铜元，以及户部篇、民国篇、苏维埃篇中的铜元编号亦参照拼音原则，特此说明。
- 本书铜元由编者依照个人收藏心得，采取归系列、分大类的排列方式，故会有留白，以免前后大类混淆。西藏、新疆两地铜元版式众多，都已单独成书，故本书择其大类、大版介绍。
- 本书所列参考价采用人民币定价。
- 本书正文每页下方均附有参考价表（单位：元）。评级以数量的多寡分为 1～10 级，1 级最为罕有。铜元的品相分四个等级，每枚铜元按不同等级标注相应的市场参考价，未明确标注某等级价格者，说明目前尚未发现该类品相或无成交价可参考。收藏者对品相的认知见仁见智，未使用的品相中，亦有深打和弱打之别，有原光、底光和巧克力色之分，所以价格是相对的。相同级别的不同铜元的参考价也不尽相同。近年来铜元价格波动大，定价困难，钱币价格本无一定，系全面供需来决定涨跌。
- 本书铜元材质未标明者为红铜（机制方孔制钱，奉天省造相反，未标明者为黄铜）。为了能更清晰直观展示，除标注"原大"的图片以外，图示尺寸并非铜元实际尺寸（机制方孔制钱、四川马兰系列、西藏篇为原大），同时为了便于读者理解，特选加"一眼法"小图供参考。
- 本书图片绝大多数为编者亲手拍摄，仅个别取自他处，由于版面有限，所有图片不一一币下署名，但在后记中均会列出提供者姓名或网名。
- 机制币在规格、重量上均有定制，但各地不尽相同，故在此就各面值铜元的直径、厚度和重量给出一个平均值，以供参考。一文铜元：直径 16 毫米，厚度 0.9 毫米，重量 1.2 克。二文铜元：直径 17.4 毫米，厚度 1.2 毫米，重量 1.9 克。五文铜元：直径 24 毫米，厚度 1.5 毫米，重量 4.0 克。十文铜元：直径 28.2 毫米，厚度 1.85 毫米，重量 7.45 克。二十文铜元：直径 33 毫米，厚度 2 毫米，重量 14.5 克。
- 中国人民银行 1949 年以后发行的铜质流通币、纪念币，均不列入本书范畴，详见其他专书。

目录
MULU

1 广东篇　　001
广东省造光绪通宝机制方孔制钱系列　　002
广东省造光绪重宝机制方孔制钱系列　　004
广东省造机制圆孔制钱系列　　005
广东省造光绪元宝二百枚换一圆　　006
广东省造光绪元宝每百枚换一圆系列　　007
广东省造光绪元宝每元当制钱十文系列　　007
大清铜币中心粤系列　　008
广东民国仙币系列　　010

2 福建篇　　013
福建省造机制圆孔制钱系列　　014
福建官局造光绪元宝系列　　015
大清铜币中心闽系列　　019
福建民国中华元宝　　020
福建合面合背　　020

3 江西篇　　021
江西篇·大清（KSI）　　022
江西省造光绪元宝库平系列　　022
江西省造光绪元宝满文宝源系列　　023
江西省造光绪元宝飞龙系列　　024
江西省造光绪元宝三星坐龙系列　　024
江西省造光绪元宝黄铜系列　　025
江西省造光绪元宝 see 系列　　025
江西省造光绪元宝单星 S 云系列　　026
江西省造光绪元宝尔宝竖花系列　　026
江西省造光绪元宝缶宝平花系列　　030
江西省造小字系列　　034
江西省造小字系列之密珠圈　　035
大清铜币中心赣系列　　037
江西篇·民国（KSJ）　　038
江西省造大汉铜币系列　　038
江西铜币小字竖花系列　　039
江西铜币大字竖花系列　　041
江西铜币大字平花系列　　042

4 浙江篇　　045
浙江省造光绪通宝机制方孔制钱系列　　046
浙江省造光绪元宝中圆盘系列　　048
浙江省造光绪元宝中花系列　　048
大清铜币中心浙系列　　051
浙江省造光绪元宝英国试样　　054
浙江合面合背　　054

5 广西篇　　057
广西省造光绪元宝飞龙德国试样　　058
广西民国仙币系列　　058
广西民国分币系列　　058

6 湖南篇　　059
湖南省造光绪元宝中满文小圈系列　　060
湖南省造光绪元宝中满文秀体字系列　　061
湖南省造光绪元宝中满文系列　　062
湖南省造光绪元宝中花系列　　063
湖南省造光绪元宝飞龙系列　　065
大清铜币中心湘系列　　066
湖南铜元九星系列　　070

湖南民国嘉禾系列	071	安徽省造光绪元宝中满文宝安系列	117
湖南德国试样系列	077	奖字币系列	123
湖南合面合背	080	安徽省造光绪元宝中花十文系列	123
		安徽省造光绪元宝中花当十系列	126
7 湖北篇	**083**	大清铜币中心皖系列	128
湖北篇·大清（HP）	084	安徽后制类	131
湖北省造光绪通宝机制方孔制钱系列	084	安徽合面合背	132
湖北省造光绪元宝六瓣花系列	085		
湖北省造光绪元宝八瓣花系列	087	**10 江南篇**	**133**
湖北省造光绪元宝中金钱系列	089	江南省造光绪通宝机制方孔制钱系列	134
湖北省造光绪元宝五瓣花系列	090	江南机器制造总局机制吉语钱系列	135
大清铜币中心鄂系列	091	江南省造光绪元宝中满文系列	143
湖北省造圆珠龙试样系列	097	江南省造光绪元宝中花系列	149
湖北合背	097	大清铜币中心宁系列	150
湖北篇·民国（HPJ）	097	江南合面合背	156
湖北铜币军政府系列	097		
		11 江苏篇	**159**
8 河南篇	**099**	江苏省造光绪通宝机制方孔制钱系列	160
河南省造光绪元宝系列	100	江苏省造光绪元宝中花当十系列	163
大清铜币中心汴系列	104	江苏省造光绪元宝中满文系列	163
河南民国中十文系列	107	江苏省造光绪元宝中花系列	168
河南民国中花系列	108	大清铜币中心苏系列	171
河南民国中党徽系列	111	江苏合面合背	173
河南伍百文	112		
河南合面合背	113	**12 清江篇**	**175**
		清江光绪元宝系列	176
9 安徽篇	**115**	大清铜币中心淮系列	178
安徽方孔	116	清江合面合背	180
安徽省造光绪元宝中满文宝皖系列	116		

13 云南篇 — 181

- 大清铜币中心川滇系列 — 182
- 大清铜币中心云系列 — 182
- 大清铜币中心滇系列 — 183
- 云南省造新云南十文试样 — 183
- 云南民国唐继尧像纪念铜币系列 — 184
- 云南民国仙币系列 — 184

14 四川篇 — 187

- 四川篇·大清（SC） — 188
- 四川省造光绪通宝机制方孔制钱系列 — 188
- 四川官局造光绪元宝系列 — 189
- 四川省造光绪元宝系列 — 190
- 四川省造光绪元宝试样系列 — 202
- 四川省造光绪元宝当三十系列 — 203
- 大清铜币中心川系列 — 204
- 四川合面合背 — 208
- 四川篇·民国（SCJ） — 208
- 四川民国醒狮系列 — 209
- 军政府造四川铜币系列 — 210
- 四川民国贰百文双旗系列 — 216
- 四川民国嘉禾系列 — 217
- 四川民国中心川边铸系列 — 218
- 四川民国梅花铜辅币系列 — 219
- 四川篇·马兰（SCM） — 220

15 西藏篇 — 233

- 宣统元年系列 — 234
- 火宝花图系列 — 235
- 宣统宝藏系列 — 235
- 法轮"卡冈"（二分半）系列 — 236
- "噶阿"（五分）"噶钦"（大五分）系列 — 237
- 四瓣"卡冈"（二分半）系列 — 238
- 小"卡冈"样币 — 238
- "噶阿"（五分）"噶穷"（小五分）系列 — 239
- "启介"（七分半）系列 — 240
- "雪康"（一钱）横写"雪康"系列 — 240
- "横雪康"样币 — 243
- "雪康"（一钱）竖写"雪康"系列 — 244
- "雪康"（一钱）新"雪康"系列 — 245
- "雪松"（三钱）系列 — 246
- "雪阿"（五钱）系列 — 246

16 新疆篇 — 249

- 新疆省造光绪通宝机制方孔制钱系列 — 250
- 喀什光绪元宝当十 — 250
- 新省光绪元宝系列 — 251
- 新疆通用宣统元宝系列 — 252
- 新疆通宝双旗系列 — 253
- 新疆通用壬子双旗系列 — 253
- 新省铜币辛酉十文 — 254
- 新疆省城造纪年系列 — 254
- 新疆喀造单旗系列 — 257
- 新疆喀造/喀什造双旗系列 — 257
- 新省喀什造民国铜元系列 — 259
- 戊辰新省喀造民国铜元系列 — 260
- 戊辰新省喀造中华民国系列 — 261
- 戊辰新疆喀造中华民国系列 — 261

己巳新疆喀造中华民国系列	262
新疆喀什造纪年系列	263
新疆阿造系列	264
伪东土系列	265

17 山东篇   267
山东省造光绪通宝机制方孔制钱	268
左右山东（横山东）光绪元宝系列	268
山东省造（上山东）光绪元宝系列	269
大清铜币中心东系列	273
光绪通宝山东壹文系列	275
山东民国贰拾文系列	276
山东民国辅币壹分	276

18 北洋篇   277
北洋光绪通宝机制方孔制钱系列	278
北洋光绪元宝系列	281
大清铜币中心直系列	282

19 户部篇   285
户部光绪通宝机制方孔制钱	286
户部光绪元宝系列	286
户部大清铜币系列	288
宣统年造大清铜币系列	301
宣统三年大清铜币系列	305

20 奉天篇   309
奉天省造光绪通宝机制方孔制钱系列	310
奉天机器局造光绪通宝紫铜当十钱系列	310
奉天省造光绪元宝中花系列	313

奉天省造光绪元宝中满文（宝奉）系列	313
奉天省造光绪元宝中满文（奉宝）系列	317
大清铜币中心奉系列	319
奉天合背	322
奉天当拾、当百、当圆筹码系列	323
东三省民国分币系列	324

21 吉林篇   327
吉林省造光绪通宝机制方孔制钱系列	328
光绪通宝吉字二文／吉林省造中花当十	329
吉林省造光绪元宝十箇飞龙大类	329
吉林省造光绪元宝十箇飞龙基本版	330
吉林省造光绪元宝十箇飞龙特色版	331
吉林省造光绪元宝二十箇飞龙系列	333
大清铜币己酉中心吉系列	335
大清铜币己酉中花系列	336
吉林省造光绪元宝辛丑中花篮系列	337

22 民国篇   339
民国通宝方孔制钱系列	340
面珠圈开国纪念币系列（武昌厂）	341
面珠圈开国纪念币系列（安庆厂）	342
缠枝花开国纪念币系列（安庆厂）	344
缠枝花开国纪念币系列（江南厂）	346
中圆孔嘉禾系列	349
共和纪念币系列	351
人像十文系列	352
布图分币系列	354
金本位壹仙	358
二十五年布图平津系列	359

廿五年面嘉禾系列	360
廿五年面平津系列	362
山西中华铜币系列	363
甘肃铜币系列	365
察哈尔中华铜币系列	367
贵州铜元系列	368
绥远白塔系列	368
陕西铜元系列	368
伪政府铜元系列	369
民国合面合背	372
台湾省铜元	373

23 苏维埃篇 375

中华苏维埃共和国系列	376
皖西北苏维埃造系列	377
川陕省苏维埃造系列	377

附录：国外造币厂中式制钱试样 380

后记 381

1 广东篇

(KT)

广东（含今海南省）地处中国最南端，陆地东、北、西三面与福建、江西、湖南、广西接壤。明代置省，得自古代地名广信之东，亦称百越或南粤，越与粤通，简称"粤"。

光绪十三年（1887年）两广总督张之洞奏准购办机器以新法制造制钱、银圆，自英国伯明翰喜敦工厂（Heaton Mint，后改名伯明翰造币厂Birmingham Mint）购买全套设备及银铜币模，于广州大东门外黄华塘勘地建"广东钱局"。光绪十五年（1889年）开造机制方孔制钱，开创了中国大规模机械造币的纪元。初期造币厂采用机器制造计重库平一钱的黄铜方孔制钱"光绪通宝/库平一钱，满汉文厂"，后改制重八分的"光绪通宝/满文宝厂"，光绪二十年（1894年）因亏损甚巨而停造，其间还试制了"光绪重宝当十"方孔等各式减重钱。光绪二十六年（1900年）广东大吏新铸铜元三等，以辅制钱之不足。先行以机器制造"每个计重库平二钱"的二等龙纹铜元，最初以"每百枚换一圆"（每一百枚铜元换银币一圆）的银、铜币法定兑换比，推行ONE CENT（一分、一仙）铜元，开我国发行西式铜元之先河。后因面文与市中时价不符，粤省于光绪三十年（1904年）开制"每枚当制钱十文/TEN CASH"铜元。光绪三十一年（1905年）当地大吏为维持圜法，仿香港铸一文一钱，文式照旧，制造重三分二厘的黄铜圆孔制钱。翌年，财政处应请照准广东改产一文铜元，由造币总厂仿照广东钱样颁发祖模，令各省一律办理。光绪三十一年财政处户部整顿圜法，统归一律，广东等四局作为分厂。光绪三十二年（1906年）起逐年制造户部中心"粤"大清铜币，有别于他省，广东厂是唯一在大清铜币时代（光绪三十二年至宣统元年），每年都用当年干支新模来造币的省份。宣统二年（1910年）粤厂收归总厂后，地方钱币一律停造。

1911年辛亥革命广州光复后，造币厂改名为"中华民国军政府广东造币厂"，后又改称"财政部广州造币分厂"。该厂于1912年（民国元年）起开制以文字和数字为主要图案的"广东壹仙"铜币，分别有元年、三年、四年、五年、七年。七年有鉴于以往专造一仙铜币亏折甚巨，于五月开制每枚重二钱八分的"广东贰仙"铜币。1935年（民国二十四年）底，南京中央政府推行法币，为了收回各省的铸币与印钞权，于1936年（民国二十五年）发行布图镍币、铜元等辅币，推行于全国，同年广东地方政权试制了"孙中山像广东一仙"以及"广东省造五羊一仙"铜元。

广东省造光绪通宝机制方孔制钱系列

广东省造机制制钱

广东钱局于光绪十五年（1889年）四月二十六日开工生产机制方孔制钱，全套设备及银铜币模由英国伯明翰造币厂提供。初期造币厂采用机器制造计重库平一钱的黄铜方孔制钱"光绪通宝/库平一钱，满汉文广"，后改制重八分的"光绪通宝/满文宝广"，因亏损于光绪二十年（1894年）停产，其间还曾试制了"光绪重宝当十"方孔等各式减重钱。光绪三十一年（1905年）广东地方为维持圜法，仿香港铸一文形制，制造重三分二厘的黄铜圆孔制钱。1911年底，辛亥革命时期，广东军政府或为解决临时制钱不足、财政困难等原因，令粤厂制造"光明世界"等各式圆孔机造制钱用于短时流通。

KT.C1（1888）库平一钱小字，英国伯明翰厂样币

KT.C2（1889）库平一钱小字，国内版

KT.C3.1（1889）库平一钱

KT.C3.2（1889）库平一钱，满穿

KT.C3.3（1889）库平一钱，大厚坯试样

级别	普品	极美	近未使用	未使用		级别	普品	极美	近未使用	未使用
					KT.C1	3级				150 000
					KT.C2	5级		20 000	50 000	
KT.C3.1	9级	30	100	300	1 000	KT.C3.2	5级		30 000	60 000	100 000
KT.C3.3	3级		100 000								

KT.C4.1（1890）宝广

KT.C4.2（1890）宝广，厚坯试样，后钻孔

KT.C4.3（1890）宝广，大厚坯试样

KT.C4.4（1890）宝广，八角厚坯试样

KT.C4.5（1890）宝广，超大厚坯试样

	级别	普品	极美	近未使用	未使用		级别	普品	极美	近未使用	未使用
KT.C4.1	10级	20	60	300	600						
KT.C4.2	4级			100 000		KT.C4.4	4级			100 000	
KT.C4.3	4级		50 000								
KT.C4.5	3级			120 000							

KT.C5（1890）宝广，小字面

KT.C6（1890）宝广，小型红铜　　　　　　　KT.C7（1890）宝广，小型

广东省造光绪重宝机制方孔制钱系列

KT.C8（1890）宝广当五

KT.C9.1（1890）宝广当十，高宝　　　　　　KT.C9.2（1890）宝广当十，低宝

	级别	普品	极美	近未使用	未使用		级别	普品	极美	近未使用	未使用
KT.C5	5级		10 000	30 000							
KT.C6	2级				250 000	KT.C7	3级				150 000
KT.C8	2级				无定价						
KT.C9.1	3级			150 000		KT.C9.2	2级				250 000

广东省造机制圆孔制钱系列

KT.C10（1905）光绪通宝 / 宝广

KT.C11（1909）宣统通宝 / 宝广

KT.C12.1.1（1911）光明世界 / 宝广　　　　KT.C12.1.2（1911）光明世界 / 九星

KT.C12.1.3（1911）光明世界合面　　　　KT.C12.1.4（1911）光明世界正书 / 异书合面

	级别	普品	极美	近未使用	未使用		级别	普品	极美	近未使用	未使用
KT.C10	10 级	15	50	200	500						
KT.C11	10 级	20	80	300	600						
KT.C12.1.1	8 级	100	300	600	2 000	KT.C12.1.2	8 级	150	500	1 500	3 000
KT.C12.1.3	7 级	300	600	2 000	3 500	KT.C12.1.4	7 级	300	600	2 000	3 500

KT.C12.2（1911）光明世界斜横光/宝广　　　　KT.C12.3.1（1911）光明世界异书/宝广

KT.C12.3.2（1911）光明世界异书/九星　　　　KT.C12.3.3（1911）光明世界异书合面

广东省造光绪元宝二百枚换一圆

KT.01（1900）二百枚换一圆

KT.01a（1900）二百枚换一圆模具拓片

广东二百枚换一圆

广东二百枚换一圆（广东半仙）属试样性质，1943年杨成麒先生发现于上海冷摊，最早记载于1944年第146次中国泉币学社例会，近几十年来除了当年马定祥先生实物原照及另一枚阔缘拓片原照（后经鉴定为二元模片）外，目前实物下落不明，是一枚颇具神秘色彩的铜元珍品。另据光绪二十六年（1900年）六月十七日的《申报》记载，"广东大吏新铸铜元三等，以辅制钱之不足"。先行以机器制造"每个计重库平二钱"的二等龙纹铜元以济民艰，此后续造一等（重库平四钱，每五十枚换银币一圆）、三等（重库平一钱，每二百枚换银币一圆），以资周转。上述杨成麒发现的半仙铜币，即广东三等铜元试样。

级别	普品	极美	近未使用	未使用	级别	普品	极美	近未使用	未使用
KT.C12.2	8级	100	300	600	2 000	KT.C12.3.1	8级	150	500	1 500	3 000
KT.C12.3.2	8级	150	500	1 500	3 000	KT.C12.3.3	7级	300	600	2 000	3 500
KT.01	1级				无定价					

广东省造光绪元宝每百枚换一圆系列

KT.02（1900）百枚换一圆 / ONE CENT　　　　　　　KT.03（1904）TEN CASH 错配百枚换一圆

一仙（一分）　　　十文

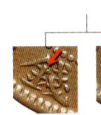 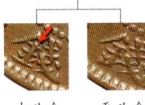

出头金　平头金

KT.03a（1904）黄铜试样

广东省造光绪元宝每元当制钱十文系列

KT.04（1904）高宝 / 八刺右 N　　　　　　　KT.05（1904）高宝 / 七刺左 N

高宝　　低宝类　　小字肥绪

八刺右 N　　七刺左 N 类　　团云 / 线云

KT.06（1904）高宝错配 ONE CENT

级别	普品	极美	近未使用	未使用		级别	普品	极美	近未使用	未使用
KT.02	10 级	30	200	1 000	4 000	KT.03	5 级	4 000	12 000		
KT.03a	3 级		无定价								
KT.04	9 级	30	200	1 000	4 000	KT.05	8 级	150	500	3 000	
KT.06	6 级	3 000	10 000								

KT.07（1904）低宝类 / 七刺左 N 类　　　　　　　　KT.08（1904）低宝 / 八刺右 N

KT.09（1904）低宝错配 ONE CENT　　　　　　　　KT.10（1904）广东省造小字肥绪

大清铜币中心粤系列

KT.11（1906）丙午粤弯头清 / 部颁龙　　　　　　　KT.12（1906）丙午粤弯头清 / 光绪细云龙

KT.13（1906）丙午粤直头清 / 光绪细云龙类

粤弯头清　粤直头清
俗称"部颁面"

部颁龙　光绪细云龙类

右勾云

左勾云

	级别	普品	极美	近未使用	未使用		级别	普品	极美	近未使用	未使用
KT.07	10 级	30	2000	1 000	4 000	KT.08	8 级	200	500	3 000	
KT.09	5 级	4 000	12 000			KT.10	5 级	4 000	10 000	30 000	
KT.11	9 级	60	300	1 500	8 000	KT.12	8 级	200	600	3 500	
KT.13	10 级	30	200	1 000	6 000						

KT.14（1906）丙午粤直头清 / 部颁龙　　　　　　KT.15（1907）丁未粤 / 光绪细云龙类

丙午纪年　　丁未纪年

戊申纪年　　己酉纪年

KT.16（1908）戊申粤 / 光绪细云龙

KT.17（1909）宣统龙错配戊申粤

大清铜币中心粤——宣统错配光绪

宣统龙错配戊申粤，目前已知存世三四枚，图示马定祥先生旧藏，《中国铜元图典》图14原物，一枚由上海博物馆收藏，一枚于2016年北京诚轩春拍拍出。己酉粤错配光绪龙，目前已知存世略多于宣统龙错配戊申粤。中心粤大清铜币戊申与己酉年份的产量相对较少，存世的"干支混配"比光绪元宝的"仙文混配"更为稀少，品相好的更是难得，为广东铜元珍品之一。

KT.18（1909）己酉粤 / 宣统细云龙　　　　　　KT.19（1909）己酉粤错配光绪龙

	级别	普品	极美	近未使用	未使用		级别	普品	极美	近未使用	未使用
KT.14	8 级	200	600	3 500		KT.15	10 级	30	200	1 200	8 000
KT.16	10 级	30	200	1 200	7 000						
KT.17	3 级		60 000	120 000							
KT.18	10 级	50	300	1 800	10 000	KT.19	4 级		50 000	100 000	

广东民国仙币系列

KT.20（1912）民国元年壹仙

KT.21（1914）民国三年壹仙，黄铜

KT.22（1914）民国三年壹仙

KT.23（1914）民国四年壹仙，黄铜

KT.24（1915）民国四年壹仙

KT.25（1916）民国五年壹仙，黄铜

KT.25a（1916）民国五年壹仙

	级别	普品	极美	近未使用	未使用		级别	普品	极美	近未使用	未使用
KT.20	9级	100	300	1 000	8 000						
KT.21	9级	60	150	500	3 500	KT.22	8级	150	400	1 200	9 000
KT.23	8级	100	300	1 000	5 000	KT.24	7级		500	2 500	
KT.25	9级	60	150	500	3 500	KT.25a	5级				50 000

KT.26（1918）民国七年壹仙，黄铜　　　　　　　　KT.27（1918）民国七年贰仙，黄铜

广东五羊壹仙

民国廿五年广东省造五羊壹仙（广东五羊币）设计独特、制造精美，图案布局与主题构思之巧妙，堪称民国铜元之最。因不合当时政府推行的币制政策，发行后不久即收回，传世数量稀少，是深受藏家喜爱和追逐的珍品，历年来行情一路走高，民国铜元的领头羊。

KT.28（1936）民国廿五年五羊壹仙

 中孔

 中孔台阶

民国廿五年

民国二十五年

KT.29（1936）民国廿五年五羊壹仙，中孔台阶

广东孙像一仙

广东孙像一仙属试样性质，未正式发行。目前已知存世三四枚，1994年香港泰星钱币拍卖拍出一枚，为已故马来西亚华侨收藏家黄元文先生旧藏；2008年香港诺曼·亚克斯集藏钱币专场拍卖拍出一枚（左图），可能为伍德华先生旧藏；2011年北京瀚海拍卖也拍出一枚。广东孙像一仙是一枚极为难得的民国地方精品铜元。

KT.30（1936）民国二十五年孙像一仙

	级别	普品	极美	近未使用	未使用		级别	普品	极美	近未使用	未使用
KT.26	8级	200	500	2 000		KT.27	6级	2 000	5 000	18 000	40 000
KT.28				300 000	550 000						
KT.29				350 000	600 000						
KT.30	1级		600 000								

2
福建篇

(FK)

　　福建位于中国大陆东南沿海，与台湾省隔海峡相望。与广东、江西、浙江等省毗邻。唐代置省时取境内福州、建州（建瓯）两府首字命名，古为闽越族聚居地，故简称"闽"。

　　福建的官办造币厂计三处，光绪二十六年（1900年），闽浙总督奏准将福州南台苍霞洲的商办银圆局旧址基础改归官办，开设福建官钱局，同时开制银铜币。福建铜币局后来陆续在另两处扩增新厂局，根据三厂的方位，将兼造铜币的银圆局称为"南局"；福建洪山桥机器局附设铜元局称为"西局"；闽海关铜币局称为"东局"。福建铜币南局生产"每枚当钱五文／十文／二十文"的坐龙铜元，有别于初期广东铜元作为银币的辅币，福建最早确定了中国新式铜元与传统制钱兑换的关系，并且也是首先发行子母相权的铜元套币，尔后各省竞相效仿生产以制钱为换算基础的铜元。光绪三十一年（1905年），福州将军兼浙闽总督崇善在所管辖的马尾兵工厂和造船厂正式开办"闽海关铜币局"，为了有别于其他福建铜元，所造铜元在两旁都加上"闽关"二字。就全国铜元厂来说该厂是唯一由船政局所创办的造币厂。福建铜元"西局"开始运作时由"南局"提供钱模与技术支持，于光绪三十一年（1905年）九月正式开造，三个月后即停造，由于南、西两局关系密切，铜币风格一致。光绪三十一年户部造币总厂成立后，颁定祖模由各省局承领，要求各省铜元应按总厂形制造币。翌年，岁次丙午，"福建户部造币分厂"（光绪三十一年改名）虽已承领二文、五文、十文与二十文祖模，但只发行了丙午中心闽大清铜币十文与二文，由于制造低面值铜元得不偿失，为了降低成本，二文为黄铜元。光绪三十二年（1906年）度支部（原户部）一度要求各省局仿效粤厂制作重三分二厘的黄铜圆孔制钱。福建厂制造"光绪通宝／满文宝福"的机制制钱，宣统元年时续造宣统通宝。光绪三十四年（1908年），度支部天津造币总厂颁布一文祖模后，"度支部造币闽厂"（光绪三十三年改名）也依令制造一文铜元，戊申闽一文从目前存世数量来看，制造不多。宣统元年（1909年，岁次己酉），闽厂仅造少量"己酉中心闽十文"铜元。宣统二年，度支部再度下令裁撤各省造币厂，闽厂也在被裁撤之列。

　　1912年（民国元年）前清的福建官钱局改名为福造币厂，生产银毫。翌年，该造币厂以"福建铜币厂造"的名义制造"中华元宝"十文铜元，铜币设计风格和银毫相似。

福建省造机制圆孔制钱系列

福建省造机制制钱

光绪三十二年（1906年）初，广东制造重三分二厘的"方穿圆孔"机造制钱，成效良好。度支部曾一度要求各省局仿效粤厂制作。于是，福建厂仿照广东样式制造"光绪通宝/满文宝福"的方穿圆孔机造制钱，宣统元年时续造宣统通宝。光绪三十四年二月清廷下令"各省暂停铸造铜元"。后来度支部仅同意各省以消耗库存材料为限，按照现有的铸额续造，待材料用完即行停造。宣统元年（1909年，岁次己酉），闽厂仅造少量"己酉中心闽十文"铜元，六月间该厂紫铜材料用尽后便再度停造。宣统二年四月，度支部再下令裁撤各省造币厂，仅留6处分厂，闽厂也在被裁撤之列。大清铜币南厂一文应是宣统年间闽厂未标明省别的试样币。

FK.C1（1906）光绪通宝/宝福

FK.C2.1（1909）宣统通宝/宝福

FK.C2.2（1909）宣统通宝/重轮

FK.C2.3（1909）宣统通宝重轮/满穿

FK.C3（1910）大清铜币/南厂一文

	级别	普品	极美	近未使用	未使用		级别	普品	极美	近未使用	未使用
						FK.C1	9级	20	120	300	1 200
						FK.C2.1	9级	30	150	500	2 000
FK.C2.2	6级		10 000	20 000		FK.C2.3	4级				无定价
FK.C3	3级		无定价								

福建官局造光绪元宝系列

FK.01（1900）官局五文 / 短尾

FK.02（1900）官局五文 / 长尾

FK.03（1900）官局五文，白铜

福建官局五文白铜

福建官局造五文白铜属试样性质，目前已知存世三枚，两枚由私人收藏，其中一枚（左图）为《中国铜元图典》图29原物，于2006年北京嘉德春拍马定祥专场拍出；另一枚由上海博物馆收藏。

FK.04（1900）官局十文 / 龙胸一云

五文短尾　　五文长尾

FK.05（1900）官局十文 / 龙尾无云

 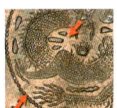 

龙胸一云　　龙尾无云　　十九云

	级别	普品	极美	近未使用	未使用		级别	普品	极美	近未使用	未使用
FK.01	6级	1 500	4 000	10 000	30 000	FK.02	8级	300	1 500	3 000	12 000
FK.03	2级			550 000							
FK.04	8级	100	400	800	8 000						
FK.05	10级	40	200	1 200	4 500						

福建官局十文黄铜/白铜

福建官局造十文黄铜/白铜属试样性质，白铜目前已知存世四枚，最早出现于1944年第142次中国泉币学社例会，据1944年泉币杂志第27期《出品门》文中记载，为房良先生得于上海河南路。现三枚由私人收藏，另一枚由上海博物馆收藏。福建官局十文黄铜与白铜数量相仿。

FK.06（1900）官局十文，黄铜

FK.07（1900）官局十文，白铜

FK.08（1900）官局十文/十九云

FK.09（1900）官局十文/英文复数

英文复数

FK.10（1905）低点福/异龙

满文宝福　　低点福　　曲满文

异龙　　大英文异龙

级别	普品	极美	近未使用	未使用		级别	普品	极美	近未使用	未使用
FK.06	2级			250 000						
FK.07	2级			280 000		FK.08	10级	30	200	1 200	4 500
FK.09	6级	1 500	5 500	15 000	40 000					
FK.10	6级	1 200	8 000							

FK.11（1905）曲满文 / 大英文异龙　　　　　　FK.12（1905）官局面 / 大英文异龙

FK.13（1905）高低闽关单面，锡合金　　　　　FK.14（1905）高低闽关单面，锡合金

FK.15（1905）高低闽关

福建高低闽关单面币锡合金

福建高低闽关单面币属试样性质，正、背面分别打制于锡合金坯上，此币最早收录于《戴葆庭集拓中外钱币珍品》，目前均为仅见品，张璜先生旧藏，彩图系本书首次公开。

福建小闽关黄铜、红铜试样 / 白铜

福建小闽关黄铜、红铜德国试样，具体内容参见本书第77页"湖南德国试样系列"。福建小闽关白铜属国内试样性质，目前为仅见品。

FK.16（1904）福建小闽关，德国试样，黄铜　　FK.16a（1904）福建小闽关，德国试样，红铜

	级别	普品	极美	近未使用	未使用		级别	普品	极美	近未使用	未使用
FK.11	6级	1 000	4 000			FK.12	5级	1 500	8 000		
FK.13	1级			无定价		FK.14	1级			无定价	
FK.15	4级	3 500	12 000	50 000	150 000						
FK.16	3级			250 000		FK.16a	3级			250 000	

小闽关　　　大闽关

大闽关　　大闽关斜点绪　　大闽关大满文

FK.17（1905）小闽关，白铜

FK.18（1905）小闽关　　　　　　　　　　FK.19（1905）大闽关

FK.20（1905）大闽关斜点绪　　　　　　　FK.21（1905）大闽关大满文

FK.22（1905）官局二十文 / EOO 拙刻龙　　FK.23（1905）官局二十文 / FOO 拙刻龙

	级别	普品	极美	近未使用	未使用		级别	普品	极美	近未使用	未使用
FK.17	3 级			300 000							
FK.18	9 级	100	400	2 000	30 000	FK.19	10 级	80	300	1 500	25 000
FK.20	6 级	2 000	5 000			FK.21	5 级	2 500	7 000		
FK.22	5 级	2 500	8 000	25 000		FK.23	5 级	3 000	10 000	30 000	

FK.24（1900）官局二十文　　　　　　　　　　　FK.24a（1905）官局龙混拙刻面

大清铜币中心闽系列

K.25（1900）官局二十文 / 英文复数　　　　　　FK.26（1906）丙午闽二文 / 二文部颁龙，黄铜

二文部颁龙　　一文部颁龙

闽十文连文　部颁面异竖币 / 直竖币　闽十文离文　　FK.27（1908）一文部颁龙错配丙午闽二文，黄铜

FK.28（1906）丙午闽十文连文 / 部颁龙　　　　FK.28a（1906）丙午闽十文部颁面 / 部颁龙

	级别	普品	极美	近未使用	未使用		级别	普品	极美	近未使用	未使用
FK.24	6级	4 000	10 000	25 000	70 000	FK.24a	4级		20 000		
FK.25	3级		150 000			FK.26	8级	200	400	1 000	5 000
						FK.27	5级	3 500	12 000	25 000	
FK.28	10级	100	400	2 000	30 000	FK.28a	7级	250	500	1 500	9 000

FK.29（1906）丙午闽十文离文/部颁龙　　　　　　FK.30（1908）戊申闽一文/一文部颁龙，黄铜

福建民国中华元宝

FK.31（1909）己酉闽　　　　　　FK.32（1913）福建铜币厂中华元宝

福建合面合背

FK.33（1900）官局十文合面，黄铜　　　　　　FK.34（1900）十九云合背

FK.35（1900）五文长尾合背　　　　　　FK.36（1900）五文长尾/短尾合背，黄铜

	级别	普品	极美	近未使用	未使用		级别	普品	极美	近未使用	未使用
FK.29	10级	60	150	500	4 000	FK.30	4级	3 000	8 000	30 000	
FK.31	5级	1 500	8 000	20 000	80 000	FK.32	9级	250	800	3 000	15 000
FK.33	4级		80 000			FK.34	4级		80 000		
FK.35	4级				280 000	FK.36	5级				200 000

3
江西篇

(KSI & KSJ)

江西地处中国东南部，东邻浙江、福建，南连广东，西靠湖南，北毗湖北、安徽而共接长江。因唐玄宗设江南西道而得省名，又因省内母亲河为赣江而得简称"赣"。

光绪二十八年（1902年）江西巡抚李兴锐奏设铜币厂，厂址在南昌城北德胜门外沙窝，于次年四月一日开制当十铜元。江西铜元版式丰富，其中尤以宝源、库平、飞龙、珠圈坐龙、三星坐龙、黄铜元最为著名。光绪二十九年（1903年）户部尚书鹿传霖在《奏铜元宜妥定章程专铸红铜元片》中提到"前浙江送部黄铜元样钱，据称颜色特殊，可杜私贩出境。嗣江西亦送到黄铜元样钱"。中国钱币博物馆存有浙江、江西黄铜元样钱。近年来，陆续在日本发现几枚"宝源"SEE水龙黄/红铜元与"宝源/IMK SS"的黄铜广告币，以此推测该版铜元模具很可能由日本代办。光绪三十一年（1905年）底户部为统一铜元形制而要求各省制造大清铜币，江西厂请领只领得钢模一只，不敷铸造，再仿照数枚，同时为了降低成本，采用青铜币坯（铜铅锡合金），故大清铜币中心赣地方龙版铜质偏黄。光绪三十二年（1906年）七月财政处户部奏将各省铜元局厂酌量归并，划江西、安徽、江苏、清江归并江宁为一厂，江西造币厂不久停造。

武昌起义后，1911年10月31日南昌成立军政府，由于"江西财政奇窘，军政各费悬而未发，目下有不可终日之势"，江西军政府利用原有工厂设备开制铜元筹措经费。江西造币厂是最早制造民国铜元的造币厂，制作了大名鼎鼎的"江西辛亥大汉铜币"，币面仿江西大清铜币样式，设计成"中心赣江西省造大汉铜币"，币面左右铭记"辛亥"纪年。币背则参考江西革命军旗的太极十八星图案，整体采用圆弧结构，中心为太极，底部布满圆弧纹。辛亥大汉的"太极十八星旗"铜币很快就停造，所以数量极为稀少，成为中国铜元的大珍。1912年（民国元年）2月15日（农历正月初一）岁次壬子，江西军政府重新设计，制造了"江西省造壬子大汉/五瓣花圆盘（新设计的十八星图）"铜币。此种设计也直接影响到后来"湖南铜币"的风格。自李烈钧接过江西军政大权后，壬子大汉铜币很快就停造了，后面文改为"中华民国壬子江西铜币"，此系列的生产期相对较长，版别也多。

江西篇·大清（KSI）
江西省造光绪元宝库平系列

江西特色龙

江西光绪元宝系列龙图版式很多，其中以珠圈坐龙、江西飞龙、江西三星、江西黄铜为代表的名誉大版，深受广大铜元爱好者的喜爱和追捧。余下江西龙图如江西双星、江西水龙等本书将合并大类介绍，细目在此不一一赘述，具体参见《中国收藏·钱币》第6期"伍谱修订江西篇"或秦鸣晨先生编著的《江西铜元》一书。

KSI.01（1903）库平 / 水龙类

 左起旋 右起旋

水龙类 高刻旋

 针条云  带点云

双星坐龙类  元宝云

KSI.02（1903）库平 / 双星坐龙类

KSI.03（1903）库平 / 蛟龙　　　　　　KSI.04（1903）库平 / 蛟龙少云

KSI.05（1903）库平 / 单星曲云　　　　KSI.06（1903）库平 / 反尾龙

	级别	普品	极美	近未使用	未使用		级别	普品	极美	近未使用	未使用
KSI.01	9级	100	800	3 500	35 000						
KSI.02	8级	120	900	3 500	35 000						
KSI.03	6级	2 000	15 000			KSI.04	5级	2 500	18 000		
KSI.05	6级	1 200	8 000			KSI.06	4级	5 000	35 000		

江西省造光绪元宝满文宝源系列

珠圈坐龙

 短横光

满文宝源 长横光

KSI.07（1903）宝源珠圈坐龙

KSI.08（1903）宝源短横光/双星坐龙类　　　　KSI.09（1903）宝源短横光/单星曲云

KSI.10（1903）宝源/反尾龙　　　　KSI.11（1903）宝源长横光/水龙类

KSI.12（1903）宝源长横光/双星坐龙　　　　KSI.13（1903）宝源长横光/单星曲云

	级别	普品	极美	近未使用	未使用		级别	普品	极美	近未使用	未使用
KSI.07	1级		150 000	350 000							
KSI.08	8级	200	600	2 500		KSI.09	8级	350	2 000		
KSI.10	5级	3 000	20 000			KSI.11	7级	350	2 500	7 000	
KSI.12	8级	200	600	2 500		KSI.13	6级	350	4 000		

KSI.14（1903）宝源/蛟龙　　　　　　　　　　KSI.15（1903）宝源/单星重唇

江西省造光绪元宝飞龙系列

KSI.16（1903）小字江西飞龙　　　　　　　　KSI.17（1903）大字江西飞龙

江西省造光绪元宝三星坐龙系列

KSI.18（1903）尔宝/三星坐龙　　　　　　　KSI.19（1903）大满昌大勾/三星坐龙

KSI.20（1903）斜角昌低元/三星坐龙　　　　KSI.20a（1903）平脚昌低元/三星坐龙

	级别	普品	极美	近未使用	未使用		级别	普品	极美	近未使用	未使用
KSI.14	4级	4 000	30 000			KSI.15	5级	2 500	9 000		
KSI.16	4级	10 000	30 000	120 000		KSI.17	1级		50 000	150 000	
KSI.18	5级	2 500	10 000	40 000		KSI.19	3级	5 000	18 000		
KSI.20	3级	8 000	30 000			KSI.20a	2级		80 000		

江西省造光绪元宝黄铜系列

江西黄铜元

光绪二十九年（1903年）七月三日，户部尚书鹿传霖在《奏铜元宜妥定章程专铸红铜元片》中提道："前浙江送部黄铜元样钱，据称颜色特殊，可杜私贩出境。嗣江西亦送到黄铜元样钱。"由此得知，江西紧接着浙江，也曾呈送黄铜样钱到户部。从流通实物对比来看，此版宝源水龙属试样性质，KSI.22 相对其他两版数量略多。另中国钱币博物馆藏有 KSI.24 留档样币。

KSI.21（1903）宝源 / 水龙，黄铜，试样

KSI.21a（1903）宝源 / 水龙，红铜，样币

KSI.22（1903）缶宝 / 单星，黄铜

KSI.23（1903）尔宝 see，黄铜

KSI.24（1903）尔宝 / 单星，黄铜

江西省造光绪元宝 see 系列

KSI.25（1903）尔宝 / see

KSI.26（1903）缶宝 / see

级别	普品	极美	近未使用	未使用	级别	普品	极美	近未使用	未使用
KSI.21	2级			60 000	120 000					
KSI.21a	2级				120 000	KSI.22	7级		3 500	15 000
KSI.23	3级			50 000		KSI.24	4级		30 000	
KSI.25	8级	200	1 000	2 500		KSI.26	8级	300	1 200	3 500

江西省造光绪元宝单星S云系列

斜角昌低元　　大满昌大勾

单星S云

闭口贝大点　　开口贝小点

KSI.27（1903）斜角昌低元 / 单星S云

KSI.28（1903）大满昌大勾 / 单星S云　　**KSI.29（1903）闭口贝大点 / 单星S云**

江西省造光绪元宝尔宝竖花系列

尔宝竖花　　小圆瓣花类　　长横光　　短横光

开口贝小点　　开口贝大点

KSI.30（1903）开口贝小点 / 单星S云

KSI.31（1903）小圆瓣花类 / 水龙类　　**KSI.32（1903）小圆瓣花类 / 双星坐龙类**

	级别	普品	极美	近未使用	未使用		级别	普品	极美	近未使用	未使用
KSI.27	8级	150	500								
KSI.28	8级	350	1 000			KSI.29	6级	200	3 000		
KSI.30	6级	250	1 500								
KSI.31	9级	100	500	2 000	10 000	KSI.32	8级	100	500	2 000	12 000

KSI.33（1903）小圆瓣花类 / 蛟龙　　　　　　　　　　KSI.34（1903）小圆瓣花类 / 蛟龙少云

KSI.35（1903）小圆瓣花类 / 反尾龙　　　　　　　　　KSI.36（1903）小圆瓣花类 / 单星曲云

KSI.37（1903）开口贝小点 / 蛟龙类　　　　　　　　　KSI.38（1903）开口贝小点 / 蛟龙少云

KSI.39（1903）开口贝小点 / 水龙类　　　　　　　　　KSI.40（1903）开口贝小点 / 双星坐龙类

	级别	普品	极美	近未使用	未使用		级别	普品	极美	近未使用	未使用
KSI.33	7 级	200	1 000			KSI.34	6 级	500	4 000		
KSI.35	7 级	350	3 500			KSI.36	9 级	100	600		
KSI.37	9 级	200	1 500			KSI.38	9 级	300	2 500		
KSI.39	7 级	200	1 000			KSI.40	8 级	100	500		

KSI.41（1903）开口贝小点 / 反尾龙　　　　　　KSI.42（1903）开口贝小点 / 单星曲云

KSI.43（1903）开口贝小点 / 单星斜云

单星斜云类　薄腿／厚腿
单星重唇　单星狭脸类　狭脸／狭脸粗刻

KSI.44（1903）开口贝小点 / 单星重唇　　　　　KSI.45（1903）开口贝大点 / 单星狭脸类

KSI.46（1903）开口贝大点 / 单星重唇　　　　　KSI.47（1903）开口贝大点 / 单星短须类

级别	普品	极美	近未使用	未使用		级别	普品	极美	近未使用	未使用
KSI.41	3级		20 000			KSI.42	7级	300	2 500		
KSI.43	6级	500	5 000								
KSI.44	6级	500	5 000			KSI.45	9级	150	800		
KSI.46	8级	200	1 000			KSI.47	9级	100	500		

KSL.48（1903）开口贝大点 / 单星斜云类　　　　　　KSL.49（1903）闭口贝大点 / 单星狭脸类

开口贝大点　　闭口贝大点

六路鳞

五路鳞

单星短须类

KSL.50（1903）闭口贝大点 / 单星重唇

KSL.51（1903）闭口贝大点 / 单星斜云类　　　　　　KSL.52（1903）闭口贝大点 / 单星短须

KSL.53（1903）闭口贝大点 / 双星坐龙　　　　　　KSL.54（1903）闭口贝大点 / 蛟龙

	级别	普品	极美	近未使用	未使用		级别	普品	极美	近未使用	未使用
KSL.48	9 级	150	500			KSL.49	7 级	300	1 500		
KSL.50	8 级	200	800								
KSL.51	10 级	80	500			KSL.52	7 级	300	1 500		
KSL.53	9 级	150	800			KSL.54	6 级	1 000	10 000		

江西省造光绪元宝缶宝平花系列

缶宝平花

平脚昌低元

曲满昌平元

大满昌大勾

KSI.55（1903）平脚昌低元 / 反尾龙

KSI.56（1903）平脚昌低元 / 水龙类

KSI.57（1903）平脚昌低元 / 蛟龙

KSI.58（1903）平脚昌低元 / 蛟龙少云

KSI.59（1903）平脚昌低元 / 双星坐龙类

KSI.60（1903）平脚昌低元 / 单星曲云

KSI.61（1903）曲满昌平元 / 水龙类

	级别	普品	极美	近未使用	未使用		级别	普品	极美	近未使用	未使用
						KSI.55	8级	300	5 000		
KSI.56	9级	100	500			KSI.57	8级	300	1 500		
KSI.58	8级	400	2 000			KSI.59	9级	80	500		
KSI.60	10级	80	500			KSI.61	9级	100	500		

KSI.62（1903）曲满昌平元 / 双星坐龙类　　　　　　　　KSI.63（1903）曲满昌平元 / 单星曲云

KSI.64（1903）大满昌大勾 / 蛟龙类　　　　　　　　　　KSI.65（1903）大满昌大勾 / 蛟龙少云

KSI.66（1903）大满昌大勾 / 水龙类　　　　　　　　　　KSI.67（1903）大满昌大勾 / 双星坐龙类

KSI.68（1903）大满昌大勾 / 单星曲云　　　　　　　　　KSI.69（1903）大满昌大勾 / 单星狭脸

	级别	普品	极美	近未使用	未使用		级别	普品	极美	近未使用	未使用
KSI.62	8级	200	600			KSI.63	7级	300	1 000		
KSI.64	9级	150	1 000	7 000		KSI.65	8级	300	2 500		
KSI.66	8级	100	500	3 000	15 000	KSI.67	9级	100	500		
KSI.68	8级	250	800	3 000		KSI.69	7级	300	1 000		

KSI.70（1903）大满昌大勾 / 单星重唇　　　　　　KSI.71（1903）大满昌大勾 / 单星斜云类

KSI.72（1903）大满昌大勾 / 单星短须　　　　　　KSI.73（1903）大满昌大勾 / 反尾龙

大满昌大勾

斜角昌低元　　直角昌低元

KSI.74（1903）斜角昌低元 / 双星坐龙

KSI.75（1903）斜角昌低元 / 单星狭脸类　　　　　　KSI.76（1903）斜角昌低元 / 单星重唇

	级别	普品	极美	近未使用	未使用		级别	普品	极美	近未使用	未使用
KSI.70	8级	250	600			KSI.71	6级	350	1 200		
KSI.72	6级	400	3 000			KSI.73	4级	5 000	25 000		
KSI.74	10级	80	500								
KSI.75	7级	250	1 000			KSI.76	9级	200	600		

KSI.77（1903）斜角昌低元 / 单星斜云类　　　　　　　　　**KSI.78（1903）斜角昌低元 / 蛟龙类**

KSI.79（1903）斜角昌低元 / 蛟龙少云　　　　　　　　　**KSI.80（1903）斜角昌低元 / 单星短须**

KSI.81（1903）直角昌低元 / 双星坐龙　　　　　　　　　**KSI.82（1903）直角昌低元 / 单星短须类**

KSI.83（1903）直角昌低元 / 单星狭脸类　　　　　　　　**KSI.84（1903）直角昌低元 / 单星重唇**

	级别	普品	极美	近未使用	未使用		级别	普品	极美	近未使用	未使用
KSI.77	10 级	100	500			KSI.78	3 级	3 500	20 000		
KSI.79	4 级	2 500	15 000			KSI.80	8 级	250	1 000		
KSI.81	5 级	500	3 500			KSI.82	9 级	100	500		
KSI.83	8 级	200	700			KSI.84	9 级	150	800		

江西省造小字系列

KSI.85（1903）直角昌低元 / 单星斜云类

小花小字

疏珠圈

KSI.86（1903）小字小花 / 蛟龙

KSI.87（1903）小字小花 / 蛟龙少云

KSI.88（1903）小字小花 / 反尾龙

KSI.89（1903）小字小花 / 水龙类

KSI.90（1903）小字小花 / 双星坐龙类

KSI.91（1903）小字小花 / 单星曲云

级别	普品	极美	近未使用	未使用		级别	普品	极美	近未使用	未使用
KSI.85	8级	150	500							
KSI.86	9级	200	1 500			KSI.87	8级	300	2 500		
KSI.88	8级	300	3 000	12 000		KSI.89	8级	200	600		
KSI.90	9级	100	500			KSI.91	10级	100	500		

江西省造小字系列之密珠圈

密珠圈
  大花
密珠圈大花类 大花凹蕊

KSI.92（1903）小字小花 / 单星斜云类

KSI.93（1903）密珠圈大花类 / 蛟龙   **KSI.94（1903）密珠圈大花类 / 蛟龙少云**

KSI.95（1903）密珠圈大花 / 水龙   **KSI.96（1903）密珠圈大花类 / 双星坐龙**

KSI.97（1903）密珠圈大花类 / 单星曲云   **KSI.98（1903）密珠圈 / 单星狭脸**

	级别	普品	极美	近未使用	未使用		级别	普品	极美	近未使用	未使用
KSI.92	5级	2 000	12 000								
KSI.93	6级	500	5 000			KSI.94	7级	500	6 000		
KSI.95	7级	300	2 000			KSI.96	7级	300	1 500		
KSI.97	6级	500	3 000			KSI.98	5级	1 500	10 000		

KSI.99（1903）密圈 / 单星斜云　　　　　　　　KSI.100（1903）密圈小花 / 蛟龙

KSI.101（1903）密圈小花 / 蛟龙少云　　　　　KSI.102（1903）密圈小花 / 水龙类

KSI.103（1903）密圈小花 / 双星坐龙类　　　　KSI.104（1903）密圈小花 / 单星曲云

KSI.105（1903）密圈 / 反尾龙

	级别	普品	极美	近未使用	未使用		级别	普品	极美	近未使用	未使用
KSI.99	5级	2 000	12 000			KSI.100	7级	500	5 000		
KSI.101	6级	500	6 000			KSI.102	7级	350	2 000	6 000	
KSI.103	8级	200	600			KSI.104	7级	350	1 200		
KSI.105	3级	5 000	20 000								

大清铜币中心赣系列

部颁面　　出头金

 粒眼龙
部颁龙　仿部颁龙类 下视眼

KSI.106（1906）丙午赣部颁面/部颁仿部颁类

 阴阳眼 阴眼类
异眼龙类
　　　　高眼

 异刻四水波
异刻龙
　　　 异刻五水波

KSI.107（1906）丙午赣部颁面/异眼龙类

KSI.108（1906）丙午赣部颁面错配异刻四水波

KSI.109（1906）丙午赣出头金错配大清龙

KSI.110（1906）丙午赣出头金/异刻五水波

KSI.111（1906）丙午赣出头金/异刻四水波

级别	普品	极美	近未使用	未使用		级别	普品	极美	近未使用	未使用
KSI.106	9级	50	500								
KSI.107	8级	100	800								
KSI.108	6级	500	3 000			KSI.109	6级	500	3 000		
KSI.110	8级	200	2 000			KSI.111	8级	300	2 000		

江西篇·民国（KSJ）

江西省造大汉铜币系列

江西辛亥大汉铜币

江西"赣"辛亥大汉铜币十文属短时流通性质，背面设计以"太极十八星旗"为图案，此币极具历史意义且数量极其稀少，属民国铜元中的大珍名誉品。目前已知存世七枚，其中两枚分别藏于中国国家博物馆和上海博物馆（原KSJ.03），2004年北京华辰春拍、2010年北京嘉德春拍（张璜旧藏，KSJ.01），以及2010年香港SBP秋拍黄华枢集藏专场曾分别拍出一枚（原KSJ.02）。

KSJ.01（1911）辛亥大汉

KSJ.01（1911）辛亥大汉（原KSJ.02）

辛亥纪年　　大汉铜币

KSJ.01（1911）辛亥大汉（原KSJ.03）

壬子纪年　　大汉铜币

五瓣花　　大圆盘／小圆盘

KSJ.04（1912）壬子大汉／五瓣花大圆盘

KSJ.05（1912）壬子大汉／五瓣花小圆盘

级别	普品	极美	近未使用	未使用		级别	普品	极美	近未使用	未使用
KSJ.01	1级		无定价							
KSJ.01	1级		无定价							
KSJ.01	1级		无定价							
KSJ.04	5级	800	6 500	15 000		KSJ.05	6级	500	5 500	12 000

江西铜币小字竖花系列

小字竖花

短竖币

长竖币

KSJ.06（1912）小字短竖币 / 五瓣花大圆盘

KSJ.07（1912）小字短竖币 / 五瓣花小圆盘

KSJ.08（1912）小字短竖币 / 六瓣花

KSJ.09（1912）长竖币钝角同 / 五瓣花大圆盘

KSJ.10（1912）长竖币钝角同 / 五瓣花小圆盘

KSJ.11（1912）长竖币钝角同 / 六瓣双点Ⅰ类

六瓣花

双点Ⅰ类

长点

小点

	级别	普品	极美	近未使用	未使用
KSJ.07	8级	50	250		
KSJ.09	7级	100	300		
KSJ.11	7级	150	500		

	级别	普品	极美	近未使用	未使用
KSJ.06	7级	100	300		
KSJ.08	6级	500	2 500		
KSJ.10	10级	50	150	800	6 000

六瓣花

细线

粗线

单点 I 类

KSJ.12（1912）长竖币钝角同 / 六瓣单点 I 类

KSJ.13（1912）长竖币圆角同 / 五瓣花大圆盘

KSJ.14（1912）长竖币圆角同 / 五瓣花小圆盘

KSJ.15（1912）长竖币圆角同 / 六瓣双点 I 长点

KSJ.16（1912）长竖币圆角同 / 六瓣单点 I 粗线

KSJ.17（1912）圆角同开口西 / 五瓣花

长竖币钝角同

长竖币圆角同

闭口西

开口西

	级别	普品	极美	近未使用	未使用		级别	普品	极美	近未使用	未使用
KSJ.12	6 级	350	1 500								
KSJ.13	5 级	500	3 000			KSJ.14	7 级	250	1 000		
KSJ.15	6 级	500	2 500			KSJ.16	5 级	550	3 000		
KSJ.17	7 级	200	1 000								

KSJ.18（1912）圆角同开口西 / 六瓣花双点 I 小点　　　　　KSJ.19（1912）圆角同开口西 / 六瓣花双点 I 长点

江西铜币大字竖花系列

小字竖花　　大字竖花

KSJ.20（1912）大字竖花类 / 五瓣花

KSJ.21（1912）大字竖花类 / 六瓣双点 I 类　　　　　KSJ.22（1912）大字竖花类 / 六瓣单点 I 类

KSJ.23（1912）大字连笔文 / 五瓣花

 点币

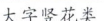 线币

大字竖花类

大字连笔文

	级别	普品	极美	近未使用	未使用
KSJ.18	6 级	500	2 500		
KSJ.21	8 级	100	250		
KSJ.23	6 级	450	2 500		

	级别	普品	极美	近未使用	未使用
KSJ.19	5 级	550	3 000		
KSJ.20	8 级	150	400		
KSJ.22	8 级	100	250	500	3 000

KSJ.24（1912）大字连笔文 / 六瓣双点 I 类　　　　　KSJ.25（1912）大字连笔文 / 六瓣单点 I 类

KSJ.26（1912）大字横笔文五瓣花　　　　大字横笔文

江西铜币大字平花系列

大字平花

KSJ.27（1912）凸花开口西 / 五瓣花

KSJ.28（1912）凸花开口西 / 六瓣双点 I 长点　　　　KSJ.29（1912）凸花开口西 / 六瓣单点 I 类

	级别	普品	极美	近未使用	未使用		级别	普品	极美	近未使用	未使用
KSJ.24	7 级	200	800			KSJ.25	8 级	100	300		
KSJ.26	5 级	1 000	3 000								
						KSJ.27	7 级	300	1 500		
KSJ.28	7 级	250	1 000			KSJ.29	9 级	400	2 000		

大字开口西

 凹花
 凸花
大字闭口西

KSJ.30（1912）凹花闭口西 / 五瓣花

KSJ.31（1912）凹花闭口西 / 六瓣双点 I 类　　　　KSJ.32（1912）凹花闭口西 / 六瓣单点 I 类

KSJ.33（1912）凸花闭口西 / 五瓣花　　　　KSJ.34（1912）凸花闭口西 / 六瓣双点 I 长点

江西壬子九星系列

江西壬子九星系列的背版可分为五瓣花和六瓣花两大版别。编者自创"一眼法"如下：五瓣花分大圆盘和小圆盘，六瓣花分双点 I 类二版——双点 I 小点、双点 I 长点；单点 I 类二版——单点 I 细线、单点 I 粗线。本书篇幅有限，故归类介绍。

KSJ.35（1912）凸花闭口西 / 六瓣单点 I 类

	级别	普品	极美	近未使用	未使用		级别	普品	极美	近未使用	未使用
KSJ.30	6 级	350	1 800								
KSJ.31	5 级	300	1 500			KSJ.32	8 级	100	300		
KSJ.33	6 级	300	1 500			KSJ.34	4 级	400	2 000		
KSJ.35	8 级	100	300								

4 浙江篇

（ZJ）

　　浙江位于中国东南沿海，周围与上海市以及江苏、安徽、江西、福建各省为邻。明代置省，以境内钱塘江旧称浙江得名，简称"浙"。

　　光绪二十二年（1896年），浙江巡抚廖寿丰令浙江机器局为宝浙局再以机器造币，年产制钱十二万余串，采用炉铸钱坯，再以机器压制印花而成，由于设备原因，宝浙局换模、修模现象频繁，版式之多为各局机制方孔之最，其版别可分角头通、方头通与工头通三大类。光绪二十七年（1901年）二月，浙江布政使诚勋奏请开制铜元，设置浙江铜元局，赴沪与英商订购外洋著名喜敦厂机器，于光绪二十九年（1903年）正月二十六日正式在省城杭州报国寺附近的旧军装局旁开制铜元，后又增地扩厂，是为浙江铜元总局。《申报》载浙省当十铜元制成后，外省府州县军派员赴省请领，以济民艰，而本省转寥寥无几，推原其故，因银、铜元易钱的差异，相去悬殊，以致人皆不乐行用。护扶翁筱山大中丞爰令改用黄铜鼓铸，俾成本较轻。每洋银一圆准易110枚，惟每人每次只准兑洋银一圆，以防流弊。然而黄铜元在省中行使两月而市中仍复无多，五月间钱模加刊"黄铜"二字，以示区别。浙省曾呈报红/黄铜样钱至户部核可，七月时黄铜者被户部否决，后来户部通令各省专造红铜元。光绪二十九年（1903年）省内当十铜元，为数不多，不敷周转，欲添设机厂，赶紧鼓铸，并拟另造当五铜元，添造当二十铜元。光绪三十年（1904年）十一月，浙江巡抚聂缉椝指示布政使翁曾桂，在省城西大街宝浙铸钱公所旧址筹办浙江铜元分局，光绪三十一年（1905年）二月分局建成，同年四月十八日开制，新厂铜元标识为光绪元宝四字之中加一双圈纹，该局于光绪三十一年十二月底停造。光绪三十一年底户部总厂颁布了各面值铜元的祖模，光绪三十二年（1906年）岁次丙午，浙厂也依令以"浙"注明厂别全系列开制二文、五文、十文、二十文大清铜币。光绪三十二年七月财政处户部奏将各省铜元局厂酌量归并，将浙江归并福建为一厂，浙江铜元总局自光绪二十九年正月开制起至三十二年底止，前后造币将近四年。

　　另外，英国喜敦厂也为浙江试制"浙江中花十文"样币，模具由该厂外包独立工作坊雕刻师艾伦·韦恩（Allan Wyon）设计，样币版式与流通版稍有不同，应是浙江铜元的原型。艾伦·韦恩后来也承接"退辣车伦制造厂"的湖北铜元模具设计的订单。

浙江省造光绪通宝机制方孔制钱系列

浙江省造机制制钱

光绪十三年（1887年）四月十六日浙江开工并以机器造钱和翻砂铸钱两法分别试产，钱样送京，后奏准专用炉铸，机器制钱因此暂罢。光绪二十二年（1896年）起再次启用机器批量制造新的制钱，由于设备原因，宝浙局换模、修模现象频仍，致使版别繁杂，版式之多为各局之最，其版别大致可分角头通、方头通与工头通三大类，其中角头通类相对较少。

ZJ.C1（1887）光绪通宝宝浙，锡合金样

ZJ.C2.1（1896）宝浙角头通，肥满文

ZJ.C2.2（1896）宝浙角头通类

ZJ.C3.1（1896）宝浙工头通勾笔浙类

ZJ.C3.2（1896）宝浙工头通斜笔浙类

ZJ.C4.1（1896）宝浙方头通勾笔浙类

ZJ.C4.2（1896）宝浙方头通斜笔浙类

	级别	普品	极美	近未使用	未使用		级别	普品	极美	近未使用	未使用
						ZJ.C1	4级				无定价
ZJ.C2.1	5级		无定价			ZJ.C2.2	7级	200	600	2 000	4 000
ZJ.C3.1	8级	100	300	1 000	2 000	ZJ.C3.2	8级	100	300	1 000	2 000
ZJ.C4.1	8级	100	300	1 000	2 000	ZJ.C4.2	8级	100	300	1 000	2 000

ZJ.C5.1（1896）四海升平/宝浙　　　　　　　ZJ.C5.2（1896）四海升平/龙凤

角头通　　工头通　　方头通

ZJ.C6（1896）光绪通宝/四海升平

勾笔浙　　斜笔浙

ZJ.C7（1896）光绪通宝/天子万年

	级别	普品	极美	近未使用	未使用
ZJ.C5.1	2级		无定价		

	级别	普品	极美	近未使用	未使用
ZJ.C5.2	2级		无定价		
ZJ.C6	2级		无定价		
ZJ.C7	2级		无定价		

浙江省造光绪元宝中圆盘系列

ZJ.01（1905）圆盘粗圈/浙江水龙　　　　　　　　ZJ.02（1905）圆盘细圈/浙江水龙

　　　　　　　　　　　　　　　　　　　　　　　圆盘粗圈　　圆盘细圈

ZJ.03（1905）浙江小龙珠　　　　　　　　　　　　小龙珠　　小龙珠少云

浙江省造光绪元宝中花系列

ZJ.04（1905）浙江小龙珠少云　　　　　　　　ZJ.05（1903）黄铜当十/浙江水龙，黄铜

ZJ.06（1903）黄铜当十/龙珠中带点，黄铜　　　ZJ.07（1903）黄铜当十/浙江水龙

级别	普品	极美	近未使用	未使用		级别	普品	极美	近未使用	未使用
ZJ.01	9级	50	200	1 000	5 000	ZJ.02	9级	60	250	1 000	5 000
ZJ.03	7级	500	2 000	7 000	30 000						
ZJ.04	4级		25 000	65 000		ZJ.05	9级	80	350	1 500	8 000
ZJ.06	6级	1 000	5 000	15 000	40 000	ZJ.07	4级		50 000		

ZJ.08（1903）绪字斜三点 / 浙江水龙　　　　　　　ZJ.09（1903）绪字斜三点 / 浙江水龙，黄铜

龙珠中带点

绪字斜三点　　满文小 B 宝

ZJ.10（1903）绪字斜三点 / 龙珠中带点

ZJ.11（1903）满文小 B 宝 / 浙江水龙　　　　　　ZJ.12（1903）满文小 B 宝 / 浙江水龙，黄铜

浙江满文小 B 宝白铜

浙江满文小 B 宝白铜属试样性质，目前已知存世两枚，2008 年香港诺曼·亚克斯集藏钱币专场拍卖拍出一枚（左图），伍德华先生旧藏。伍谱在原书最后的增补中才有此收藏记载，可见伍德华先生是事后才发现此版，足以证明此版之稀少。2018 年香港 SBP 春拍 QDB 集藏专场拍出一枚，R.B·怀特先生旧藏。

ZJ.13（1903）满文小 B 宝，白铜

	级别	普品	极美	近未使用	未使用		级别	普品	极美	近未使用	未使用
ZJ.08	8 级	500	2 000	6 000		ZJ.09	7 级	600	2 500	8 000	
ZJ.10	5 级		10 000	18 000	60 000						
ZJ.11	8 级	200	600	3 000		ZJ.12	7 级	500	2 000	5 000	18 000
ZJ.13	1 级				700 000						

ZJ.14（1903）满文小 B 宝 / 龙珠中带点，黄铜　　　　　　　ZJ.15（1903）满文小 B 宝 / 龙珠中带点

ZJ.16（1903）普版类 / 浙江水龙　　　　　　　中花普版类　离横光　大 B 宝　花无蕊　大粗字　短发带点　长发带点　龙尾过山

ZJ.17（1903）普版类 / 浙江水龙，黄铜　　　　　　　ZJ.18（1903）普版类 / 龙珠中带点，黄铜

ZJ.19（1903）普版类 / 长发龙珠中带点，黄铜　　　　　　　ZJ.20（1903）普版类 / 龙尾过山

	级别	普品	极美	近未使用	未使用		级别	普品	极美	近未使用	未使用
ZJ.14	5 级	800	5 500	15 000	35 000	ZJ.15	5 级	1 000	5 000	15 000	40 000
ZJ.16	10 级	30	200	1 000	3 000						
ZJ.17	9 级	80	350	1 500	8 000	ZJ.18	7 级	800	3 500	9 000	25 000
ZJ.19	6 级	1 000	5 000	15 000	40 000	ZJ.20	8 级	150	500	2 500	

浙江省造版别介绍

浙江省造面版与他省比较，相对固定，主要可分为中圈版和中花版两大类，中圈版可分二版，中花版中除"黄铜当十"和"小 B 宝"由于特征明显便于识别外，其他版式差异不大，本书篇幅有限，故择部分稀少版式特别介绍，余下合并大版介绍，细细目在此不一一展开。另中国钱币博物馆藏有 ZJ.15、ZJ.19 留档样币。

ZJ.21（1903）浙江省造二十文

大清铜币中心浙系列

ZJ.22（1906）丙午浙二文部颁面 / 部颁龙

丙午浙二文系列

丙午浙二文版别多，面版可分部颁、仿部颁、大满文、地方面二版等五版。背版可衍生出部颁六水波、上扬六水波（仿部颁）、七水波、有槽四水波、新龙四水波（全云、半云）等。如将面背交叉结合，又可分出多版，本书篇幅有限，故择大版介绍。

| 部颁面 | 仿部颁面 | 地方面 | 大满文 |

| 部颁龙 | 六水波 | 七水波 | 四水波 |

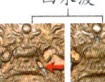

龙嘴有槽　龙嘴无槽

ZJ.23（1906）丙午浙二文部颁面 / 六水波

ZJ.24（1906）丙午浙二文仿部颁面 / 四水波龙嘴有槽

ZJ.25（1906）丙午浙二文仿部颁面 / 四水波龙嘴无槽

	级别	普品	极美	近未使用	未使用		级别	普品	极美	近未使用	未使用
ZJ.21	6级	3 000	10 000	30 000	100 000						
ZJ.22	6级		3 000	6 000							
ZJ.23	6级		3 000	6 000							
ZJ.24	6级		3 000	6 000		ZJ.25	6级		3 000	6 000	

ZJ.26（1906）丙午浙二文大满文　　　　　　　　　ZJ.27（1906）丙午浙二文地方面 / 六水波

ZJ.28（1906）丙午浙二文地方面 / 七水波　　　　　ZJ.29（1906）丙午浙二文地方面 / 四水波龙嘴有槽

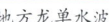

地方龙单水波　　部颁龙

ZJ.30（1906）丙午浙二文地方面 / 四水波龙嘴无槽

ZJ.31（1906）丙午浙五文 / 地方龙单水波　　　　　ZJ.32（1906）丙午浙五文 / 部颁龙

级别	普品	极美	近未使用	未使用		级别	普品	极美	近未使用	未使用
ZJ.26	6级		3 000	6 000	25 000	ZJ.27	6级		3 000	6 000	
ZJ.28	7级		2 000	4 000	15 000	ZJ.29	9级		350	1 000	4 000
ZJ.30	6级		2 500	6 000	20 000						
ZJ.31	9级		400	1 200	6 000	ZJ.32	6级		2 500	4 500	

ZJ.33（1906）丙午浙十文部颁面 / 部颁龙 KUO　　　　　　ZJ.34（1906）丙午浙十文部颁面 / 地方龙 KIIO

ZJ.35（1906）丙午浙十文地方面 / 地方龙 KIIO　　　　　　ZJ.36（1906）丙午浙十文地方面 / 部颁龙 KUO

 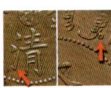

部颁面　　　地方面

部颁龙 KUO　　地方龙 KIIO　　双线腿

ZJ.37（1906）丙午浙十文地方面 / 双线腿

丙午浙十文地方面地方龙厚坯

丙午户部大清铜币中心浙十文厚坯属试样性质，重 11.1 克（流通币约重 7.3 克），打制异于流通币，压力十足，整体字口深峻，马齿清晰，目前为仅见品，马定祥先生旧藏，《中国铜元图典》图 299 原物。小图为厚坯版和流通版合照。

ZJ.38（1906）丙午浙十文地方面 / 地方龙，厚坯

	级别	普品	极美	近未使用	未使用		级别	普品	极美	近未使用	未使用
ZJ.33	8 级	300	1 200	7 000	30 000	ZJ.34	6 级	600	4 000		
ZJ.35	10 级	50	200	1 500	8 000	ZJ.36	5 级	1 000	15 000		
ZJ.37	7 级	350	2 000	7 000							
ZJ.38	3 级				无定价						

ZJ.39（1906）丙午浙二十文／地方龙全云　　　　ZJ.40（1906）丙午浙二十文／地方龙半云

浙江省造光绪元宝英国试样

浙江当十水龙试样

伯明翰厂浙江中花当十水龙属试样性质，目前已知存世数枚，《伯明翰造币厂史》中有伯明翰厂留存的此版样币及模具图片，故称伯明翰厂浙江当十水龙。此版水龙与今日常见的浙江当十水龙流通版相比，颇为不同，应该是当时的浙江杭州造币厂的未采用品或浙江铜元的原型（最初版）。

ZJ.41（1902）浙江当十水龙，英国试样

浙江合面合背

ZJ.42（1906）丙午浙中心浙二十文合面　　　　ZJ.43（1903）五文型水龙合背，银质

ZJ.44（1903）水龙中带点合背，白铜　　　　ZJ.45（1903）水龙中带点合背，黄铜

级别	普品	极美	近未使用	未使用		级别	普品	极美	近未使用	未使用
ZJ.39	7级		3 000	9 000	80 000	ZJ.40	7级		3 000	9 000	80 000
ZJ.41	1级				无定价						
ZJ.42	3级	30 000				ZJ.43	3级		无定价		
ZJ.44	3级			200 000		ZJ.45	5级			80 000	200 000

ZJ.46（1903）水龙中带点合背

ZJ.47（1903）水龙中带点/不带点合背，红铜或黄铜

ZJ.48（1906）二文六水波/四水波合背

ZJ.49（1906）五文部颁龙/地方龙合背

ZJ.50（1906）五文地方龙合背，白铜

ZJ.51（1906）五文地方龙合背

ZJ.52（1906）十文地方龙合背

ZJ.53（1906）二十文地方龙合背

	级别	普品	极美	近未使用	未使用		级别	普品	极美	近未使用	未使用
ZJ.46	5级			100 000	200 000	ZJ.47	5级			100 000	200 000
ZJ.48	4级		120 000			ZJ.49	3级		80 000		
ZJ.50	3级	50 000				ZJ.51	4级		60 000		
ZJ.52	5级		50 000	80 000		ZJ.53	4级			150 000	250 000

5
广西篇

(KH)

广西，今广西壮族自治区，位于南部边疆云贵高原东南部，与越南交界。东连广东，东北接湖南，西北接贵州，西面云南。清代置省，秦时为桂林郡辖区，简称"桂"。

光绪三十一年（1905年）一月，巡抚李经羲奏准在广西设局开制铜元，向德商预订造币机器与钱模，设备到达省会桂林后，造币厂尚未正式开工前，适逢光绪三十一年清政府整顿币制，对全国造币厂进行裁撤归并。光绪三十二年（1906年）七月，庆亲王奕劻所掌管的财政处下令广西归并广东为一厂，广西铜元局在未及开机造币前，便被裁撤，机器原料并入广东造币厂。清代广西地名的铜元只有钱样，广西省造十文飞龙由于存世稀少，是中国铜元收藏中名誉品大珍。广西十文铜元钱面上的满文为"宝桂"。钱背上缘"西"字英文"HSI"则为威妥玛拼音。从晚清到民国时期的广西货币，针对"西"的英文，先后有"HSI"、"SEE"、"SI"等三种。

1918年（民国七年）11月，陆荣廷于南宁设置铜元局，1919年（民国八年）重新开制，仿广东民国铜元，开始生产"广西壹仙"黄铜元，该局后改称造币厂，生产面额贰角的银毫，民国八年版的铜元和银毫皆有"SEA"和"SI"两种版别。国民政府北伐成功后，造币权逐渐收归中央。1937年（民国二十六年）日军全面侵华，上海沦为战区，位于上海的中央造币厂向大后方撤离，设备先迁武昌再转各地，桂林也于来年5月成立中央造币厂桂林分厂，桂林成为后方基地从事生产铜镍辅币。1939年（民国二十八年）间，由桂林分厂雕刻股长黄伟存负责设计布图壹分铜元，钱币布图下铭记"桂"字，可区分"大桂"与"小桂"两版，产量不多，存世稀少，后将桂字移除，量产桂林版的二十八年布图铜元，为"直头八"版。桂林分厂自1938年开制到1944年遣散员工，前后历时六年有余。1949年夏运清全部机器材料，厂房基地交广西省政府接收。

广西省造光绪元宝飞龙德国试样

KH.01（1905）广西飞龙，德国试样

广西飞龙试样

广西飞龙属德国试样性质，未正式发行，目前存世十多枚，可细分龙尾中有点、无点二版、鎏银版，多数从德国或欧洲散出，为清代铜元的大珍名誉品，深受广大铜元爱好者的喜爱和追捧。另有湖南小圈混广西飞龙存世，具体内容参见本书第77页"湖南、广西、福建三省德国试样系列"。

KH.01a（1905）广西飞龙，德国试样，鎏银

广西民国仙币系列

KH.02（1919）民国八年壹仙/SI，黄铜

KH.03（1919）民国八年壹仙/SEA，黄铜

广西民国分币系列

直头八

小桂　　大桂

KH.04（1939）民国二十八年/壹分大桂

KH.05（1939）民国二十八年/壹分小桂

	级别	普品	极美	近未使用	未使用		级别	普品	极美	近未使用	未使用
KH.01	2级			200 000	300 000						
KH.01a	2级				280 000	KH.02	8级	300	1 000	5 000	
KH.03	7级	400	2 000	6 000	50 000						
KH.04	4级			60 000	120 000	KH.05	3级			50 000	100 000

6
湖南篇

(HUN)

　　湖南位于长江中游南岸，东与江西交界，南与两广为邻，西接贵州、四川，北与湖北相连。省名得自大部分区域在洞庭湖之南，湘江为境内最大河流，简称"湘"。

　　清末湖南计有造币厂三座：湖南旧局（总局），湖南分局，湖南新局（铜元局），皆位于长沙生产铜元。光绪二十八年（1902年）六月，由巡抚俞廉三奏请设立铜元局（名曰长沙局），从英国伯明翰进口造币设备，后在城内西长街原铸造局内分设一厂制造铜元，是为长沙铜元旧局，又称"总局"。光绪三十一年（1905年）又增设两新厂，一厂建在城内莲花塘附近，采用日本设备，是为"分局"。另一新厂兴建在长沙城南门外灵官渡附近，厂区最广规模最大，设备由德国进口，是为"新局"，尔后陆续扩充，产量逐渐增加，后来居上成为湖南铜元产量最大的厂。光绪三十一年（1905年）底，户部颁布大清铜币祖模，由各省局派员承领，光绪三十二年（1906年）湖南三厂虽曾制造丙午中心"湘"大清铜币，但迄今尚未发现湖南大清铜币有部颁龙存世。光绪三十二年（1906年）七月清政府归并全国各造币厂局，下令将湖南归并湖北为一厂，湖南铜元局各厂先后于同年底停造，设备点收封存。光绪三十三年（1907年）底，湖广总督赵尔巽因粤汉铁路湖南段开工，地方用钱需要尤巨，奏请湖南复产铜元一年，铜元厂于次年八月初奏请得再次开制。宣统二年四月，度支部下达第二轮铜元厂裁撤合并令，全国仅留下6处分厂，至此湖南厂应该彻底归并停产了。

　　辛亥革命后，湖南局首先仿照"江西壬子十八星"铜币，开制湖南十八星铜元。1912年（民国元年）3月，南京中央政府颁布钱币的"五谷模型"，故湖南也依令铸造了具有湖南地方特色的"双旗嘉禾"铜元，初期面版特征以"旗上菊花"与"当十铜元"为主。1916年（民国五年），袁世凯称帝，湖南造币厂曾造面值十文的洪宪纪念币。1922年（民国十一年）1月1日赵恒惕公布湖南省宪法，并铸造发行了"湖南省宪成立纪念"银币与铜元，钱币中图案为嘉禾捧出"三横"。湖南省宪成立纪念币铜元面值有二十文与十文，可分多个版，数额均不大。1923年（民国十二年），湖南造币厂改由私人承包，生产了大量二十文劣质减重铜币，获利颇丰。1924年（民国十三年）11月，承包商因承包费暴增无利可图，呈请停造。1925年（民国十四年）湖南造币厂正式停造。

湖南省造光绪元宝中满文小圈系列

离毛龙

扁花连毛龙　　点花连毛龙

HUN.01（1905）小圈接足光 / 离毛龙

HUN.02（1905）小圈接足光 / 点花连毛龙　　　　HUN.03（1905）小圈接足光 / 扁花连毛龙

接足光无点南　　离足光有点南

HUN.04（1905）小圈离足光 / 离毛龙

HUN.05（1905）小圈离足光 / 扁花连毛龙　　　　HUN.06（1905）小圈五角星

级别		普品	极美	近未使用	未使用		级别	普品	极美	近未使用	未使用
HUN.01	7 级	200	800								
HUN.02	7 级	300	1 200	3 500		HUN.03	7 级	400	2 000	6 000	
HUN.04	9 级	100	300	1 500	8 000						
HUN.05	6 级	600	3 500	10 000		HUN.06	6 级	600	3 000	10 000	

湖南省造光绪元宝中满文秀体字系列

HUN.07（1905）秀体字 / 五角星，白铜

秀体字五角星样币

湖南秀体字五角星白铜属国内试样性质，目前已知存世两枚，最早出现于1945年第169次中国泉币学社例会，图示马定祥先生旧藏，《中国铜元图典》图256原物；另一枚由上海博物馆收藏。流通版初打样目前仅见，马定祥先生旧藏，《中国铜元图典》图255原物。秀体字五角星红铜样币，目前已知存世三四枚，此版是德国众多湖南试样中唯一导入国内量产的版式。

HUN.08（1905）秀体字 / 五角星，样币

秀体字　　　　五角星

HUN.09（1905）秀体字 / 五角星，流通版初打样　　　HUN.10（1905）秀体字 / 五角星

HUN.11（1905）秀体字 / 离毛龙　　　HUN.12（1905）秀体字 / 连毛龙

级别	普品	极美	近未使用	未使用
HUN.07	1级				无定价
HUN.08	2级				300 000
HUN.09	3级				300 000
HUN.11	6级	1 500	6 000	18 000	

级别	普品	极美	近未使用	未使用
HUN.10	5级	3 500	20 000	80 000	
HUN.12	4级	4 000	25 000		

湖南省造光绪元宝中满文系列

HUN.13（1905）中圈类/离毛龙　　　　　　　　HUN.14（1905）中圈五角星

撅上光　　撅下光
中圈类　
中无点　　有点贯宝
中有点

HUN.15（1905）小当平满卷须龙

卷须龙　　短须龙　　大火珠

小当

平满　低十　降满　高十

HUN.15a（1905）小当降满/卷须龙

HUN.16（1905）小当平满/短须龙　　　　　　　HUN.17（1905）小当降满/大火珠

级别	普品	极美	近未使用	未使用		级别	普品	极美	近未使用	未使用
HUN.13	10级	40	250	1 200	4 000	HUN.14	6级	2 000	8 000	25 000
HUN.15	9级	60	500	2 000	8 000					
HUN.15a	6级		3 000	5 000						
HUN.16	8级	100	600	2 500		HUN.17	9级	60	500	2 000	8 000

湖南中满文大火珠白铜

湖南中满文大圈大火珠白铜属试样性质，打制异于流通币，压力十足，整体字口深峻，马齿清晰，诸谱未载，目前为仅见品。主要金属成分：68%铜，17%锌，13%镍，典型镍白铜材质。

HUN.17a（1905）湖南中满文大火珠，白铜

HUN.17b（1905）小当平满 / 大火珠

湖南省造光绪元宝中花系列

HUN.18（1905）当钱十文 / 点花离毛龙　　　　　　HUN.19（1905）当钱十文 / 连毛龙

HUN.20（1905）当钱十文 / 三眼龙

点花离毛龙　　连毛龙

三眼龙

级别	普品	极美	近未使用	未使用		级别	普品	极美	近未使用	未使用
HUN.17a	2级			400 000						
HUN.17b	6级		3 500	6 000						
HUN.18	9级	100	600	3 000	15 000	HUN.19	6级	1 200	5 000	12 000
HUN.20	6级	1 500	8 000							

HUN.21（1905）阳花 / 大火珠　　　　　　　　HUN.22（1905）阳花 / 卷须龙

HUN.23（1905）阴花 / 卷须龙

阳花　　阴花

HUN.24（1905）阴花 / 短须龙

卷须龙　　短须龙　　大火珠

HUN.25（1905）阴花 / 大火珠

	级别	普品	极美	近未使用	未使用		级别	普品	极美	近未使用	未使用
HUN.21	9级	60	500	2 000		HUN.22	8级	250	1 200	3 500	
HUN.23	9级	60	500	2 000							
HUN.24	9级	60	500	2 000							
HUN.25	7级	300	2 500	8 000							

湖南省造光绪元宝飞龙系列

倒 U　　　　　飞龙类

四爪龙　　　　五爪龙

HUN.26（1902）湖南倒 U 飞龙

HUN.27（1902）湖南／飞龙类

正绪　　　　异绪

异字

HUN.28（1902）黄铜元正绪／飞龙类

HUN.29（1902）黄铜元异绪／飞龙类

HUN.30（1902）黄铜元异绪异字／飞龙类

	级别	普品	极美	近未使用	未使用		级别	普品	极美	近未使用	未使用
HUN.26	7 级	500	3 000	10 000	80 000						
HUN.27	8 级	200	1 500	5 000	40 000						
HUN.28	8 级	200	800	2 000	10 000						
HUN.29	8 级	200	800	2 000	10 000	HUN.30	8 级	200	800	2 000	10 000

大清铜币中心湘系列

HUN.31（1906）丙午湘翘头大 / 火珠有芒　　　　HUN.31a（1906）丙午湘翘头大 / 有芒全云

大湘翘头大　　粗芒九尾　　火珠无芒

大湘　　火珠有芒　　全云

HUN.32（1906）丙午湘翘头大 / 火珠无芒

HUN.33（1906）丙午大湘 / 火珠有芒　　　　HUN.33a（1906）丙午大湘 / 有芒全云

HUN.34（1906）丙午大湘 / 火珠无芒　　　　HUN.35（1906）丙午大湘 / 粗芒九尾

级别	普品	极美	近未使用	未使用		级别	普品	极美	近未使用	未使用
HUN.31	10级	40	250	1 200	5 000	HUN.31a	5级	2 000	8 000		
HUN.32	9级	40	250	1 200	5 000						
HUN.33	10级	40	250	1 200	5 000	HUN.33a	6级	1 500	6 000		
HUN.34	9级	40	250	1 200	5 000	HUN.35	6级	5 000	18 000	35 000	

HUN.36（1906）丙午大湘 / 己字龙　　　　　　HUN.37（1906）丙午大湘 / 扫帚龙离云

大湘　　小湘部颁面　　扫帚龙

离云　　　连云　　　少云

HUN.38（1906）丙午大湘 / 扫帚龙少云

HUN.39（1906）丙午小湘部颁面 / 火珠无芒　　　HUN.40（1906）丙午小湘部颁面 / 火珠有芒

HUN.41（1906）丙午小湘 / 扫帚龙离云　　　　HUN.42（1906）丙午小湘 / 扫帚龙连云

	级别	普品	极美	近未使用	未使用		级别	普品	极美	近未使用	未使用
HUN.36	6级	7 000	20 000	40 000	120 000	HUN.37	4级	15 000	35 000	100 000	
HUN.38	2级		180 000	350 000							
HUN.39	7级	300	1 500	4 000		HUN.40	7级	300	1 500	4 000	15 000
HUN.41	4级	25 000	60 000	150 000		HUN.42	3级		80 000	180 000	450 000

HUN.43（1906）丙午小湘 / 已字龙　　　　　　　　HUN.44（1906）丙午小湘仿部颁 / 粗芒九尾

小湘部颁面　　小湘点户　　圆点腿

小（才）湘仿部颁　　小湘撇户　　云纹腿

HUN.44a（1906）丙午小湘仿部颁 / 火珠有芒

HUN.45（1906）丙午小湘点户 / 圆点腿　　　　　　HUN.46（1906）丙午小湘点户 / 云纹腿

HUN.47（1906）丙午小湘撇户 / 云纹腿　　　　　　HUN.48（1906）丙午小湘撇户 / 圆点腿

	级别	普品	极美	近未使用	未使用		级别	普品	极美	近未使用	未使用
HUN.43	5级	12 000	55 000	120 000		HUN.44	5级	8 000	30 000	60 000	
HUN.44a	5级		15 000								
HUN.45	8级	250	600	2 500		HUN.46	6级		600	3 500	
HUN.47	9级	150	500	2 000		HUN.48	7级		500	3 000	

四火焰类 — 逆云 / 顺云

HUN.49（1906）丙午湘 / 四火焰类

错英文

HUN.49a（1906）丙午湘 / 四火焰错英文

驼背龙

小云（普通版） / 大云 / 大云新版

HUN.50（1906）丙午湘 / 驼背龙

HUN.51（1906）丙午湘 / 驼背龙大云

HUN.52（1906）丙午湘 / 驼背龙大云新版

级别	普品	极美	近未使用	未使用		级别	普品	极美	近未使用	未使用
HUN.49	9 级	50	250	1 200	5 000					
HUN.49a	6 级	1 200	2 500	5 000						
HUN.50	8 级	250	1 500	8 000	40 000					
HUN.51	5 级	5 000	20 000			HUN.52	3 级		80 000		350 000

湖南铜元九星系列

HUN.53（1912）湖南铜元大花/实心圈

HUN.54（1912）湖南铜元大花/空心圈

HUN.55（1912）湖南铜元小花/空心圈类

HUN.56（1912）湖南铜元小花/实心圈

HUN.57（1912）湖南铜元错配湖南嘉禾

大花　　　　小花

  无线

 有线

实心圈　　　空心圈类

HUN.58（1912）湖南隶铜错配空心圈

	级别	普品	极美	近未使用	未使用		级别	普品	极美	近未使用	未使用
HUN.53	9级	40	200	500	3 000	HUN.54	8级	150	400	1 200	6 000
HUN.55	9级	40	200	500	3 000	HUN.56	8级	150	400	1 200	6 000
HUN.57	3级		50 000								
HUN.58	4级		30 000								

湖南民国嘉禾系列

湖南双旗嘉禾系列

民国元年初,南京中央政府颁布钱币的"五谷模型",故湖南依令生产了具有湖南地方特色的"双旗嘉禾"铜元,湖南双旗嘉禾铜元生产时间超过十年,在民国铜元中以"数量大、版别多"著称。十文背版除"葡萄图"由于特征明显便于识别外,其他版式差异不大。本书篇幅有限,除稀少版式特别介绍,余下常见版式合并大版介绍,细细目不一一展开,二十文亦合并大版介绍。

湖南隶铜　湖南楷铜

HUN.59（1912）湖南隶铜上点类

HUN.59a（1912）湖南隶铜上点类,黄铜

HUN.60（1912）湖南隶铜上点错配细叶类

隶铜上点类　隶铜无点类

粗叶类　细叶类

HUN.61（1912）湖南隶铜无点类

HUN.62（1912）湖南隶铜无点错配粗叶类

级别	普品	极美	近未使用	未使用		级别	普品	极美	近未使用	未使用
HUN.59	10级	30	150	400	2 500	HUN.59a	9级	100	400	1 500	6 000
HUN.60	8级	100	250	500	3 500						
HUN.61	10级	30	150	400	2 500	HUN.62	8级	150	400	1 200	5 000

湖南隶铜　　湖南楷铜

小吊缨　　大吊缨

HUN.63（1912）湖南楷铜类

葡萄图

隶铜外长线

HUN.64（1912）湖南楷铜大吊缨

HUN.65（1912）湖南楷铜大吊缨/葡萄图　　HUN.66（1912）湖南楷铜/葡萄图

HUN.67（1912）湖南隶铜/葡萄图　　HUN.68（1912）湖南隶铜外长线/葡萄图

	级别	普品	极美	近未使用	未使用		级别	普品	极美	近未使用	未使用
HUN.63	9级	40	200	500	3 000						
HUN.64	8级	200	700	2 000	8 000						
HUN.65	8级	450	1 800	4 000	12 000	HUN.66	8级	350	1 500	3 500	10 000
HUN.67	8级	350	1 500	3 500	10 000	HUN.68	6级	550	2 000	5 000	

当拾铜圆

十叶　　四叶

HUN.69（1912）湖南当拾 / 十叶

HUN.70（1912）湖南当拾 / 四叶

HUN.71（1912）湖南隶铜 / 十叶

HUN.72（1912）湖南当制钱十文

当制钱十文　　旗上星

大叶　　小叶

HUN.73（1912）湖南旗上星 / 大叶

HUN.74（1912）湖南旗上星 / 小叶

	级别	普品	极美	近未使用	未使用		级别	普品	极美	近未使用	未使用
HUN.69	8级	300	800	3 000	10 000						
HUN.70	8级	350	1 000	3 500	12 000	HUN.71	8级	300	800	3 000	10 000
HUN.72	9级	40	200	500	3 000						
HUN.73	7级	350	1 000	2 500		HUN.74	7级	400	1 200	4 000	

洪宪元年　　尖瓣花　　圆瓣花

英文无间隔　英文有间隔

HUN.75（1916）洪宪尖瓣花/英文无间隔

HUN.76（1916）洪宪圆瓣花/英文有间隔　　　　　HUN.77（1916）洪宪圆瓣花混配英文无间隔

HUN.77a（1916）洪宪中华铜币，锡合金

湖南洪宪

1915年底袁世凯称帝，建立中华帝国，1916年改称洪宪元年。湖南开国纪念币洪宪元年当十铜元习称"湖南洪宪"铜元，相对数量较少，其中尤以二版前后期错配最为珍罕，目前仅见数枚，皆品相不佳，推测为后期拿作废的洪宪旧模制造。湖南洪宪元年中华铜币开国纪念十文（民国天津解耀东臆造）。

HUN.79（1916）湖南隶铜错配洪宪英文有间隔　　HUN.79a（1916）湖南隶铜错配洪宪英文无间隔

级别	普品	极美	近未使用	未使用		级别	普品	极美	近未使用	未使用
HUN.75	8级	500	1 500	5 000	15 000					
HUN.76	6级	2 500	15 000	70 000		HUN.77	5级	3 000	15 000	
HUN.77a	4级				无定价					
HUN.79	4级		60 000			HUN.79a	4级			80 000	

HUN.80（1922）省宪十文 / 旗上星　　　　　　HUN.81（1922）省宪十文 / 旗上花

HUN.82（1922）省宪二十文一月一日　　　　　HUN.83（1922）省宪二十文一月

民国十一年　　旗上花　　旗上星

 星压花
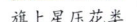
旗上星花类　 星星压花

HUN.84（1922）省宪十文 / 旗上星压花类

二十文一月一日　二十文一月

HUN.85（1922）双面英文

	级别	普品	极美	近未使用	未使用		级别	普品	极美	近未使用	未使用
HUN.80	9级	100	400	1 500	5 000	HUN.81	8级	200	800	2 500	9 000
HUN.82	8级	300	1 500	6 000	20 000	HUN.83	5级	7 000	30 000	60 000	150 000
HUN.84	6级	1 500	6 000								
HUN.85	6级	1 500	6 000	15 000	60 000						

HUN.86 湖南当二十铜元 /20 CASH　　　　　　　HUN.87 湖南当二十铜元类，黄铜或红铜

当二十铜元　　当制钱二十文

20 CASH　　TWENTY CASH

HUN.88 湖南二十文五角星类

各式花

大叶

五角星类

HUN.89 湖南二十文各式花

HUN.90 湖南二十文大叶拙刻版　　　　　　　HUN.91 湖南二十文大叶拙刻版，白铜

	级别	普品	极美	近未使用	未使用		级别	普品	极美	近未使用	未使用
HUN.86	8级	40	1 500	5 000		HUN.87	8级	100	400	1 200	4 000
HUN.88	9级	30	150	500	2 000						
HUN.89	10级	30	150	500	2 000						
HUN.90	7级	200	800	3 500		HUN.91	4级			30 000	

湖南德国试样系列

湖南、广西、福建三省德国试样系列

湖南黄铜元、湖南小圈、广西、湖南背广西、福建小闽关、湖南混福建等系列均属试样性质，质地精良、制作精美，最近才证实湘闽桂有关的各式样币均出自德国同一所雕模工厂。其中除去福建小闽关、湖南秀体五角星两版国内采用发行外，余均为试样未发行，目前个别品种为仅见品，部分品种仅见数枚。鎏金版 HUN.94 为国内呈样之用，马定祥先生旧藏，《中国铜元图典》图 265 原物。

HUN.92 秀体黄铜元 / 大英文

HUN.93 秀体黄铜元 / 五角星　　　　HUN.93a 秀体黄铜元 / 五角星，精制

HUN.94 秀体黄铜元 / 五角星，鎏金

黄铜元

秀体字　　小字

HUN.95 黄铜元长撇铜 / 方点花

大英文　　五角星

级别	普品	极美	近未使用	未使用		级别	普品	极美	近未使用	未使用
HUN.92	1级				350 000	HUN.93a	2级				250 000
HUN.93	3级				180 000						
HUN.94	2级				250 000						
HUN.95	4级				120 000						

HUN.96 黄铜元长撇铜 / 圆点花　　　　　　　　　方点花　　圆点花

HUN.97 黄铜元短撇铜 / 方点花　　　　　　　　　长撇铜　　短撇铜

HUN.98 黄铜元短撇铜 / 圆点花　　　　　　　　　小字 / 铜元　　秀体字 / 铜元

HUN.98a 湖南铜元 / 方点花　　　　　　　　　　　　**HUN.98b 湖南铜元 / 圆点花**

	级别	普品	极美	近未使用	未使用		级别	普品	极美	近未使用	未使用
HUN.96	2级				200 000						
HUN.97	4级				120 000						
HUN.98	4级				120 000						
HUN.98a	2级				250 000	HUN.98b	2级				250 000

HUN.99 湖南铜元 / 广西飞龙　　　　　　　　　　HUN.100 湖南铜元秀体字 / 广西飞龙，黄铜

HUN.101 福建小闽关 / 湖南方点花　　　　　　　HUN.101a 黄铜元 / 福建闽关龙

HUN.102 福建小闽关 / 湖南方点花，黄铜

福建小闽关德国试样系列

2006年德国首次出现HUN.101，同年瑞士出现FK.16，随后数年又出现HUN.102，直到2017年中国香港SBP才拍出与HUN.101面背对应的HUN.101a，由于此版的出现印证了2016年出现的"福建小闽关/FK.16a"为德国试样。此枚无论材质重量与制造工艺均与流通币有较大差异，与之前所见德国厂样币风格一致，可推论为同一德国工厂雕模试作币样。此版福建是德国众多试样中导入国内量产二版之一。

FK.16 福建小闽关，德国试样，黄铜　　　　　　FK.16a 福建小闽关，德国试样，红铜

级别	普品	极美	近未使用	未使用		级别	普品	极美	近未使用	未使用
HUN.99	2级				350 000	HUN.100	2级				400 000
HUN.101	2级				250 000	HUN.101a	2级				350 000
HUN.102	2级				250 000						

湖南合面合背

HUN.103 中心湘合面　　　　　　　　　HUN.104 离毛龙合背

火珠有芒　　全云

HUN.105 火珠有芒大清龙合背

HUN.106 离毛龙 / 大清龙合背　　　　　HUN.106a 无芒 / 有芒全云大清龙合背

HUN.107 大清龙 / 扫帚龙合背　　　　　HUN.108 离毛龙 / 己字龙合背

级别	普品	极美	近未使用	未使用	级别	普品	极美	近未使用	未使用
HUN.103	5 级	50 000			HUN.104		70 000		
HUN.105	4 级	80 000							
HUN.106	4 级	80 000			HUN.106a		120 000		
HUN.107	3 级	200 000			HUN.108		150 000		

HUN.109 湖南隶铜合面

HUN.110 湖南嘉禾合背

HUN.111 湖南大叶嘉禾二十文合背

HUN.112 湖南九星合背

HUN.113 光绪离毛龙 / 大清中心湘，后期异配

	级别	普品	极美	近未使用	未使用		级别	普品	极美	近未使用	未使用
HUN.109	5 级		25 000			HUN.110	5 级		30 000		
HUN.111	5 级		35 000			HUN.112	5 级		25 000		
HUN.113	4 级		60 000								

7
湖北篇

(HP & HPJ)

湖北位于长江中游北岸，东南西北分别与安徽、江西、湖南、四川、陕西、河南接壤。因在洞庭湖之北得省名，清代湖北的行政中心武昌，为隋以后鄂州的治所，故简称"鄂"。

光绪十九年（1893年）十月，湖广总督张之洞奏请援照广东成案试办银圆局开制银圆，于省城武昌三佛阁街成立湖北银圆局，银圆局于光绪二十一年（1895年）五月正式开工。光绪二十二年（1896年）湖北省通过上海茂生洋行向美国新泽西州汉立克纳浦公司订购新式机造制钱设备，钢模由美国费城造币厂代为雕刻设计。光绪二十三年（1897年）在银圆局东原宝武局基地上建造铜钱局，用机械制造每文重七分的'宝武'铜钱。光绪二十四年（1898年）初开始量产，且已有能力自行设计钱模。光绪二十八年（1902年）三月，湖广总督张之洞奏设铜币局，将旧制钱局厂房改造成铜元厂，通过上海联系代理商——德商地亚士洋行，向英国伯明翰市的"退辣车伦制造厂"订购设备制造铜元。光绪二十九年（1903年）闰五月开始在湖北银圆局内附造铜元，安装了更好的设备，仿湖北银圆的风格，制造了"八瓣花当十背坐龙"铜元。光绪三十一年（1905年）二月于汉阳兵工厂附设造币厂，该厂制造了面版可分为"中心五瓣花"和"中心金钱图"的铜元；由于不是专业造币厂，工艺水平相对较差，不久于来年二月停造。光绪三十二年（1906年）二月，银圆局和兵工厂停造铜元，仅存铜币局一厂。同年三月起于铜币局内添造一文铜元，以广利用。光绪三十二年（1906年，岁次丙午），全国各省局按户部总厂颁布的标准祖模开制新式大清铜币，此时湖北铜币局更名为"湖北户部造币分厂"，光绪三十四年（1908年）初度支部要求总厂颁发一文铜元祖模，命令各厂开制一文黄铜元，湖北也依部颁祖模制造。宣统二年（1910年）五月，湖北银铜两局收归度支部管辖，合并为武昌造币厂。

民国初年，武昌造币厂由省府经理至民国三年收归财政部。1937年（民国二十六年）3月，国民政府财政部命令成立中央造币厂武昌分厂，由中央造币厂接管该厂。并于同年10月19日开制铜、镍辅币，1938年（民国二十七年）7月31日停造，10月18日结束。其间武昌造币厂制造了袁世凯像共和十文铜元。湖北武昌厂也设计出"面珠圈"双旗开国纪念铜币，其背面图案按部颁"五谷模型"设计。湖北武昌厂的开国纪念铜币面值计有五文、十文、二十文与五十文，其中十文为量产币，其他面值则为试造样币，没有正式发行，非常珍稀。

湖北篇·大清（HP）
湖北省造光绪通宝机制方孔制钱系列

湖北省造机制制钱

光绪二十二年（1896年）湖北省通过上海茂生洋行向美国新泽西州汉立克纳浦公司订购新式机造制钱设备，钢模由美国费城造币厂代为设计雕刻。光绪二十三年（1897年）在银圆局东原宝武局基地，建造铜钱局，用机器制造每文重七分的"宝武"铜钱。光绪二十四年（1898年）初开始量产，且已有能力自行设计钱模。

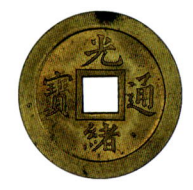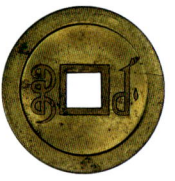

HP.C.1.1（1897）宝武，美国汉立克纳浦厂样币

HP.C.1.2（1897）宝武，美国汉立克纳浦厂试样，铝质

HP.C.2（1898）宝武，小字

HP.C.3（1898）宝武，试样，白铜

HP.C.4（1898）宝武，大字

HP.C.4（1898）宝武，粗字

级别	普品	极美	近未使用	未使用		级别	普品	极美	近未使用	未使用
					HP.C.1.1	5级			30 000	60 000
HP.C.1.2	3级				250 000	HP.C.2	7级		1 500	3 000	8 000
HP.C.3	2级				无定价						
HP.C.4	8级		300	1 500	2 500	HP.C.4	8级		300	1 500	2 500

湖北省造光绪元宝六瓣花系列

HP.01（1906）湖北省造一文

HP.02（1902）小北 / 湖北水龙

HP.03（1902）湖北大火珠

HP.04（1902）小北 / 龙胸无云

HP.05（1902）湖北大火珠，白铜

湖北大火珠白铜

湖北大火珠白铜属试样性质，目前为仅见品，2008年香港诺曼·亚克斯集藏钱币专场拍卖拍出，伍德华先生旧藏，伍谱在其最后的增补中才有收藏记载"湖北，编号518/A-2，White Copper，级别 U（仅见品）"。通过火焰比对，湖北大火珠应由湖北圆珠龙改刻而来。

HP.06（1902）大北 / 小火珠包云

湖北水龙　　龙胸无云

大火珠　　小火珠

包云

线云

级别	普品	极美	近未使用	未使用		级别	普品	极美	近未使用	未使用
HP.01	8级	100	300	800	3 000	HP.02	10级	20	150	500	2 500
HP.03	8级	150	600	2 500	10 000	HP.04	9级	100	400	1 500	6 000
HP.05	1级				无定价						
HP.06	8级	200	800	3 000							

小北　　中北　　大北

HP.07（1902）小北 / 小火珠线云

HP.08（1902）中北 / 湖北水龙　　　　　　　　　　HP.09（1902）中北 / 小火珠包云

HP.10（1902）大北 / 湖北水龙　　　　　　　　　　HP.11（1902）大北 / 龙胸无云

HP.12（1902）大北 / 小火珠包云　　　　　　　　　HP.13（1902）大北 / 小火珠线云

级别	普品	极美	近未使用	未使用		级别	普品	极美	近未使用	未使用
HP.07	8 级	150	600	2 500	10 000					
HP.08	9 级	20	150	500	2 500	HP.09	7 级	400	3 000	
HP.10	10 级	20	150	500	2 500	HP.11	7 级	400	3 000	
HP.12	7 级	400	3 000			HP.13	7 级	300	1 200	4 500

HP.14（1902）爪在须外　　　　　　　　　　　HP.15（1902）爪在须外头上无云

HP.16（1902）珠圈水龙　　　　　　爪在须外　　无云　　　珠圈水龙

　　　　　　　　　　　　　　　　　　　　　长日绪　　阳点

湖北省造光绪元宝八瓣花系列

HP.17（1903）长日绪／特大龙　　　　　　　　HP.18（1903）长日绪／珠圈坐龙

HP.19（1903）长日绪／八路鳞　　　　　　　　HP.20（1903）长日绪／七路鳞

	级别	普品	极美	近未使用	未使用		级别	普品	极美	近未使用	未使用
HP.14	7级	200	800	2 000	15 000	HP.15	6级		1 500	5 000	15 000
HP.16	6级	2 000	6 000	20 000	50 000						
HP.17	9级	150	600	2 500	10 000	HP.18	8级	150	600	2 500	10 000
HP.19	7级	400	1 800			HP.20	5级	1 000	6 000		

HP.21（1903）八瓣花阳点 / 特大龙

HP.22（1903）八瓣花阳点 / 珠圈坐龙

HP.23（1903）短日绪 / 六路鳞

长日绪　　短日绪（高北）

六路鳞　　七路鳞　　八路鳞

HP.24（1903）短日绪 / 七路鳞

HP.25（1903）短日绪 / 八路鳞

HP.26（1903）短日绪 / 珠圈坐龙

HP.27（1903）短日绪 / 特大龙

	级别	普品	极美	近未使用	未使用		级别	普品	极美	近未使用	未使用
HP.21	8级	300	1 200	5 000		HP.22	7级	500	3 000		
HP.23	10级	30	200	800	3 500						
HP.24	10级	30	200	800	3 500	HP.25	10级	40	250	1 000	4 500
HP.26	9级	150	600	2 500	10 000	HP.27	6级	800	5 000		

湖北省造光绪元宝中金钱系列

HP.28（1905）中金钱跛宝 / 大龙　　　　　　HP.29（1905）中金钱跛宝 / 跳 E 龙

HP.30（1905）中金钱跛宝 / 小胖龙　　　　　HP.31（1905）中金钱跛宝 / 小胖龙长刺

中金钱跛宝　　小马齿

中金钱正宝　　大马齿

HP.32（1905）中金钱正宝 / 大龙大马齿

大龙　　　　大龙大马齿

小胖龙　　　小胖龙长刺　　　跳 E 龙

HP.33（1905）中金钱正宝 / 大龙

	级别	普品	极美	近未使用	未使用		级别	普品	极美	近未使用	未使用
HP.28	9 级	100	400	1 500	6 000	HP.29	6 级	1 000	4 000	10 000	
HP.30	6 级	1 500	6 000	15 000		HP.31	6 级	1 200	5 000	12 000	
HP.32	8 级	200	1 000	5 000							
HP.33	4 级		25 000								

湖北省造光绪元宝五瓣花系列

HP.34（1905）高满文 / 大龙　　　　　　　　　HP.35（1905）高满文 / 小胖龙

HP.36（1905）高满文 / 跳 E 龙　　　　　　　　HP.37（1905）高满文 / 圆嘴龙

高满文　　　　平满文　　　　低满文

HP.38（1905）高满文 / 小胖龙长刺　　　　小胖龙　　　　圆嘴龙　　　　瘦身龙

HP.39（1905）低满文 / 大龙　　　　　　　　　HP.40（1905）低满文 / 跳 E 龙

	级别	普品	极美	近未使用	未使用		级别	普品	极美	近未使用	未使用
HP.34	10 级	30	200	1 000	4 000	HP.35	10 级	30	300	3 000	12 000
HP.36	8 级	50	1 000	4 000		HP.37	4 级		4 000	25 000	
HP.38	4 级	2 000	10 000								
HP.39	10 级	30	200	1 000	4 000	HP.40	9 级	100	400	2 000	10 000

HP.41（1905）低满文 / 瘦身龙　　　　　　　　　　HP.42（1905）低满文 / 圆嘴龙

HP.43（1905）低满文 / 小胖龙　　　　　　　　　　HP.44（1905）平满文 / 大龙

HP.45（1905）平满文 / 瘦身龙　　　　　　　　　　HP.46（1905）平满文 / 跳 E 龙

―― 大清铜币中心鄂系列 ――

HP.47（1906）丙午鄂二文　　　　　　　　　　　　HP.48（1906）丙午鄂五文 / 部颁龙

级别	普品	极美	近未使用	未使用		级别	普品	极美	近未使用	未使用
HP.41	8 级	200	800	3 000		HP.42	6 级	1 500	6 000	8 000	
HP.43	6 级	1 200	5 000			HP.44	8 级	200	700	2 500	10 000
HP.45	8 级	250	1 000	4 000		HP.46	6 级	1 200	5 000		
HP.47	7 级	600	2 000	5 000	12 000	HP.48	4 级	4 500	15 000	30 000	

五文部颁面　　五文仿部颁　　五文地方面

五文部颁龙　　五文双冠龙　　五文单冠龙

HP.49（1906）丙午鄂五文部颁面 / 双冠龙

HP.50（1906）丙午鄂五文 / 双冠龙　　　　　　　　HP.51（1906）丙午鄂五文 / 单冠龙

HP.52（1906）丙午鄂五文双冠龙，白铜

丙午鄂五文双冠龙白铜

丙午鄂五文双冠龙白铜属试样性质，目前为仅见品。编者同马定祥哲嗣马传德先生交流时得知，马老曾告诉他，新中国成立前铜元中凡白铜者的底价是一枚一两黄金起，可见当时白铜铜元就已属稀罕之物，何况今日。

HP.53（1906）丙午鄂十文部颁面 / 部颁龙　　　　HP.54（1906）丙午鄂十文部颁面 / 双冠龙

级别	普品	极美	近未使用	未使用		级别	普品	极美	近未使用	未使用
HP.49	4 级	4 500	15 000	30 000						
HP.50	8 级	250	800	1 500	8 000	HP.51	7 级	500	1 500	5 000	15 000
HP.52	2 级				550 000						
HP.53	9 级	100	500	3 000	10 000	HP.54	8 级	250	1 000	5 000	

部颁面　　仿部颁　　大三角捺

部颁龙　　仿部颁龙　　双冠龙

HP.55（1906）丙午鄂十文部颁面 / 仿部颁龙

HP.56（1906）丙午鄂十文仿部颁 / 仿部颁龙　　　　HP.57（1906）丙午鄂十文仿部颁 / 光绪单冠龙

HP.58（1906）丙午鄂十文大三角捺 / 双冠龙　　　　HP.59（1906）丙午鄂十文大三角捺 / 部颁龙

HP.60（1906）丙午鄂十文大捺连横 / 光绪单冠龙类　　HP.61（1906）丙午鄂十文大捺连横 / 仿部颁龙

	级别	普品	极美	近未使用	未使用		级别	普品	极美	近未使用	未使用
HP.55	6级	1 200	5 000								
HP.56	10级	30	200	800	3 500	HP.57	5级	1 500	6 500		
HP.58	9级	50	250	1 000	4 000	HP.59	8级	250	1 000	5 000	
HP.60	9级	50	250	1 000	4 000	HP.61	7级	400	2 000	8 000	

狭清　　　广清

光绪单冠龙类　　大阴旋　小阴旋　小耳　阳旋

HP.62（1906）丙午鄂十文狭清 / 光绪单冠龙类

HP.63（1906）丙午鄂十文狭清 / 部颁龙　　**HP.64（1906）丙午鄂十文广清 / 光绪单冠龙类**

中心鄂特色龙版

湖北中心鄂的龙图版式多，其中以部颁龙、仿部颁龙、双冠龙、年号叠压为代表的大版，由于特征明显便于识别，为广大爱好者所熟知，单冠龙通过龙珠旋可细分多版，由于多寡差异不大，本书合并为单冠龙类介绍，细细目在此不一一展开。另，丙午鄂十文币坯有大小两种规格。

HP.64a（1906）丙午鄂十文远马齿，大坯

远马齿

光绪　　宣统叠光绪

HP.65（1909）丙午鄂十文狭清 / 年号叠压

	级别	普品	极美	近未使用	未使用		级别	普品	极美	近未使用	未使用
HP.62	10级	20	150	500	2 000						
HP.63	4级		30 000			HP.64	10级	20	150	500	2 000
HP.64a	5级		15 000								
HP.65	4级		30 000								

HP.66（1909）丙午鄂十文狭清错配宣统阴旋　　　　　HP.67（1909）丙午鄂十文狭清错配宣统阳旋

HP.68（1906）丙午鄂二十文

HP.69（1909）己酉鄂十文 / 宣统单冠龙类

年号叠压　　　　干支叠压　　　　己酉纪年

阴旋　　阳旋

宣统单冠龙类　　　　　　　　八角阴阳旋

HP.70（1909）鄂十文干支叠压 / 宣统单冠龙　　　　　HP.71（1909）己酉鄂十文 / 年号叠压

	级别	普品	极美	近未使用	未使用		级别	普品	极美	近未使用	未使用
HP.66	5级	1 500	6 000	15 000		HP.67	5级	1 500	6 000	15 000	
HP.68	6级		20 000	50 000	120 000						
HP.69	9级	30	200	800	3 500						
HP.70	6级	1 000	4 000	10 000		HP.71	6级	1 000	4 000	10 000	60 000

HP.72（1909）己酉鄂十文短勾己错配光绪　　　　HP.73（1909）己酉鄂十文长勾己错配光绪

部颁龙　　地方龙

HP.74（1908）戊申鄂小鄂一文 / 部颁龙，黄铜

小鄂

大鄂类

HP.75（1908）戊申鄂小鄂一文 / 地方龙，黄铜

HP.76（1908）戊申鄂大鄂类一文 / 地方龙，黄铜　　　　HP.77（1908）戊申鄂大鄂类一文 / 部颁龙，黄铜

级别	普品	极美	近未使用	未使用		级别	普品	极美	近未使用	未使用
HP.72	6 级	1 000	4 000	10 000		HP.73	6 级	1 000	4 000	10 000	30 000
HP.74	8 级	100	400	800	3 000						
HP.75	6 级	800	2 000	4 000							
HP.76	9 级	80	300	600	2 500	HP.77	6 级	800	2 000	4 000	25 000

湖北省造圆珠龙试样系列

HP.78（1902）湖北圆珠龙，试样

湖北圆珠龙英国试样系列

湖北圆珠龙为英国试制样币，有红铜、黄铜和白铜三种材质，图示此套三枚为马定祥先生旧藏，《中国铜元图典》图145～147原物，于2007年北京嘉德春拍马定祥专场拍出，目前完整三枚者仅见此套，弥足珍贵。由英国"退辣车伦制造厂"（Taylor & Challen Ltd.）机器图录中得知其曾供应湖北省造铜元用之印花机。

HP.79（1902）湖北圆珠龙，试样，黄铜

HP.80（1902）湖北圆珠龙，试样，白铜

湖北合背

HP.81（1906）光绪单冠龙合背

湖北篇·民国（HPJ）

湖北铜币军政府系列

HPJ.01 民国元年五十文，黄铜

HPJ.02 民国元年蝴蝶花仿四川军政府，黄铜

级别	普品	极美	近未使用	未使用		级别	普品	极美	近未使用	未使用
HP.78	1级				550 000					
HP.79	1级				550 000	HP.80	1级				550 000
HP.81	4级		40 000	100 000						
HPJ.01	6级	2 500	5 500			HPJ.02	5级		5 000		

湖北军政府系列

民国初年,湖北恩施地区及周边大小军阀为搜刮民财扩充军队仿造四川军政府汉字铜元,同时又制造了湖北汉字铜币,由于其造币技术落后以传统工艺为主(手摇机压制),币模寿命短,以致成币数量少而版式较多。同时期还有翻砂湖北汉字铜币流行坊间,由于非机制币本书不作详细介绍。

HPJ.03(1914)民国三年三花五十文,黄铜

HPJ.04(1918)民国七年二花五十文,黄铜　　　　HPJ.05(1918)民国七年三花五十文,黄铜

HPJ.06(1918)民国七年仿四川军政府,黄铜　　　HPJ.07(1918)民国七年蝴蝶花五十文,黄铜

HPJ.08(1919)民国八年三花五十文,黄铜　　　　HPJ.09(1919)民国八年蝴蝶花五十文,黄铜

	级别	普品	极美	近未使用	未使用		级别	普品	极美	近未使用	未使用
HPJ.03	6级		5 500								
HPJ.04	7级		3 500			HPJ.05	8级		2 500		
HPJ.06	7级		3 000			HPJ.07	8级		3 500		
HPJ.08	7级		5 000			HPJ.09	7级		5 500		

8 河南篇

(HON)

　　河南位于中国中东部、黄河中下游，东接安徽、山东，北接河北、山西，西连陕西，南临湖北。河南简称"豫"。河南开封隋唐改为汴州，北宋称汴京。

　　光绪三十年（1904年）十月河南巡抚陈夔龙奏准在省城南门外机器局内建造铜元厂，名曰开封局，向美国新泽西州的汉立克纳浦厂订购造币机器，币模由费城造币厂的总雕刻师巴伯所刻，同年十月二十日开机试制。河南铜元厂是当时各省局规模最小的造币厂。光绪三十一年（1905年）底，河南厂按标准部颁祖模开制新式大清铜币，中心加刻"汴"字以示区别，同时更名为"河南户部造币分厂"。光绪三十三年（1907年）再改为"度支部造币汴厂"。光绪三十四年（1908年），岁次戊申，清廷要求各省在当十铜元定额之外加造三成一文铜元。汴厂制造了戊申汴一文铜元。宣统元年，岁次己酉，试制了己酉中心"汴"的套币，涵盖了二十文、十文、五文、二文与一文等五种面值，其中仅十文量产并参与流通，这是地方省局中唯一造齐五种币值的套币。经工艺、版式及留存钱样比较分析，推论应由造币总厂代制。宣统二年（1910年）四月，中央度支部再度裁撤小省局，"度支部造币汴厂"位列其中。宣统三年（1911年）武昌起义后，九月汴厂呈请复造当十铜元，中心汴辛亥大清铜币，是清末唯一以辛亥纪年的大清铜币。

　　1912年（民国元年），南京临时政府颁布"五谷模型"的钱币制造令，河南依此所造的铜币，正面为"中华民国""河南省造"及"十文"字样，背面为两面交叉的五色国旗。1914年（民国三年），北洋政府公布《国币条例》，因铸当十铜币重量和质量皆参差不齐，利润优厚，各省竞相鼓造。河南军阀参考湖南省铜币样式，拿掉币面的"河南省造"仅留国名，广收制钱改产当十铜币。当局为了获取更大利益，从1918年（民国七年）起，开制了"中菊花二十文铜元"。在1920年（民国九年）开制当五十铜元，以对抗四川铜元之渗透。1928年（民国十七年）国民革命军北伐成功，全国统一，改制当百文铜元。翌年春，又发行当贰百文铜元。1931年（民国二十年）又新增二十、五十、百文铜币。据《开封文史资料》第七册的记载："1933年（民国二十二年），因铜之来源更加困难，当局为增加币值，铸当五百文的小洋钱，后因故未有发行。"上述"当五百文的小洋钱"应是民国铜元大珍"河南伍百文"。河南双旗伍百文为中国铜元里面值最大者，有红铜及铜镀锡两版，为铜元名誉大珍品之一。

河南省造光绪元宝系列

HON.01（1904）阳太极大字 / 水龙大英文　　　　　　HON.02（1904）阳太极大字 / 水龙小英文

阳太极大字　　阳太极小字

阳太极　　　　阴太极

HON.03（1904）阳太极大字 / 云龙三火焰

水龙　　　大英文　　　小英文

云龙　　　三火焰　　　五火焰

HON.04（1904）阳太极大字 / 云龙五火焰

HON.05（1904）阳太极 / HOU

河南阳太极 HOU 水龙

此版长久以来一直有"官版"与"私版"之争论，"河"的英文为 HOU，英语或汉语的发音系统不会将"河"多出"U"的发音。而日语发音系统的"O"长音，往往会标以"OU"，此枚日本秋友晃先生旧藏，纸夹亲笔书写有"HOU NAN —日本铸"，目前已知存世十余枚。据英籍海关税务司马士（H. B. Morse）捐赠大英博物馆的中国铜元藏品内发现，河南省部分亦注明有"中国版"、"美国版"及"日本版"。

级别	普品	极美	近未使用	未使用		级别	普品	极美	近未使用	未使用
HON.01	6级	1 000	5 000	15 000		HON.02	6级	1 000	5 000	15 000
HON.03	7级	300	1 500	6 000						
HON.04	7级	250	1 200	5 000						
HON.05	5级			15 000						

HON.06（1904）阳太极小字 / 云龙三火焰

HON.07（1904）阳太极小字 / 云龙五火焰

HON.08（1904）阳太极小字 / 水龙小英文

HON.09（1904）阳太极小字 / 水龙

HON.10（1904）斜阳太极 / 水龙

珠圈水龙　　　无圈水龙

HON.11（1904）直阳太极 / 水龙

阳太极　　　斜阳太极　　　直阳太极

	级别	普品	极美	近未使用	未使用		级别	普品	极美	近未使用	未使用
HON.06	9级	80	400	1 800		HON.07	9级	80	400	1 800	
HON.08	5级	1 200	6 000			HON.09	6级	800	4 000	10 000	
HON.10	8级	250	1 200	5 000							
HON.11	8级	250	1 200	5 000							

河南水龙黄铜

此版河南水龙黄铜属试样性质，厚坯，镜面处理。河南于光绪三十年（1904年）建造铜元厂，向美国汉立克纳浦厂订购造币机器。2008年10月香港冠军拍卖目录中美国人Bruce Smith所撰《河南光绪元宝十文黄铜样币》一文记载，河南铜元最早的币模由费城造币厂的总雕刻师Charles Barber所刻。

HON.12（1904）阴太极水龙，美国汉立克纳浦厂试样，黄铜

HON.12a（1904）阴太极水龙，美国版　　　　**HON.12b（1904）阴太极水龙，美国版面**

HON.13（1904）阴太极/水龙阴眼

单水波

双层水波

美国版　　阴旋阴眼

阳眼

HON.14（1904）阴太极/水龙阳眼　　　　**HON.14a（1904）阴太极/水龙阳眼，黄铜**

级别	普品	极美	近未使用	未使用		级别	普品	极美	近未使用	未使用
HON.12	2级	15 000	30 000	60 000	150 000					
HON.12a	6级		5 000			HON.12b	6级		5 000	
HON.13	10级	40	250	1 200	5 000					
HON.14	10级	40	250	1 200	5 000	HON.14a	3级			50 000

HON.15（1904）阴太极/云龙三火焰　　　　　　HON.16（1904）阴太极/云龙五火焰

阴太极　　阴太极阳点　　直阴太极

HON.17（1909）阴太极错配宣统部颁龙

HON.18（1904）阴太极阳点　　　　　　HON.19（1904）直阴太极

反阴太极异面

HON.20（1904）反阴太极异面类

	级别	普品	极美	近未使用	未使用		级别	普品	极美	近未使用	未使用
HON.15	6级	800	4 000	10 000		HON.16	6级	800	4 000	10 000	
HON.17	5级	2 000	15 000	50 000							
HON.18	6级	800	4 000	10 000		HON.19	6级	800	4 000	10 000	
HON.20	6级	1 000	5 000								

大清铜币中心汴系列

部颁龙　仿部颁龙类

HON.21（1906）丙午汴十文 / 部颁龙

HON.22（1906）丙午汴十文 / 仿部颁龙阳眼　　　HON.22a（1906）丙午汴十文 / 仿部颁龙圈眼

仿部颁类

带点　阳眼　圈眼

HON.23（1906）丙午汴十文 / 英文间带点

HON.24（1906）丙午汴十文异面 / 仿部颁龙圈眼　　　HON.25（1906）丙午汴十文错配水龙

	级别	普品	极美	近未使用	未使用		级别	普品	极美	近未使用	未使用
HON.21	8级	200	700	2 000	10 000						
HON.22	10级	50	300	1 200	4 000	HON.22a	10级	50	300	1 000	3 000
HON.23	8级	150	500	1 500							
HON.24	5级		5 000			HON.25	8级	10 000			

二文部颁龙　　一文部颁龙

HON.26（1908）戊申汴一文 / 二文部颁龙，黄铜

丙午汴十文部颁龙样币

中国钱币博物馆藏有 HON.21 丙午汴十文部颁龙留档样币。出厂状态，品相完美，弥足珍贵。

戊申汴一文样币

此版戊申汴一文属样币性质，币坯制作精良，质地及压制均异常精美，压力足，明显异于流通币，早年由苏联散出。

HON.27（1908）戊申汴一文，黄铜，样币

己酉汴一文、二文、五文、十文、二十文系列

宣统元年，岁次己酉，河南省制造了己酉中心"汴"的套币样币，涵盖了一文、二文、五文、十文与二十文五种面值，这是地方省局空前绝后的创举，十文曾量产参与流通，其余面值者仅留样币存世，其中一文最为稀少。图示五枚早年由苏联散出，弥足珍贵。另中国钱币博物馆藏有整套留档样币，均为出厂状态，品相完美，弥足珍贵。

HON.28（1908）戊申汴一文 / 一文部颁龙，黄铜

HON.29（1909）己酉汴一文，黄铜　　　　　　HON.30（1909）己酉汴二文

级别	普品	极美	近未使用	未使用		级别	普品	极美	近未使用	未使用
HON.26	8级	200	1 500	6 000	15 000					
HON.27	2级				无定价					
HON.28	7级	500	2 500							
HON.29	1级				无定价	HON.30	1级				无定价

HON.31（1909）己酉汴五文　　　　　　　　HON.32（1909）己酉汴二十文

己酉汴二十文宽缘

己酉汴二十文宽缘目前已知存世四枚，三枚由私人收藏，其中一枚于2008年香港诺曼·亚克斯集藏钱币专场拍卖拍出（左图），伍德华先生旧藏；另一枚NC旧藏；另一枚由上海博物馆收藏，为钱币收藏家李伟先先生捐赠。品相所见均不佳，直径39毫米，坯饼同银圆大小，齿边。

HON.33（1909）己酉汴二十文宽缘（原大）

HON.34（1909）己酉汴十文，样币　　　　己酉纪年　　辛亥纪年

HON.35（1909）己酉汴十文　　　　　　HON.36（1911）辛亥汴十文

	级别	普品	极美	近未使用	未使用		级别	普品	极美	近未使用	未使用
HON.31	2级				400 000	HON.32	1级				无定价
HON.33	1级			400 000							
HON.34	2级				无定价						
HON.35	9级	300	1 000	3 000	15 000	HON.36	10级	200	800	2 000	10 000

河南民国中十文系列

HON.37（1912）十文花无坠/同旗小缨　　　　　　HON.38（1912）十文花无坠/同旗大缨

HON.39（1912）十文花有坠/同旗大缨

花无坠　　　花有坠

同旗小缨　　　同旗大缨

河南十文厚坯

河南十文厚坯属试样性质，币坯制作精良厚重，压力足制作精美，重约12克，厚度2.5毫米，明显异于流通币，目前所见河南十文厚坯有十文花无坠、十文花有坠、双条旗大缨合背三版，仅见数枚。

HON.40（1912）十文花有坠/同旗小缨

HON.41（1912）十文花无坠，厚坯　　　　　　HON.42（1912）十文花有坠，厚坯

	级别	普品	极美	近未使用	未使用		级别	普品	极美	近未使用	未使用
HON.37	10级	20	50	100	1 500	HON.38	9级	50	200	500	3 500
HON.39	10级	20	50	100	1 500						
HON.40	8级	80	200	400	2 500						
HON.41	2级			250 000		HON.42	2级			250 000	

花坠分离远距　　花坠分离近距

HON.43（1912）花坠分离远距

近马齿小英文

HON.44（1912）花坠分离近距　　　　　　　　　　HON.45（1912）近马齿小英文

小字面

HON.46（1912）河南小字面　　　　　　　异旗反S　　　同旗反S

河南民国中花系列

HON.47（1914）中花/异旗反S　　　　　　　　HON.48（1914）中花/同旗反S

	级别	普品	极美	近未使用	未使用		级别	普品	极美	近未使用	未使用
HON.43	5级	1 500	12 000	30 000							
HON.44	5级	1 200	5 000			HON.45	4级	2 000	15 000		
HON.46	6级	1 000	2 500	8 000							
HON.47	6级	1 000	2 500	20 000		HON.48	8级	100	300	1 000	

HON.49（1914）中花 / 同旗反 S，白铜   HON.50（1914）十文 / 同旗反 S 异版

HON.51（1914）中低花 / 异旗长吊缨   HON.52（1914）中低花 / 异旗短吊缨

HON.53（1914）中高花 / 异旗短吊缨

中低花　　中高花

异旗长吊缨　　异旗短吊缨

HON.53a（1914）中高花 / 异旗长吊缨   HON.54（1918）当二十铜元 / 同旗

	级别	普品	极美	近未使用	未使用		级别	普品	极美	近未使用	未使用
HON.49	3 级		30 000			HON.50	3 级	4 500	15 000		
HON.51	10 级	20	100	300	2 500	HON.52	8 级	100	300	500	4 000
HON.53	10 级	20	100	300	2 500						
HON.53a	6 级		1 500			HON.54	4 级	2 500	10 000		

HON.55（1918）当二十铜元/异旗　　　　　　HON.56（1918）当制钱二十文/异旗

HON.57（1918）当制钱二十文/英文 CHINA　　　HON.58（1920）当五十铜元/异旗

HON.59（1920）当五十铜元/英文 CHINA　　　HON.60（1928）当百文铜元/双星旗

HON.61（1928）当百文铜元，黄铜

河南当百文铜元黄铜

河南当百文铜元黄铜属试样性质，直径39毫米，重量24.5克，目前为仅见品，马定祥先生旧藏。1928年国民革命军北伐成功，全国易帜，韩复榘任河南省政府主席后，转而生产当百文铜元，背面右侧一旗由原来的北洋政府五色国旗改为国民政府国旗，河南当百文铜元黄铜可能就是在此背景下的新模试样币。

	级别	普品	极美	近未使用	未使用		级别	普品	极美	近未使用	未使用
HON.55	10级	20	100	400	3 000	HON.56	10级	20	100	350	3 500
HON.57	9级	50	350	1 500		HON.58	10级	20	150	800	8 000
HON.59	8级	50	300	2 000		HON.60	10级	20	300	1 000	10 000
HON.61	1级				无定价						

HON.62（1929）当贰百文铜元／双星旗　　　　　HON.63（1931）民国二十年二十文／旗上星

河南民国中党徽系列

HON.64（1931）边花无纪年党徽五十文　　边花无纪年　　民国十七年　　民国二十年

HON.65（1928）民国十七年党徽百文，锡合金

十七年河南党徽百文锡合金

十七年河南党徽百文锡合金属试样性质，大珍名誉品，目前所见河南党徽百文均为二十年版，十七年版百文未曾正式发行，目前仅见此锡合金样，马定祥先生旧藏。近年发现后期造的十七年面和中花当百文面的红铜合面，证明十七年模具确实存在，但最后未生产标准红铜币流通。

HON.66（1931）民国二十年党徽五十文　　　　　HON.67（1931）民国二十年党徽百文

	级别	普品	极美	近未使用	未使用		级别	普品	极美	近未使用	未使用
HON.62	10级	30	300	2 500		HON.63	6级		500	2 500	12 000
HON.64	4级	2 500	10 000	25 000							
HON.65	1级			无定价							
HON.66	8级	100	500	2 500	20 000	HON.67	8级	100	500	4 500	50 000

河南伍百文

河南伍百文

河南伍百文民国铜元中的大珍名誉品，直径45.2毫米，厚度3毫米，重量37.5克，面值伍百文，各项数据均创下了中国铜元之最，实为中国最大的铜元，且存世极稀，故享有中国铜元之最的盛名，目前已知存世十余枚，所见有镀锡（可能短暂流通）和不镀锡两种，其中HON.69（图示）于2010年香港SBP秋拍黄华枢集藏钱币专场拍卖拍出，此枚为目前所见此版的顶级品相 MS-63BN。河南伍百文半完成品系模具半成时试模制品，正面右侧一旗内容待定，故未刻出图纹，目前为仅见品，因其奇绝神秘而深受著名钱币学家马定祥先生的重视，并为马老所毕生珍藏。

HON.68（1933）河南伍百文半完成样（原大）

HON.69（1933）河南伍百文（原大）

HON.69a（1933）河南伍百文（原大），镀锡

	级别	普品	极美	近未使用	未使用
HON.68	1级				无定价
HON.69	2级			400 000	700 000
HON.69a	2级			400 000	700 000

河南合面合背

HON.70（1908）戊申汴一文合面，黄铜

HON.71（1914）河南中花十文合面

HON.72（1918）河南中花二十文合面

HON.73（约1931）民国十七年党徽/当百文铜元合面

HON.73a（约1931）百文/双星旗一百文合背

十七年河南党徽百文后制合面、合背

目前所见河南党徽百文均为二十年版，十七年版百文未曾正式发行，目前仅见十七年河南党徽百文锡合金样，马定祥先生旧藏。近年发现后期造的十七年面和中花当百文面的红铜合面，证明十七年模具确实存在，但最后未生产标准红铜币流通。

HON.74（1908）二文部颁龙合背，黄铜

HON.75（1904）河南水龙合背

	级别	普品	极美	近未使用	未使用		级别	普品	极美	近未使用	未使用
HON.70	2级			120 000		HON.71	5级		30 000		
HON.72	4级		40 000			HON.73	3级		30 000		
HON.73a	3级		30 000								
HON.74	2级			120 000		HON.75	5级		50 000		

HON.76（1909）宣统大清龙合背　　　　　　　　HON.77（1912）同旗大缨合背，厚坯

HON.78（1912）同旗大缨合背　　　　　　　　HON.79（1918）异旗二十文合背

HON.80（1928）双星旗一百文合背　　　　　　HON.81（1929）双星旗二百文合背

HON.82（1920）当五十铜元合背　　　　　　　HON.83（1920）CHINA 叠压 HO–NAN

	级别	普品	极美	近未使用	未使用		级别	普品	极美	近未使用	未使用
HON.76	4级	30 000				HON.77	2级				200 000
HON.78	5级		40 000			HON.79	4级		80 000		
HON.80	5级		30 000			HON.81	5级		30 000		
HON.82	5级		30 000			HON.83	7级		3 500		

9
安徽篇

(AH)

安徽位于华东长江三角洲地区，跨长江淮河流域；东与江苏、浙江为邻，南接江西、西连湖北、河南、北靠山东。清代置省时以安庆、徽州两府连称得名；春秋时安庆地方为皖国，故简称"皖"。

光绪二十八年（1902年）四月，由安徽巡抚聂缉椝奏准在安庆原银圆局旧址设立安徽铜元局，利用所存机器，稍加修理，得以改产铜元，以宝皖局的名义试制方孔十文水龙、五文坐龙与十文飞龙铜元。继满文"宝皖"铜元后，安徽改制满文"宝安"的"每元当制钱十文"铜元。从早期的安徽铜元把英文"CENT"（分）误写成日本铜元的"SEN"（钱）来分析，说明宝安局建立初期应与日本商社有所往来。安徽铜元发行的"宝安"局光绪元宝二十文与五文，与十文"Ten Cash"版是同时发行的套币。光绪二十九年（1903年），安徽铜元局先扩建原厂，是为东厂；翌年兴建新厂，是为西厂。光绪三十年（1904年）一月二十八日安徽巡抚诚勋曾奏请本省铜元局"添造黄铜元以广鼓铸而防缺乏"。当时户部已令各省均制造红铜元（九五紫铜），安徽黄铜元仅有试制而未核准流通。光绪三十一年（1905年）十月清廷发布限制各省产量令，并将皖厂改名为安徽户部造币分厂，其后颁定祖模，规范铜元制式，安徽于光绪三十一年底制造丙午中心皖大清铜币，光绪三十二年四月依令停产，其后因发生严重水灾，清廷同意安徽续造铜元以资赈济，由于此时造币的目的是救人赈灾，铜元品质普遍较差。光绪三十四年（1908年）十一月，皖省复造铜元（宣统铜元）。宣统二年四月度支部再度大力裁撤各地分厂，清代安徽局才彻底停产。

1913年（民国二年），安徽军政当局呈准利用原"度支部安庆造币分厂"旧址和机器设备筹建"安庆造币厂"。1914年（民国三年）6月袁世凯任命倪嗣冲为安武将军，督理安徽，安庆厂曾制造了袁像银圆与双旗嘉禾开国十文新版铜元，次年不久因铜价暴涨停造铜元，安庆造币厂被迫停工。1919年（民国八年），安徽重设安庆造币厂，继续生产新版十文开国纪念铜币等。其间，皖督倪嗣冲为讨好当时的大总统徐世昌，还制作了徐世昌像开国纪念币铜元。民国初年的"开国纪念币"铜元，有三个省局未标示地名，根据版别关系与文献资料，本书列出了"南京江南厂"、"湖北武昌厂"与"安徽安庆厂"三大铜元群组，其中以安庆厂铜元版式变化最多。1926年（民国十五年）安庆造币厂由于亏损而停产。

安徽方孔

AH.01（1902）安徽方孔

安徽方孔

安徽方孔因币中央凿一方孔而得名，在中国新式铜元中，唯见此例因形制独特而备受瞩目，为中国铜元知名度最高的珍品，堪称铜元中的奇葩，正因其独特的魅力令铜元爱好者和收藏家梦寐以求。另据文献记载，安徽铜元局开工未及两日，造币机器便发生故障，于是运到上海检修。根据目前实物状况及间接史料印证，通过现有安徽方孔破模线可以看出整个模具受损的过程，中间凿孔技术上的工艺不成熟，极可能是造成背面模具逐渐开裂的主要原因，从而使安徽铜元局最终放弃了这种方孔样式的铜元设计。谜一样的安徽方孔聚集了太多的目光和焦点，使其始终伴随着传奇和故事，2009年第三期的《广西钱币》刊有一文，丁冀先生的《安徽方孔光绪元宝当十铜元发现及流传始末》值得参考阅读。图示无破版最早于1994年香港泰星钱币拍卖拍出，为已故马来西亚华侨收藏家黄元文先生旧藏。

AH.01（1902）安徽方孔（原AH.02）

安徽省造光绪元宝中满文宝皖系列

AH.03（1902）宝皖五文

安徽中满文宝皖系列

安徽中满文宝皖系列为清代安徽省早期币，因币面中央纪地满文作"宝皖"，有别于后来安徽铜元用满文"宝安"纪地，故而得名。宝皖五文是中国铜元的纲要珍品，也是享誉已久的大名品。安徽飞龙以其独特的设计是深受欢迎和追捧的安徽大名品，其中梅花星飞龙略多，米字星飞龙极为罕见，目前已知存世三四枚，图示为马定祥先生旧藏。

AH.04（1902）宝皖/梅花星飞龙　　　　　　　　AH.05（1902）宝皖/米字星飞龙

级别	普品	极美	近未使用	未使用		级别	普品	极美	近未使用	未使用
AH.01	1级				650 000					
AH.01	1级				600 000					
AH.03	2级		80 000	120 000	350 000					
AH.04	2级		200 000	300 000		AH.05	1级		400 000	650 000

安徽省造光绪元宝中满文宝安系列

粗珠圈　　细珠圈

粗鳞坐龙　　细鳞坐龙

AH.06（1902）五文粗珠圈／粗鳞坐龙

AH.07（1902）五文粗珠圈／细鳞坐龙

AH.08（1902）五文细珠圈／细鳞坐龙

安徽一仙系列

安徽一仙因币背下缘纪值英文作"一仙"而得名。一仙系列中 ONE CEN 最多，其次倒 A SEN，正 A SEN 最少。正 A SEN 目前发现十余枚，其中 AH.11 目前已知存世两枚。安徽特小满文极为罕见，面细部特征一：省字目部右竖长，下对的珠点降。特征二：光字第一笔为点光。另发现数种面中满文有修模痕迹者，都有上述两种特征，实为特小满文面工作模修模而来，俗称"鬼影"系列。

特小满文　　省下珠点降

特小满文修模 省下珠点降
俗称"鬼影"

"鬼影"系列

AH.09（1902）特小满文

级别	普品	极美	近未使用	未使用	级别	普品	极美	近未使用	未使用
AH.06	3级	30 000	60 000	120 000						
AH.07	3级		80 000	150 000		AH.08	4级	18 000	40 000	60 000	200 000
AH.09	3级	30 000	80 000							

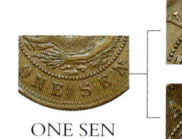
倒 A
正 A

ONE SEN
ONE CEN 类

AH.10（1902）满文特宽距 / 倒 A SEN

AH.11（1902）满文特宽距 / 正 A SEN　　　　　　　　AH.12（1902）满文特宽距 / ONE CEN

AH.13（1902）中鬼影系列 / 倒 A SEN　　　　　　　　AH.14（1902）正 A SEN

AH.15（1902）中鬼影系列 / ONE CEN 类　　　　　　　AH.16（1902）中鬼影系列 / TEN CASH 密刺小龙

	级别	普品	极美	近未使用	未使用		级别	普品	极美	近未使用	未使用
AH.10	5 级	2 500	10 000								
AH.11	4 级		35 000			AH.12	4 级	2 500	10 000		
AH.13	5 级	2 500	10 000			AH.14	4 级		35 000	80 000	
AH.15	6 级	1 500	5 000	15 000		AH.16	7 级	1 500	5 000		40 000

安徽密刺小龙黄铜

安徽密刺小龙黄铜属试样性质，目前为仅见品，最早出现于1944年第141次中国泉币学社例会，机制币收藏家许小鹤先生展示了一枚安徽十文的黄铜币，并留下拓片，据当时会议记录说明此枚是出谱品，而且是伍谱未载的黄铜孤品，后辗转归于张璜。

AH.17（约1904）密刺小龙，黄铜

"鬼影"系列

细满文

AH.18（1902）细满文 / 密刺小龙

AH.19（1902）细满文 / ONE CEN　　　　　AH.20（1902）细满文 / 平身大龙

TEN CASH 系列

密刺小龙　　　平身大龙　　　英文反 N

AH.21（1902）细满文 / 英文反 N

级别	级别	普品	极美	近未使用	未使用
AH.17	1级				无定价
AH.18	10级	50	400	2 500	30 000
AH.19	6级	1 500	5 000		
AH.21	7级	300	2 000	8 000	

级别	级别	普品	极美	近未使用	未使用
AH.20	10级	50	400	2 500	

AH.22（1902）满文下相连 / 平身大龙　　　　**AH.23（1902）满文下相连 / 密刺小龙**

中圈长满文

满文下相连　　接满文

AH.24（1902）中圈长满文 / 平身大龙

AH.25（1902）中圈长满文 / 密刺小龙　　　　**AH.26（1902）中圈长满文 / 英文反 N**

王冠龙

AH.27（1902）接满文

	级别	普品	极美	近未使用	未使用		级别	普品	极美	近未使用	未使用
AH.22	9级	100	500			AH.23	8级	150	800		
AH.24	9级	100	500								
AH.25	8级	150	800			AH.26	4级	6 000	30 000		
AH.27	5级	2 500	10 000								

异满文多划

AH.28（1902）异满文多划

AH.29（1902）大圆点贯宝 / 平身大龙　　　　**AH.30（1902）大圆点贯宝 / 王冠龙**

王冠龙

大小英文

AH.31（1902）大圆点贯宝 / 大小英文

AH.32（1902）大圆点贯宝 / 英文反 N　　　　**AH.33（1902）大圆点贯宝 / 细鳞龙**

	级别	普品	极美	近未使用	未使用		级别	普品	极美	近未使用	未使用
AH.28	5 级	2 000	8 000								
AH.29	9 级	100	500	2 000	10 000	AH.30	9 级	100	500	2 500	15 000
AH.31	7 级	500	2 500	12 000							
AH.32	5 级	5 000	25 000			AH.33	6 级		1 500	5 000	

大圆点贯宝　　大圆点粗字

AH.34（1902）大圆点粗字 / 大小英文

AH.35（1902）大圆点粗字 / 王冠龙　　　　　AH.36（1902）大圆点粗字 / 细鳞龙

AH.37（1902）大圆点粗字 / 异龙

安徽 J 面（大圆点粗字）四版

伍德华的铜元书中记载此面为安徽 J 面（大圆点粗字），其中原书最后的增补中才有收藏记载的"安徽，编号 95/J–13，级别 U（仅见品）"，（图示 AH.36）马定祥先生旧藏，《中国铜元图典》图 171 原物。另 AH.37 2012 年首次收录于本目录，最早由江西姚姓泉友发现，近些年又陆续出现几枚，此版的出现再次印证了铜元的魅力在于不断有新发现。

AH.38（1902）安徽省造二十文

安徽省造二十文

安徽省造二十文属流通币，在各省局二十文中数安徽最少，所以不论安徽光绪元宝二十文，还是中心皖大清铜币二十文，皆十分稀少，如果要追寻品相佳者，更是难上加难。另中国钱币博物馆藏有安徽五文（AH.08）、十文（AH.22）、二十文留档样币，均为出厂状态，品相完美，弥足珍贵。

	级别	普品	极美	近未使用	未使用		级别	普品	极美	近未使用	未使用
AH.34	7 级	700	3 500			AH.36	4 级		80 000		
AH.35	5 级	4 000	15 000								
AH.37	3 级		80 000								
AH.38	4 级	8 000	40 000	150 000	650 000						

奖字币系列

奖字币系列

奖字币（章）可分二版，正面字体略有不同，存世极稀，基本都是名家旧藏。另有单面铜章和银章存世。由于此奖章配有流通币背，坊间又称之为"奖"字币，故把此章列入本铜元目录仅供参考比对。

　大提奖字币　　小提奖字币

AH.39（约1904）大提奖字币 / 王冠龙

AH.39a（约1904）大提奖字币 / 平身大龙　　**AH.40（约1904）小提奖字币 / 细鳞龙**

安徽省造光绪元宝中花十文系列

AH.41（1904）中大花 / 细鳞龙　　**AH.42（1904）中大花 / 王冠龙**

AH.43（1904）中花斜撇元 / 细鳞龙　　**AH.44（1904）中花斜撇元 / 大头凸龙**

	级别	普品	极美	近未使用	未使用		级别	普品	极美	近未使用	未使用
AH.39	3级		250 000								
AH.39a	3级		400 000								
AH.41	9级	100	400	1 000	6 000	AH.40	3级		200 000		
AH.43	10级	50	300	800	5 000	AH.42	6级		4 000	12 000	
						AH.44	7级		500	5 000	

中花当制钱十文系列

小英文水龙　　上英文水龙　　上下英文水龙

AH.45（1904）中花斜撇元／上英文水龙

AH.46（1904）中花斜撇元／上下英文水龙　　**AH.47（1904）中花斜撇元／小英文水龙**

有值小龙　　有值大龙

缺值小龙　　缺值大龙　　缺值凸身大龙

AH.48（1904）缺值密刺小龙

AH.49（1904）缺值平身大龙　　**AH.50（1904）缺值凸身大龙**

	级别	普品	极美	近未使用	未使用		级别	普品	极美	近未使用	未使用
AH.45	8级	200	2 000								
AH.46	8级	200	2 000			AH.47	3级		150 000		
AH.48	6级	2 000	10 000								
AH.49	5级	2 500	12 000			AH.50	5级	2 500	12 000		

细鳞龙　　粗鳞龙　　大头凸龙

AH.51（1904）中花斜撇元 / 粗鳞龙

中花斜撇元　　中花弯撇元

AH.52（1906）中花斜撇元错配部颁龙

AH.53（1904）中花弯撇元 / 细鳞龙　　　　　　AH.54（1904）中花弯撇元 / 大头凸龙

AH.55（1904）中花弯撇元 / 粗鳞龙　　　　　　AH.56（1904）弯撇元小英文水龙

	级别	普品	极美	近未使用	未使用		级别	普品	极美	近未使用	未使用
AH.51	7 级	600	3 500								
AH.52	4 级		50 000								
AH.53	8 级	150	700	1 500	8 000	AH.54	5 级	3 000	15 000		
AH.55	4 级	4 000	18 000			AH.56	3 级		150 000		

安徽省造光绪元宝中花当十系列

长满文　　大花当十类　　小花当十类

小花　　大花

AH.57（1903）小花长满文

十三珠　　中有孔

大花当十类

低满文　　高满文

AH.58（1903）大花长满文

AH.59（1903）大花十三珠/细鳞龙　　**AH.60（1903）大花十三珠/上英文水龙**

AH.61（1903）大花十三珠/上下英文水龙　　**AH.62（1903）大花十三珠/大头凸龙**

级别	级别	普品	极美	近未使用	未使用		级别	普品	极美	近未使用	未使用
AH.57	5级	2 500	10 000	20 000							
AH.58	7级	700	3 500								
AH.59	8级	300	1 500	6 000		AH.60	7级	600	3 000		
AH.61	6级	1 500	8 000			AH.62	5级	2 500	15 000		

AH.63（1903）大花中有孔/细鳞龙　　　　　　　　AH.64（1903）大花中有孔/上下英文水龙

AH.65（1903）大花当十/细鳞龙　　　　　　　　AH.66（1903）大花当十/上下英文水龙

AH.67（1903）大花当十/上英文水龙　　　　　　　　AH.68（1903）大花高满文/细鳞龙

AH.69（1903）大花高满文/上下英文水龙　　　　　　　　AH.70（1903）大花高满文/大头凸龙

	级别	普品	极美	近未使用	未使用		级别	普品	极美	近未使用	未使用
AH.63	8级	150	600			AH.64	5级	2 000	10 000		
AH.65	9级	100	400	1 500		AH.66	8级	300	2 500	8 000	25 000
AH.67	6级	1 500	6 000			AH.68	8级	200	800	2 000	
AH.69	6级	1 500	6 000			AH.70	5级	2 500	12 000		

大清铜币中心皖系列

部颁面

大皖

弯月清

其他皖地方面合并为一大类

叉文币类

人文币类

AH.71（1903）小花当十类 / 细鳞龙

部颁龙

异焰龙

凸面

凹面

AH.72（1906）丙午皖十文部颁面 / 部颁龙

6字云龙

3字云龙

AH.73（1906）丙午皖十文部颁面 / 异焰凸面龙

AH.74（1906）丙午皖十文部颁面 / 异焰凹面龙

AH.75（1906）丙午皖十文部颁面 / 6字云龙

AH.76（1906）丙午皖十文部颁面 / 3字云龙

级别	普品	极美	近未使用	未使用		级别	普品	极美	近未使用	未使用
AH.71	8级	150	600	1 500						
AH.72	9级	100	400	1 000						
AH.73	8级	150	600			AH.74	9级	100	400	
AH.75	7级	300	1 500			AH.76	7级	300	1 500	

AH.77（1906）丙午皖大字十文 / 部颁龙　　　　　　　AH.78（1906）丙午皖大字十文 / 异焰凹面龙

AH.79（1906）丙午皖大字十文 /6 字云龙　　　　　　AH.80（1906）丙午皖大字十文 /3 字云龙

AH.80a 丙午皖十文弯月清 / 部颁龙　　　　　　　　AH.80b（1906）丙午皖十文弯月清 / 异焰凸面龙

AH.80c（1906）丙午皖十文弯月清 /6 字云龙　　　　AH.80d（1906）丙午皖十文弯月清 /3 字云龙

	级别	普品	极美	近未使用	未使用		级别	普品	极美	近未使用	未使用
AH.77	6 级	1 200	5 000			AH.78	6 级	1 500	6 000		
AH.79	8 级	200	800			AH.80	7 级	300	1 200		
AH.80a	6 级	1 000	5 000	3 500		AH.80b	6 级	1 200			
AH.80c	7 级	300	1 500			AH.80d	7 级	300	1 500		

AH.80e（1906）丙午皖十文弯月清 / 异焰凹面龙　　　　**AH.81（1906）丙午皖十文各式地方面 / 部颁龙**

AH.81a（1906）丙午皖十文各式地方面 / 异焰凸面龙　　**AH.81b（1906）丙午皖十文各式地方面 / 异焰凹面龙**

AH.81c（1906）丙午皖十文各式地方面 /6 字云龙　　　**AH.81d（1906）丙午皖十文各式地方面 /3 字云龙**

AH.82（1906）丙午皖二十文

丙午皖二十文

丙午皖大清铜币二十文和安徽省造二十文、小英文水龙、飞龙一样，是深受欢迎的安徽名品，在各省局二十文中数安徽最少，所以不论是丙午皖大清铜币二十文，还是安徽光绪元宝二十文，皆是稀少品，如果要追寻品相上佳者，更是难上加难。

	级别	普品	极美	近未使用	未使用		级别	普品	极美	近未使用	未使用
AH.80e	6级	1 200	5 000			AH.81	9级	100	500	1 500	8 000
AH.81a	9级	100	500			AH.81b	9级	100	500		
AH.81c	10级	50	300			AH.81d	10级	50	300		
AH.82	4级	8 000	50 000	150 000	400 000						

AH.83（1909）己酉皖/宣统部颁龙　　　　　　　　AH.84（1909）己酉皖/阔面龙

AH.85（1909）丙午皖错配阔面龙

宣统部颁龙　　阔面龙

安徽后制类

后制类

AH.86 丙午皖十文错配水龙，薄坯

清代中央明文规范铜元的标准，其中重量标准当十者重库平二钱（7.4克）。根据1926年《上海银行周报》"铜元问题"文章中的统计数字，比较清末各省的"光绪元宝"与其后"大清铜币"铜元重量，安徽铜元是两时期铜元重量差别最大的，后期铜元是越做越轻。目前安徽后制类各种正、混配所见约二十种，特征均为重量轻、币坯不圆、打制模糊有复打现象。具体版式版面有限，不一一赘述。

AH.86a 细满文错配王冠龙，薄坯　　　　　　　　AH.86b 细鳞龙错配民国十文，薄坯

级别	普品	极美	近未使用	未使用		级别	普品	极美	近未使用	未使用
AH.83	7级	600	3 000			AH.84	7级	600	3 000		
AH.85	6级	1 500	8 000								
AH.86	7级	600	3 000								
AH.86a	4级	15 000				AH.86b	5级	8 000			

安徽合面合背

AH.87（1904）安徽省造合面

AH.88（1902）一仙／十文合背　　　　　　　　**AH.89（1902）王冠龙合背**

AH.90（1902）王冠龙／平身大龙合背　　　　　　**AH.91（1904）细鳞龙合背**

	级别	普品	极美	近未使用	未使用		级别	普品	极美	近未使用	未使用
AH.87	4级	10 000									
AH.88	4级				250 000	AH.89	5级		30 000	60 000	180 000
AH.90	4级			150 000		AH.91	5级		100 000		

10
江南篇

(KN)

江南省是清顺治年所设的行省，范围相当于今江苏省和安徽省。康熙初年分为江苏与安徽二省，前者名称取自江宁、苏州，省会苏州，后迁南京。光绪年成立机器造币厂时，江南省建制已撤销二百年。"江南省造"是中国货币史上唯一注明产地但有名无实的。

光绪二十二年（1896年），两江总督刘坤一参照户部议复御史陈其璋的《奏请鼓铸银圆折》中"沿江沿海各省自行仿办"议案，通过上海德商瑞生洋行（Buchheister & Co.）引进英国伯明翰造币厂（Birmingham Mint）的造币设备与钱模，在江宁回龙街筹设造币厂，于光绪二十三年（1897年）十月正式设立，名为"江南铸造银圆制钱总局"。亦简称江宁局，分东西两厂，十月二十八日东厂开制银圆，十二月十五日西厂开造制钱至次年五月，因亏本而停工。光绪二十七年（1901年）七月，江苏巡抚聂缉椝亲书两江总督刘坤一仿照广东当十铜元之式，鼓造200万枚，委托江宁西厂改装原制钱机器代造"江苏省造铜元"，后来江宁布政使亦仿照办理开制"江南省造铜元"。光绪二十八年（1902年）五月因银毫滞销，东厂一季只造数日银圆，其余时间与西厂均生产铜元，东厂所产皆为江南铜元，全归江宁布政使代销。光绪二十八年（岁次壬寅），江宁东厂混搭江南银圆和铜元生产，江南、江苏铜元亦仿效江南银币始造以干支纪年的铜元。光绪二十九年（1903年）江苏巡抚奏准在苏州筹设新厂。同时江宁局也正增建"中厂"，自此江宁三厂所产铜元皆为"江南省造"。光绪三十一年（1905年）二月，裁撤正在筹建的上海与扬州厂，将两厂新购机器运至南京再增建一厂，光绪三十二年（1906年）三月，新厂落成开工，称为"新厂"。八月，再更各厂总名为"江南银铜元总局"。此时原来的东、西、中等江宁三厂统称"旧厂"。光绪三十一年底，清政府逐步收回造币权，江宁厂首先改名"江宁户部造币分厂"，并依令按部颁祖模制造了中心"宁"丙午大清铜币，后来由于部颁祖模耗损太快，自行仿照部颁样式导入新模具，所以也产生了极具地方特色的大清铜币。中心宁二文、五文与二十文铜元配额不足数，故十分稀少。光绪三十二年并厂后江宁造币厂停造铜元，后于光绪三十四年（1909年）六月初一开造重三分二厘的一文新钱。

1912年（民国元年）一月，改称"中华民国江南造币厂"，直属中央政府。二月，改称"中华民国财政部造币总厂"，二年改称"财政部江南造币厂"，三年九月改为"财政部南京造币分厂"。

江南省造光绪通宝机制方孔制钱系列

江南省造机制制钱

光绪二十三年（1897年）冬，"江南铸造银圆制钱总局"在南京正式设立，简称江宁局，分东、西两厂，造币设备与钱模从英国伯明翰厂（又称喜敦厂）订购，东厂开工较早先造银圆，西厂专造制钱。江宁西厂初期以"宝宁局"的名义生产机制方孔钱，初期自行刻模，后采用伯明翰厂模具，面文为"光绪通宝"宋体字，"宝"字从"尒"；币背为满文"宝宁"。后来为降低成本改制七分重，换用"宝陵局"的名义，面文"光绪通宝"改采楷书字体，"宝"字从"缶"；币背则改成满文"宝陵"，光绪二十四年（1898年）因铜价上扬，制钱因亏钱而停产。

KN.C1.1.1（1897）拙刻光绪通宝／宝宁

KN.C1.1.2（1897）拙刻光绪通宝／宝宁，白铜

KN.C1.2（1897）宝宁，英国伯明翰厂样币

宝宁　　宝陵

KN.C1.3.1（1897）宝宁，国内版

KN.C1.3.2（1897）宝宁，十文红铜币坯

级别	普品	极美	近未使用	未使用		级别	普品	极美	近未使用	未使用
					KN.C1.1.1	3级			80 000	150 000
					KN.C1.1.2	3级			100 000	200 000
KN.C1.2	3级			100 000						
KN.C1.3.1	9级	50	150	400	2 500	KN.C1.3.2	4级			60 000	100 000

KN.C2.1（1897）宝陵

KN.C2.2（1897）宝陵面混宝宁背　　　　　KN.C2.3（1897）宝宁面混宝陵背

江南机器制造总局机制吉语钱系列

江南机器制造总局机制吉语钱

光绪二十三年（1897年）二月，两江总督刘坤一批饬江南制造局总办用机器鼓铸制钱以资民用，拟就局中机器工匠将所存铜屑为原料生产制钱，造钱初期曾生产面文为"天子万年"与"一统万年"、背文为"江南试造当十制钱"的大型方孔机造制钱，也试造多种开炉机制吉语的小平方孔制钱。同年八月新接任的上海道台决定于十月起停造，铸期仅七个多月。

KN.C3.1（1897）天子万年 / 江南试造

KN.C3.2（1897）江南试造 / 光背　　　　　KN.C3.3.1（1897）天子万年 / 宝源

	级别	普品	极美	近未使用	未使用		级别	普品	极美	近未使用	未使用
KN.C2.1	7级	800	2 000	5 000	15 000						
KN.C2.2	5级		50 000			KN.C2.3	5级		50 000		
						KN.C3.1	3级		100 000	200 000	
KN.C3.2	3级		50 000	80 000		KN.C3.3.1	3级		80 000	100 000	

KN.C3.3.2（1897）天子万年 / 吉祥　　　　　　　　　KN.C3.3.3（1897）天子万年 / 吉祥，白铜

KN.C3.4.1（1897）天子万年 / 江南试造当十制钱

点边

KN.C3.4.2（1897）天子万年 / 江南试造当十制钱，点边

	级别	普品	极美	近未使用	未使用		级别	普品	极美	近未使用	未使用
KN.C3.3.2	3级		50 000	80 000		KN.C3.3.3	3级		60 000	100 000	
KN.C3.4.1	2级		100 000	200 000	400 000						
KN.C3.4.2	2级		250 000	450 000							

KN.C4.1.1（1897）一统万年 / 江南试造　　　　　KN.C4.1.2（1897）一统万年 / 吉祥

KN.C4.2（1897）一统万年 / 宝源

C4.1　　　C4.2　　　C4.3

 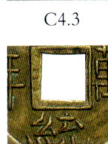
C4.4　　　C4.5　　　C4.6

KN.C4.3（1897）一统万年 / 宝源，长一　　　　KN.C4.4（1897）一统万年 / 宝源

KN.C4.5.1（1897）一统万年 / 吉祥，红铜　　　KN.C4.5.2（1897）一统万年 / 光背，红铜

	级别	普品	极美	近未使用	未使用		级别	普品	极美	近未使用	未使用
KN.C4.1.1	3 级		100 000	200 000		KN.C4.1.2	3 级		50 000	80 000	
KN.C4.2	3 级		80 000	100 000							
KN.C4.3	4 级		30 000	60 000		KN.C4.4	4 级		40 000	80 000	
KN.C4.5.1	3 级				200 000	KN.C4.5.2	3 级		80 000	100 000	

KN.C4.6.1（1897）一统万年 / 年多永福，白铜　　　　　　　　KN.C4.6.2（1897）一统万年 / 年多永福，白铜后打孔

KN.C4.6.3（1897）一统万年 / 光背

KN.C4.7.1（1897）一统万年 / 江南试造当十制钱　　　　　　KN.C4.7.2（1897）一统万年 / 江南试造当十制钱，点边

KN.C4.7.3（1897）一统万年 / 江南试造当十制钱，齿边　　　KN.C4.7.4（1897）一统万年，内花边

	级别	普品	极美	近未使用	未使用		级别	普品	极美	近未使用	未使用
KN.C4.6.1	3级		60 000	100 000		KN.C4.6.2	3级		50 000		
KN.C4.6.3	3级		50 000	80 000							
KN.C4.7.1	2级		100 000	200 000	400 000	KN.C4.7.2	2级		250 000	450 000	
KN.C4.7.3	2级				550 000	KN.C4.7.4	2级				无定价

KN.C5.1.1（1897）富寿多男 / 江南试造　　　　　　KN.C5.1.2（1897）富寿多男 / 宝源

　　　　　　　　　　　　　　　　　　　　　　　　C5.1　　　　C5.2

KN.C5.2（1897）富寿多男 / 宝泉　　　　　　　　　C5.3　　　　C5.4

KN.C5.3.1（1897）富寿多男 / 吉祥　　　　　　　　KN.C5.3.2（1897）富寿多男 / 吉祥，红铜

KN.C5.4.1（1897）富寿多男 / 吉祥，白铜　　　　　KN.C5.4.2（1897）富寿多男 / 吉祥

	级别	普品	极美	近未使用	未使用		级别	普品	极美	近未使用	未使用
KN.C5.1.1	3级		80 000	150 000		KN.C5.1.2	4级		40 000	60 000	
KN.C5.2	4级			60 000	80 000						
KN.C5.3.1	5级		30 000	50 000		KN.C5.3.2	3级				120 000
KN.C5.4.1	3级			80 000	120 000	KN.C5.4.2	5级			30 000	50 000

KN.C5.4.3（1897）富寿多男 / 金玉满堂　　　　　KN.C5.4.4（1897）富寿多男 / 光背

KN.C6.1（1897）长命富贵 / 宝泉　　　　　KN.C6.2（1897）长命富贵 / 宝源

KN.C6.3.1（1897）长命富贵 / 江南试造　　　　　KN.C6.3.2（1897）长命富贵 / 宝源

KN.C6.3.3（1897）长命富贵 / 吉祥

C6.1　　C6.2　　C6.3

C6.4　　C6.5　　C6.6

	级别	普品	极美	近未使用	未使用		级别	普品	极美	近未使用	未使用
KN.C5.4.3	5 级		30 000	50 000		KN.C5.4.4	4 级		40 000	60 000	
KN.C6.1	4 级		40 000	60 000		KN.C6.2	5 级		20 000	40 000	
KN.C6.3.1	3 级		80 000	150 000		KN.C6.3.2	5 级		20 000	40 000	
KN.C6.3.3	4 级		40 000	60 000							

KN.C6.4.1（1897）长命富贵 / 宝苏　　　　　　　　　　KN.C6.4.2（1897）长命富贵 / 如意

KN.C6.5（1897）长命富贵 / 宝源，红铜　　　　　　　　KN.C6.6（1897）长命富贵 / 如意

KN.C7.1（1897）聪明智慧 / 宝苏

KN.C7.2（1897）聪明智慧 / 吉祥　　　　　　　　　　KN.C7.3（1897）聪明智慧 / 如意

	级别	普品	极美	近未使用	未使用		级别	普品	极美	近未使用	未使用
KN.C6.4.1	4 级		40 000	60 000		KN.C6.4.2	4 级		40 000	60 000	
KN.C6.5	4 级		40 000	60 000		KN.C6.6	4 级		40 000	60 000	
KN.C7.1	4 级			60 000	120 000						
KN.C7.2	4 级		40 000	60 000		KN.C7.3	4 级		40 000	60 000	

KN.C8.1（1897）金玉满堂 / 吉祥　　　　　　　　　　KN.C8.2（1897）金玉满堂 / 如意

KN.C9（1897）一统长清 / 福寿多男　　　　　　　　　KN.C10（1897）平安如意 / 吉祥，白铜

其 他

KN.C11 光绪通宝 / 宝江　　　　　　　　　　　　　　KN.C12 光绪通宝 / 宝沪大满文

KN.C13.1 光绪通宝 / 宝沪　　　　　　　　　　　　　KN.C13.2 光绪通宝 / 宝沪，宽通

	级别	普品	极美	近未使用	未使用		级别	普品	极美	近未使用	未使用
KN.C8.1	5级		30 000	50 000		KN.C8.2	5级		30 000	50 000	
KN.C9	4级		40 000	60 000		KN.C10	4级				100 000
KN.C11	2级		无定价			KN.C12	3级			100 000	200 000
KN.C13.1	4级		40 000	80 000		KN.C13.2	4级		40 000	80 000	

江南省造光绪元宝中满文系列

KN.01（1901）老江南/编八尾　　　　　　KN.02（1901）老江南错配江苏

老江南编八尾白铜

老江南编八尾白铜属试样性质，图示为马定祥先生旧藏，《中国铜元图典》图90原物。此品应是光绪二十七年（1901年，辛丑）江南铜元开制时的试样币，目前已知存世数枚，由于白铜硬度高，所见江南白铜币多有弱打现象。

KN.03（1901）老江南编八尾，白铜

中满文系列　　KIANG-NAN　　KIANG-SOO
　　　　　　　　江南　　　　　　江苏

老江南　　　　编八尾　　　　短七尾

KN.04（1902）壬寅长满文/编八尾

壬寅纪年

长满文　　　　肥满文　　　　小满文

KN.05（1902）壬寅长满文/短七尾

	级别	普品	极美	近未使用	未使用		级别	普品	极美	近未使用	未使用
KN.01	9级	150	600	2 000	10 000	KN.02	6级	1 200	6 000		
KN.03	3级				300 000						
KN.04	6级	1 200	6 000								
KN.05	5级	5 000	15 000								

KN.06（1902）壬寅肥满文 / 编八尾　　　　　　　　　　KN.07（1902）壬寅肥满文 / 短七尾

KN.08（1902）壬寅小满文 / 编八尾　　　　　　　　　　KN.09（1902）壬寅小满文 / 短七尾

KN.10（1902）壬寅小满文错配江苏编八尾　　　　　　　KN.11（1902）壬寅小满文错配江苏长七尾

江南壬寅中带点系列

江南壬寅满文中带点可能为制作模具时的定位点，所见多为错配江苏龙。"江南省造"与"江苏省造"铜元在光绪二十七年（1901年，辛丑）、二十八年（1902年，壬寅）、二十九年（1903年，癸卯）三年间曾同在江南厂制造，所以产生了江苏与江南铜元的面背错配。

KN.12（1902）壬寅中带点 / 编八尾

级别	普品	极美	近未使用	未使用		级别	普品	极美	近未使用	未使用
KN.06	7级	300	1 200	5 000		KN.07	7级	300	1 200	5 000
KN.08	10级	50	400	1 200	6 000	KN.09	8级	200	800	3 000
KN.10	6级	1 200	6 000	20 000		KN.11	6级	1 200	6 000	
KN.12	8级	300	1 200							

KN.13（1902）壬寅中带点错配江苏编八尾　　　　　　KN.14（1902）壬寅中带点错配江苏长七尾

KN.15（1902）壬寅中带点错配江苏短七尾　　　　　　KN.16（1902）壬寅中带点错配江苏小边花

KN.17（1903）癸卯单点癸/编八尾

癸卯纪年

单点癸　　二点癸

KN.18（1903）癸卯单点癸/短七尾　　　　　　KN.19（1903）癸卯单点癸错配江苏编八尾

	级别	普品	极美	近未使用	未使用		级别	普品	极美	近未使用	未使用
KN.13	6级	1 200	6 000			KN.14	6级	1 200	6 000		
KN.15	5级	2 000	10 000			KN.16	5级	2 000	12 000		
KN.17	10级	50	400	1 200	6 000						
KN.18	8级	200	800			KN.19	7级	800	4 000		

KN.20（1903）癸卯单点癸错配江苏长七尾　　　　KN.21（1903）癸卯二点癸/编八尾

KN.22（1903）癸卯二点癸/短七尾　　　　KN.23（1903）癸卯二点癸错配江苏长七尾

KN.24（1904）甲辰开口甲/编八尾

闭口甲　　开口甲

编八尾　　短七尾　　长七尾

KN.25（1904）甲辰开口甲/长七尾　　　　KN.26（1904）甲辰开口甲/短七尾

	级别	普品	极美	近未使用	未使用		级别	普品	极美	近未使用	未使用
KN.20	7级	800	4 000			KN.21	10级	50	400	1 200	6 000
KN.22	8级	200	800	3 000	15 000	KN.23	6级	1 200	6 000		
KN.24	10级	50	300	1 000	4 000						
KN.25	9级	100	500	1 200	5 000	KN.26	7级	400	2 000	5 000	

KN.27（1904）甲辰闭口甲 / 编八尾　　　　　　KN.28（1904）甲辰闭口甲 / 长七尾

---江南甲辰二十文---

江南甲辰二十文

江南甲辰二十文属试样性质，未正式发行，同版目前已知存世五枚，图示此枚由上海造币厂博物馆收藏（美国包克先生捐赠）此品为所见品相最佳者，一枚由上海博物馆收藏（钱币收藏家孙鼎先生捐赠），另三枚由私人收藏。另有异版一枚整体英文重刻，大小、位置皆有调整。

KN.29（1904）江南甲辰二十文　　　　　　KN.29a（1904）江南甲辰二十文 / 字母重刻

十文背　　　　　二十文背　　　　　十文字戳 & 补刻　　　英文重刻

级别	普品	极美	近未使用	未使用	级别	普品	极美	近未使用	未使用
KN.27	9级	100	500	1 200	5 000	KN.28	10级	50	300	1 000	4 000
KN.29	1级	250 000			无定价	KN.29a	1级				无定价

上乙巳　　横乙巳

KN.30（1905）上乙巳 / 长七尾

梅花　　长边花

KN.31（1905）上乙巳 / 长边花七尾

长边花七尾

长边花异云类

KN.32（1905）上乙巳 / 编八尾

KN.33（1905）上乙巳 / 长边花异云类　　　　　KN.34（1905）上乙巳 / 水龙

级别	普品	极美	近未使用	未使用		级别	普品	极美	近未使用	未使用
KN.30	10级	50	300	1 000	4 000					
KN.31	9级	100	500	1 200	6 000					
KN.32	8级	300	1 200	4 000						
KN.33	6级	800	4 000	12 000		KN.34	6级	700	3 000	8 000

江南省造光绪元宝中花系列

KN.35（1905）横乙巳 / 水龙

KN.36（1905）横乙巳 / 带星水龙

水龙

带星

KN.37（1905）横乙巳 / 飞龙

飞龙　　仿部颁细云　　大眼龙七焰

KN.38（1905）横乙巳 / 仿部颁细云

KN.39（1905）横乙巳 / 大眼龙七焰

	级别	普品	极美	近未使用	未使用		级别	普品	极美	近未使用	未使用
KN.35	10级	50	300	1 000	4 000						
KN.36	9级	100	500	1 200	6 000						
KN.37	7级	600	3 500	10 000							
KN.38	7级	600	2 500	6 000		KN.39	7级	600	2 500	6 000	

大清铜币中心宁系列

KN.40（1906）丙午阳宁二文 / 仿部颁

丙午宁二文系列

丙午宁二文属试样或短时搭造性质。最早出现于1944年第141次上海泉币学社例会，机制币收藏家许小鹤先生曾展示丙午中心宁二文三种。马定祥先生生前曾对学生说，宁二文应该有四版，这些年来一直未见第四版的出现，本书首次公开第四版KN.41。宁二文目前仅见数枚。另中国钱币博物馆藏有KN.43留档样币。

KN.41（1906）丙午阳宁小字二文 / 仿部颁低水波

阳宁　　阳宁小字　　阳宁大字　　阳宁正字

阳宁二文四版宁字皆不同

仿部颁　　仿部颁低水波　　仿部颁细云

KN.42（1906）丙午阳宁大字二文 / 仿部颁低水波　　KN.43（1906）丙午阳宁正字二文 / 仿部颁细云

丙午宁五文系列

丙午宁五文属试样或短时搭造性质，存世皆稀少，目前所知有四版，图示KN.45五文部颁龙于2008年香港诺曼·亚克斯集藏钱币专场拍卖拍出，可能为伍德华先生旧藏，KN.47五文仿部颁细云为马定祥先生旧藏，《中国铜元图典》图120原物。另中国钱币博物馆藏有KN.47留档样币，出厂状态，品相完美，弥足珍贵。

KN.44（1906）丙午阴宁五文 / 仿部颁细云，黄铜

级别	普品	极美	近未使用	未使用	级别	普品	极美	近未使用	未使用
KN.40	2级			400 000					
KN.41	2级			无定价					
KN.42	3级			300 000	500 000	KN.43	2级			无定价
KN.44	3级			200 000	400 000					

阴宁　　　阳宁大字　　　阳宁正字

部颁龙　　仿部颁细云　　大眼龙

KN.45（1906）丙午阳宁大字五文 / 部颁龙

KN.46（1906）丙午阳宁大字五文 / 大眼龙　　　KN.47（1906）丙午阳宁正字五文 / 仿部颁细云

KN.48（1906）丙午宁十文部颁面 / 水龙　　　KN.49（1906）丙午宁十文部颁面 / 带星水龙

丙午纪年

阴宁部颁面　　阴宁重刻

KN.50（1906）丙午宁十文部颁面 / 平身部颁龙

	级别	普品	极美	近未使用	未使用		级别	普品	极美	近未使用	未使用
KN.45	2级				500 000						
KN.46	2级			300 000	500 000	KN.47	3级			250 000	
KN.48	10级	50	300	1 000	4 000	KN.49	7级	600	3 500		
KN.50	8级	250	1 000	2 000							

KN.51（1906）丙午阴宁十文重刻 / 仿部颁细云　　　　　　KN.52（1906）丙午阴宁十文重刻 / 水龙

圆台阳宁　　　阳宁

部颁龙　　　仿部颁细云　　　平身部颁龙

KN.53（1906）丙午圆台阳宁十文 / 仿部颁细云

大眼龙七焰　　　大眼龙五焰　　　方口龙

KN.54（1906）丙午圆台阳宁十文 / 部颁龙

KN.55（1906）丙午圆台阳宁十文 / 大眼龙七焰　　　　　　KN.56（1906）丙午圆台阳宁十文 / 水龙

	级别	普品	极美	近未使用	未使用		级别	普品	极美	近未使用	未使用
KN.51	7级	600	2 500	6 000		KN.52	8级	400	2 000		
KN.53	9级	100	500	1 000	4 000						
KN.54	7级	400	2 000								
KN.55	9级	100	500	1 000	5 000	KN.56	7级	400	2 000		

KN.57（1906）丙午阳宁十文 / 仿部颁细云　　　　　　　　KN.58（1906）丙午阳宁十文 / 部颁龙

KN.59（1906）丙午阳宁十文 / 大眼龙七焰　　　　　　　　KN.60（1906）丙午阳宁十文 / 大眼龙五焰

KN.61（1906）丙午阳宁十文 / 方口龙　　　　　　　　　　KN.62（1906）丙午阳宁十文 / 水龙

丙午宁二十文

丙午宁二十文属短时搭造性质，数量极稀，目前已知存世数枚，现三枚由私人收藏，一枚由上海博物馆收藏（钱币收藏家李伟先生捐赠），另中国钱币博物馆藏有留档样币。中心宁二文、五文与二十文历来就是铜元的大珍品，是收藏家们汲汲追求的对象，可见中国钱币博物馆所藏此组出厂状态的中心宁留档样币是何等珍罕难得。

KN.63（1906）丙午宁二十文

	级别	普品	极美	近未使用	未使用		级别	普品	极美	近未使用	未使用
KN.57	10 级	50	3 000	1 000	4 000	KN.58	6 级	600	3 000	6 000	
KN.59	10 级	50	3 000	1 000	4 000	KN.60	8 级	200	800	1 500	
KN.61	7 级	400	2 000	4 000		KN.62	7 级	350	1 800		
KN.63	1 级		800 000								

KN.64（1907）丁未宁低丁未 / 大眼龙五焰　　　　　　　　KN.65（1907）丁未宁低丁未 / 方口龙

KN.66（1907）丁未宁低丁未 / 仿部颁细云　　　　　　　　KN.67（1907）丁未宁低丁未 / 大眼龙七焰

大眼龙七焰　　大眼龙五焰　　方口龙

KN.68（1907）丁未宁低丁未 / 大嘴低冠 KUO　　　　大嘴低冠 KUO　　大嘴低冠 KIIO　　大嘴高冠 KIIO

KN.69（1907）丁未宁低丁未 / 大嘴低冠 KIIO　　　　　　KN.70（1907）丁未宁低丁未 / 大嘴高冠 KIIO

	级别	普品	极美	近未使用	未使用		级别	普品	极美	近未使用	未使用
KN.64	10 级	50	300	1 000	4 000	KN.65	9 级	100	600	1 500	7 000
KN.66	9 级	100	600	1 500		KN.67	6 级	800	3 000		
KN.68	10 级	50	300	1 000	4 000						
KN.69	8 级	300	1 500	6 000		KN.70	6 级	1 000	3 500	8 000	

低丁未　　高丁未

长丁未

KN.71（1907）丁未宁长丁未

KN.72（1907）丁未宁高丁未 / 仿部颁细云

KN.73（1907）丁未宁高丁未 / 大眼龙七焰

KN.73a（1907）丁未宁高丁未 / 大眼龙五焰

KN.74（1908）戊申宁一文类，黄铜

KN.75（1908）戊申宁十文 / 大嘴高冠 KIIO

KN.76（1908）戊申宁十文 / 大嘴低冠 KIIO

	级别	普品	极美	近未使用	未使用
KN.71	5级	2 000	15 000	25 000	
KN.72	8级	200	800	2 000	
KN.73a	5级	3 000			
KN.75	10级	50	3 500	1 200	7 000

	级别	普品	极美	近未使用	未使用
KN.73	7级	400	2 000		
KN.74	9级	100	300	500	1 500
KN.76	10级	50	350	1 200	7 000

KN.77（1908）戊申宁十文 / 大嘴低冠 KUO　　　　　KN.78（1908）戊申宁十文 / 大眼龙五焰

江南合面合背

KN.79（1905）上乙巳合面　　　　　　　　　　　KN.80（1905）横乙巳合面

KN.81（1902）壬寅小满文合面　　　　　　　　　　KN.82（1907）丁未宁十文合面

KN.83 编八尾合背　　　　　　　　　　　　　　　KN.84 编八尾 / 长七尾合背

	级别	普品	极美	近未使用	未使用		级别	普品	极美	近未使用	未使用
KN.77	10级	50	3 500	1 200	7 000	KN.78	8级	200	800	2 000	
KN.79	4级				250 000	KN.80	4级		10 000	30 000	
KN.81	4级		40 000			KN.82	4级		20 000		
KN.83	5级		40 000			KN.84	4级			60 000	

KN.85 长七尾合背   KN.86 长边花七尾合背

KN.87 江南水龙合背   KN.88 大眼龙七焰/仿部颁合背

KN.89 大眼龙五焰合背   KN.90 大嘴高冠 KIIO 合背

KN.91 江南水龙/民国十文合背

	级别	普品	极美	近未使用	未使用		级别	普品	极美	近未使用	未使用
KN.85	4 级		60 000			KN.86	4 级				220 000
KN.87	4 级		40 000	60 000		KN.88	4 级		80 000		
KN.89	4 级	20 000				KN.90	4 级		50 000	100 000	
KN.91	5 级	10 000	25 000	40 000							

11
江苏篇

(KS)

江苏位于长江三角洲地区，中国大陆东部沿海，长江入海处，与上海、浙江、安徽、山东、河南等省市接壤。江苏省建省始于康熙初年，取自江宁府、苏州府之首字而得名，省会苏州，后迁南京，简称"苏"。

江苏省在未办造币厂时，自光绪二十七年（1901年）七月起，由江苏巡抚聂缉椝奏准委托江宁的江南造币总局西厂代造铜元，其间产生了江南江苏混配铜元。光绪二十九年（1903年）江苏由裕苏官钱局向英国伯明翰造币厂订购造币设备，在苏州盘门内梅家桥设立铜元厂，于光绪三十年（1904年）二月起正式独立开制江苏铜元，俗称"旧厂"。后苏州厂通过上海老公茂洋行，向位于英国利兹市的葛林活工厂订购造币设备，用于筹建中的苏州胥门外枣市桥铜元新厂。苏州铜元新厂于光绪三十一年（1905年）五月开制。江苏中梅花系列铜元，计有二文、五文、十文、二十文四种面值，这是清朝的第一套涵盖各面值的流通铜元套币。据考查铜币大臣陈璧的报告："苏州旧厂自光绪三十年二月开铸起至三十二年（1906年）五月停铸，共铸折合当十铜币5亿3000万枚（其中包含当二十近500万枚），新厂自三十一年五月开铸起，至同年十月底停铸止，共铸十文铜币3亿5000多万枚。"光绪三十一年五月户部造币总厂设立后，清政府对各地设厂造币采取逐步限制的措施，以便收回造币权。十月清廷下达限制各省铸数，规定江苏等铜元量产大省，每日各厂总铸额不得超过一百万枚。限制各省铸数的命令中还要求各省局，以前所用的祖模参差不一，都须一律停废，并以天津总厂的户部大清铜币为规范，颁布统一祖模，各省局须在币面中心加刻一字简称以示区别。光绪三十二年（1906年）岁次丙午，全国各省造币厂皆制作较为规范的"丙午户部大清铜币"。苏州厂也遵照朝廷的规定，生产了中心"苏"大清铜币，与他省最大不同，苏厂援用光绪元宝时期的"奏准"，也制造黄铜的中心苏二十文、五文与二文大清铜币。由于各省滥造铜元愈演愈烈，虽曾颁定铸额限制令，但"铜元大户"江苏省三局六厂的铸量仍是名列前茅。清廷遂于光绪三十二年四月，以江苏各局逾越铸额，下令苏州二厂即行停铸，故苏厂于五月中继皖厂后较早就依令停产。同年七月起，清廷进一步下令各省造币厂停产或合并，将苏厂并入江宁厂，造币设备运到南京与天津。苏州厂从开工到关停共约两年零三个月。

江苏省造光绪通宝机制方孔制钱系列

江苏省造机制制钱

江苏省有两个局先后生产过机制制钱，即设在江宁（今南京）的江南铸造银圆制钱总局和设在上海的江南机器局制造总局。另外，先前光绪二十一年（1895年）江苏交广东钱局代铸制钱二十万串。宝苏机制制钱初期品质较差，后期质量明显提高，但是模具质量仍有不足，需经常替换，因此产生众多的版别。按正面汉字"光"的笔划可分为五笔光、六笔光和异体字三类，正面汉字都是"光绪通宝"，背面满文"宝苏"。五笔光、六笔光版式较多，存世量较多，本篇收录部分有一定代表性的品种。所有异体字是指文字风格与以上两种明显不同的另一类钱，据笔者推测，由江南机器局制造总局制造。

KS.C1.1（1897）异书方头通，小字

KS.C1.2（1897）异书方头通，大字

KS.C1.3（1897）异书角头通，大光，白铜

KS.C1.4（1897）异书角头通，小光，白铜

KS.C1.5（1897）异书面，缶宝

级别	普品	极美	近未使用	未使用
KS.C1.3	3级			150 000
KS.C1.5	3级			120 000

级别	普品	极美	近未使用	未使用
KS.C1.1	3级			200 000
KS.C1.2	5级	10 000	30 000	80 000
KS.C1.4	3级			150 000

KS.C2.1（1897）六笔光类　　　　　　　　　　　　KS.C2.2（1897）六笔光类

KS.C2.3（1897）六笔光类　　　　　　　　　　　　KS.C2.4（1897）六笔光类

KS.C3.1（1897）五笔光，小字　　　　　　　　　　六笔光类　　五笔光类

KS.C3.2（1897）五笔光大字，小满文类　　　　　　KS.C3.3（1897）五笔光大字，大满文类

	级别	普品	极美	近未使用	未使用		级别	普品	极美	近未使用	未使用
KS.C2.1	7级		800	2 000	5 000	KS.C2.2	7级		800	2 000	5 000
KS.C2.3	7级		800	2 000	5 000	KS.C2.4	7级		800	2 000	5 000
KS.C3.1	8级		300	500	2 000						
KS.C3.2	8级		300	500		KS.C3.3	8级		300	500	

KS.C3.4（1897）五笔光高宝，小满文　　　　　　KS.C3.5（1897）五笔光高宝，大满文

KS.C3.6.1（1897）五笔光大宝，小满文　　　　　KS.C3.6.2（1897）五笔光大宝，大满文

KS.C3.7（1897）修模异书　　　　　　　　　　　KS.C3.8（1897）宝苏，满穿

小字　　　　　大字　　　　　高宝

大宝　　　　　修模

	级别	普品	极美	近未使用	未使用		级别	普品	极美	近未使用	未使用
KS.C3.4	8级		300	500		KS.C3.5	8级		300	500	
KS.C3.6.1	7级		1 000	2 500		KS.C3.6.2	7级		1 000	2 500	
KS.C3.7	7级		2 500			KS.C3.8	5级			40 000	80 000

江苏省造光绪元宝中花当十系列

KS.01（1905）当十高宝 / 方龙低火焰　　　　　　　KS.02（1905）当十高宝 / 方龙高火焰

　　　　　　　　　　　　　　　　　高宝　　　低宝

　　　　　　　　　　　　　　　中花当十

KS.03（1905）当十高宝错配江苏飞龙　　　　　　方龙低火焰　　方龙高火焰

KS.04（1905）当十低宝 / 方龙高火焰　　　　　　KS.05（1905）当十低宝 / 方龙低火焰

江苏省造光绪元宝中满文系列

江苏小边花背三花飞龙

江苏铜元最早是光绪二十七年（1901年）委托江南铸造银圆制钱总局西厂，仿粤闽十文铜元之形式代造。经过编者对比西厂代造江苏小、大边花铜元版式及错配关系，认定此版是清末江苏铜元最早期的品种，可认为试制品或首版，未正式流通或短暂流通。这枚钱币的出现对于研究江苏铜元时代划分和演变有重要的参考意义，之前从未被披露，马定祥先生旧藏，目前仅见。

KS.06a（1901）小边花 / 三花飞龙

	级别	普品	极美	近未使用	未使用		级别	普品	极美	近未使用	未使用
KS.01	9级	100	800	3 500	50 000	KS.02	8级	150	800	2 500	12 000
KS.03	3级	20 000									
KS.04	8级	1500	800	2 500	12 000	KS.05	9级	100	800	3 500	
KS.06a	2级	无定价									

中满文　　小边花　　大边花

KIANG-SOO　　KIANG-NAN

KS.06（1901）小边花 / 小边花飞龙

三花飞龙　　小边花飞龙

编八尾　　短七尾　　长七尾

KS.07（1901）大边花 / 编八尾

KS.08（1901）大边花 / 短七尾　　　　KS.09（1901）大边花 / 小边花飞龙

KS.10（1901）大边花 / 长七尾　　　　KS.11（1901）大边花错配江南编八尾

级别	普品	极美	近未使用	未使用		级别	普品	极美	近未使用	未使用
KS.06	8级	200	800	2 500						
KS.07	9级	100	600	1 500	7 000					
KS.08	8级	250	1 200	3 000		KS.09	4级			30 000
KS.10	4级		30 000			KS.11	6级	1 500	5 000	

KS.12（1901）中满文五文坐龙

江苏中满文五文坐龙

据孙浩先生提供的资料可知江苏中满文五文坐龙确切制造日期（1901年底）"……在海关报告中光绪二十七年（1901年）'南京口'报告书提到即将发行五文铜元，民众必然称便……"云云。次年2月19日上海英文《北华捷报》刊载来自镇江地区2月13日报道："五文与十文铜币已开始在街坊出现。"另据《申报》载，添造当五铜元于光绪二十七年腊月底，委员运解抵苏。

KS.13（1902）壬寅/编八尾　　　　KS.14（1902）壬寅/长七尾

KS.15（1902）壬寅/短七尾　　　　KS.16（1902）壬寅错配江南编八尾

KS.17（1903）癸卯单点癸/长七尾

壬寅纪年

单点癸　　　二点癸

级别	普品	极美	近未使用	未使用		级别	普品	极美	近未使用	未使用
KS.12	8级	300	1 200	3 000	10 000					
KS.13	9级	100	600	2 000	10 000	KS.14	10级	50	400	1 500	8 000
KS.15	8级	200	800	2 500		KS.16	7级	800	4 000	8 000	20 000
KS.17	10级	50	400	1 200	4 000						

KS.18（1903）癸卯单点癸 / 编八尾　　　　　　　　KS.19（1903）癸卯二点癸 / 长七尾

KS.20（1903）癸卯二点癸 / 编八尾　　　　　　　　KS.21（1903）癸卯二点癸错配江南编八尾

癸卯去字　　无边花细字　　无边花粗字

KS.22（1903）癸卯中带点错配江南编八尾

KS.23（1904）无边花细字 / 长七尾　　　　　　　　KS.23a（1904）癸卯去字 / 长七尾

	级别	普品	极美	近未使用	未使用		级别	普品	极美	近未使用	未使用
KS.18	5级	1 500	6 000			KS.19	10级	50	400	1 500	
KS.20	6级	1 200	6 000			KS.21	6级	1 200	6 000		
KS.22	5级	2 000	8 000								
KS.23	8级	200	1 000	3 000	15 000	KS.23a	5级		6 000	12 000	

江苏无边花细字长七尾异版样币

此版江苏无边花细字长七尾异版属样币性质，币坯制作精良，质地及压制均异常精美，压力足，明显异于该品种流通版，马定祥先生旧藏，《中国铜元图典》图50原物，目前仅见二枚。编者认为，此品应是江苏苏州盘门内梅家桥厂（习称旧厂）于光绪三十年二月（1904年3月）开制的首批新式十文铜元时的试样币或留档样币。

KS.24（1904）无边花细字 / 长七尾异版，样币

KS.24a（1904）无边花细字 / 长七尾异版

长七尾

大九尾　　长七尾异版

KS.25（1904）无边花细字 / 大九尾

KS.26 无边花细字 / 江苏编八尾

KS.27 中满文大九尾，白铜

江苏中满文大九尾白铜

江苏中满文大九尾白铜属试样性质，目前已知存世两枚，其中一枚为黄华枢先生旧藏（左图），2010年香港SBP秋拍黄华枢集藏钱币专场拍卖拍出；另一枚由上海博物馆收藏。图示此品币坯精良，制作异常精美，压力足，由于白铜硬度高，如此精美的白铜试样币十分难得，品相堪称完美，弥足珍贵。

	级别	普品	极美	近未使用	未使用		级别	普品	极美	近未使用	未使用
KS.24	2级				无定价						
KS.24a	7级	400	2 000								
KS.25	9级	100	500	1 200	8 000	KS.26	5级	1 200	5 000		
KS.27	2级				无定价						

细字　　　粗字

KS.28（1904）无边花粗字 / 大九尾

江苏省造光绪元宝中花系列

KS.29（1905）中花二文飞龙，黄铜

KS.30a（1905）中花五文飞龙，黄铜，样币　　　KS.30（1905）中花五文飞龙，黄铜

KS.31a（1905）中花十文飞龙，黄铜，试样

	级别	普品	极美	近未使用	未使用		级别	普品	极美	近未使用	未使用
KS.28	8 级	200	800	2 500	10 000						
KS.29	5 级	2 500	8 000	15 000	50 000						
KS.30a	3 级			120 000		KS.30	5 级	2 500	8 000	15 000	60 000
KS.31a	3 级			300 000							

KS.31（1904）中花低满文 / 大九尾

大九尾　龙身刺向下

KS.32（1904）中花低满文 / 龙身刺向下

KS.33（1904）中花十文飞龙，白铜

KS.34（1905）中花二十文飞龙，黄铜　　　　　　　　KS.35（1904）中花二十文飞龙

	级别	普品	极美	近未使用	未使用		级别	普品	极美	近未使用	未使用
KS.31	10 级	50	300	1 000	4 000						
KS.32	7 级	400	2 000	6 000							
KS.33	2 级			500 000							
KS.34	8 级	800	2 500	6 000	18 000	KS.35	7 级	1 000	3 000	8 000	30 000

中花低满文　　中花高满文

小满文　　大满文

KS.36（1904）中花高满文 / 大九尾

大九尾　　大英文

KS.37（1904）中花高满文 / 龙身刺向下

KS.38（1905）乙巳小满文 / 大九尾　　　　KS.39（1905）乙巳小满文 / 大英文

KS.40（1905）乙巳大满文 / 大英文　　　　KS.41（1905）乙巳大满文 / 大九尾

	级别	普品	极美	近未使用	未使用		级别	普品	极美	近未使用	未使用
KS.36	7 级	300	2 000								
KS.37	5 级	1 500	8 000	30 000							
KS.38	10 级	50	300	1 000	4 000	KS.39	9 级	100	500	1 500	
KS.40	9 级	100	500	1 500	8 000	KS.41	9 级	100	500	1 500	

大清铜币中心苏系列

KS.42（1906）丙午苏二文，黄铜

KS.43（1906）丙午苏五文，黄铜

KS.44（1906）丙午苏二文，白铜

丙午苏二文白铜

中心苏二文白铜属试样性质，目前为仅见品，2010 年上海泓盛春拍拍出，马定祥先生旧藏，《中国铜元图典》图 74 原物。江苏铜元白铜试样在各省白铜试样中种类最为丰富，有省造、大清铜币、合背等 5 版，币坯有二文和十文型。

KS.45（1906）丙午苏二十文，黄铜

KS.46（1906）丙午苏二十文

KS.47（1906）阳苏大草头 / 部颁龙

KS.48（1906）阳苏大草头 / 皱鼻龙

	级别	普品	极美	近未使用	未使用		级别	普品	极美	近未使用	未使用
KS.42	7 级	400	1 500	5 000	12 000	KS.43	7 级	400	1 500	5 000	12 000
KS.44	2 级				600 000						
KS.45	6 级	1 500	7 000	15 000	80 000	KS.46	6 级	1 800	8 000	20 000	100 000
KS.47	8 级	250	2 000			KS.48	8 级	250	2 000		

阳苏大草头　　阳苏小草头
　　　　　　部颁面加字

阴苏大草头类　阴苏小草头类

KS.49（1906）阳苏大草头 / 大鼻龙

皱鼻龙　　　大鼻龙　　　双眼皮

部颁龙　　　仿部颁龙

KS.50（1906）阳苏小草头 / 大鼻龙

KS.51（1906）阴苏大草头 / 部颁及仿部颁类　　　KS.52（1906）阴苏大草头 / 双眼皮

KS.53（1906）阴苏大草头 / 大鼻龙　　　　　　KS.54（1906）阴苏小草头 / 部颁及仿部颁类

	级别	普品	极美	近未使用	未使用		级别	普品	极美	近未使用	未使用
KS.49	8级	250	2 000								
KS.50	7级	400	5 000								
KS.51	8级	300	2 000	6 000		KS.52	8级	300	2 000	6 000	
KS.53	10级	80	800	5 000	20 000	KS.54	10级	80	800	5 000	25 000

KS.55（1906）阴苏小草头 / 双眼皮　　　　　　　　KS.56（1906）阴苏小草头 / 大鼻龙

 卷须大角

 卷须大弯角

卷须大角龙类

歪眼异云龙　　勾须大火焰

KS.57（1906）阴苏小草头 / 卷须大角龙类

KS.58（1906）阴苏小草头 / 歪眼异云龙　　　　　　KS.59（1906）阴苏小草头 / 勾须大火焰

江苏合面合背

KS.60（1904）中花十文合面　　　　　　　　　　KS.60a（1905）乙巳小满文合面

	级别	普品	极美	近未使用	未使用		级别	普品	极美	近未使用	未使用
KS.55	7级	400	3 000	8 000		KS.56	10级	80	800	5 000	
KS.57	6级	600	6 000								
KS.58	6级	600	6 000			KS.59	6级	600	6 000		
KS.60	4级			150 000	250 000	KS.60a	4级			200 000	

江苏篇

KS.61（1906）阳苏十文合面　　　　　　　　　　KS.62（1906）阳苏十文合面，黄铜

KS.63（1905）二文飞龙合背，黄铜　　　　　　　KS.64（1905）二文飞龙合背，白铜

KS.65（1904）大九尾合背　　　　　　　　　　　KS.66（1905）大九尾/大英文合背，白铜

KS.67（1906）皱鼻龙/大鼻龙合背　　　　　　　KS.68（1906）皱鼻龙合背

	级别	普品	极美	近未使用	未使用		级别	普品	极美	近未使用	未使用
KS.61	4级		50 000		250 000	KS.62	3级		100 000		
KS.63	4级		100 000			KS.64	3级			350 000	
KS.65	4级			150 000		KS.66	3级			300 000	
KS.67	4级		50 000	100 000	150 000	KS.68	4级		50 000		

12
清江篇

（TK）

清江浦，古属淮阴县现归淮安市，在江苏省北部，从清初起就为漕运总督驻扎地。

清末各省纷设铜元厂牟利，漕运总督陆元鼎也于光绪三十年（1904年）三月，以江北清淮一带制钱缺乏，银价日减，官民交困，拟请试制铜元以图补救，奏请设立"清江浦铜元局"，在淮安府清江浦仁义漕运河北沿，于光绪三十一年（1905年）正月开制。该厂最初曾向英国伯明翰造币厂订购制造铜元机器设备。由于清江厂的开制时间与设备供货商都与苏州厂相近，所以清江铜元的某些币模与工艺和江苏后期铜元有许多相似点，例如：清江飞龙与江苏九尾飞龙风格近似，甚至更接近江苏二十文飞龙，应皆系出同门。由于清江局位于长江以北，在地理上接近北方，与山东、直隶、河南等省距离较近，而在行政上属于江苏省，所以清江铜元也深受南北风格的影响。此外，有别于他局以省名来命名铜元，清江铜元是中国铜元中唯一以地方名来冠名的。清江铜元局所造流通铜元正面类似北洋铜元的风格，上缘有满文"光绪元宝"，左右标示汉字局名"清江"，下缘纪值，正面珠圈有大、中、小之分。铜元背面中为类似江苏、江南铜元的飞龙或水龙图，上缘有英文"清江"，下缘英文纪值。从光绪元宝铜元版别的演化以及工艺变化的角度分析，推论清江光绪元宝铜元的面版顺序应该是"小珠圈"最早，其后"大珠圈"，最终为"中珠圈"，很有可能得到他厂或外商的技术协助，从目前实物与资料来看应与英国伯明翰厂及雕刻师艾伦·韦恩有所渊源。由于铸期短，相比他省铸量较少，好品相对少见。光绪三十一年底户部为统一币制颁布祖模，清江厂承领全套祖模后，由该厂技师加刻"淮"字进行试制。最后实际清江厂只量产了十文，所造铜元版别不算多，但它有两版铜元为泉界瞩目：一是"淮"字大清铜币二十文，未正式行用，存世只数枚，为铜元十大珍之一；另一枚为阴刻"淮"字大清铜币，俗称"阴淮"，存世不多，非常珍稀。光绪三十二年（1906年）七月，清财政处户部会奏，清江与江苏、江西、安徽四厂归并江宁厂。故清江厂自光绪三十一年正月开制起至光绪三十二年七月底奉令停造，仅存在一年半多的时间，是清代存续时间最短的近代造币厂之一。

清江光绪元宝系列

TK.01（1905）清江小圈/反3云飞龙　　　　　　TK.02（1905）清江小圈/水龙

清江圆珠龙

清江圆珠龙（俗称清江配浙江）可能属试样性质，目前已知存世两枚，日本秋友晃先生《光绪元宝》记载一枚，2008年香港诺曼·亚克斯集藏钱币专场拍卖拍出一枚（左图），可能为伍德华先生旧藏。从图片上观察龙面与"湖北圆珠龙"相同，圆珠龙出处是来自英国退辣车伦制造厂，据孙浩先生提供的资料考证推测其为清江开制时除英国伯明翰造币厂外的另一家造币机具供应者。

TK.03（1905）清江错配浙江龙

清江小圈　　清江中圈　　清江大圈类

TK.04（1905）清江中圈/正3云飞龙

反3云飞龙　　正3云飞龙

TK.05（1905）清江中圈/反3云飞龙

	级别	普品	极美	近未使用	未使用		级别	普品	极美	近未使用	未使用
TK.01	9级	100	600	2 000	8 000	TK.02	9级	150	1 000	3 000	15 000
TK.03	2级			250 000							
TK.04	10级	50	400	1 500	6 000						
TK.05	8级	200	1500								

清江飞龙白铜

清江飞龙白铜属试样性质，目前已知存世两枚，图示为沈鸣镝先生所著《中国近代机制币》图QT100原物，戴葆庭先生旧藏；另一枚为中国台湾收藏家陈先生所有。

TK.06（1905）清江飞龙，白铜

TK.07（1905）清江中圈 / 水龙

清江中圈　　清江大圈

TK.08（1905）清江大圈类 / 水龙

清江大圈类

蕊带圈　凸瓣　无蕊　四瓣

TK.09（1905）清江大圈类 / 反3云飞龙　　　　TK.10（1905）清江大圈类 / 正3云飞龙

级别	普品	极美	近未使用	未使用	级别	普品	极美	近未使用	未使用
TK.06	3级		100 000							
TK.07	8级	200	1 500	4 000						
TK.08	9级	150	1 000	3 000	15 000					
TK.09	9级	100	600	2 000	8 000	TK.10	16级	1 000	5 000	

大清铜币中心淮系列

阴淮（部颁面）　阴淮重刻　阳淮小字　阳淮大字

TK.11（1906）阴淮/地方龙

TK.11a（1906）阴淮重刻/地方龙　　　　TK.11b（1906）阴淮/部颁龙

部颁龙　七焰大眼龙　九焰大眼龙

短云　长云

TK.12（1906）小淮混配飞龙

TK.13（1906）小淮/部颁龙　　　　TK.14（1906）小淮/七焰大眼龙

级别	普品	极美	近未使用	未使用		级别	普品	极美	近未使用	未使用
TK.11	2级		150 000							
TK.11a	2级		180 000			TK.11b	2级		100 000		
TK.12	5级	2 000	15 000							
TK.13	8级	250	1 200	3 000		TK.14	8级	200	1 000	2 500	

丙午阳淮小字十文样币

此版丙午阳淮小字十文属样币性质，币坯制作精良类镜面，压力十足、字口深峻、马齿清晰，明显异于该品种流通版，目前为仅见品。2012年香港SBP春拍拍出，民国Snell医师旧藏。同场还有一枚TK.27九焰长云龙合背材质制作风格完全同此枚样币，加上之前发现TK.23丙午阳淮小字合面，可以证明此三枚同属一个时期的试样。

TK.15a（1906）小淮／九焰短云龙，样币

TK.15（1906）小淮／九焰短云龙

TK.16（1906）小淮／九焰长云龙

TK.17（1906）大淮／部颁龙

TK.18（1906）大淮／七焰大眼龙

TK.19（1906）大淮／九焰短云龙

TK.20（1906）大淮／九焰长云龙

级别	普品	极美	近未使用	未使用		级别	普品	极美	近未使用	未使用
TK.15a	1级				无定价						
TK.15	10级	50	400	1 000	6 000	TK.16	9级	100	500	1 500	7 000
TK.17	7级	400	2 000	5 000		TK.18	8级	250	1 200	3 000	
TK.19	8级	200	1 000	2 500	8 000	TK.20	9级	100	500	1 500	7 000

丙午阳淮二十文

丙午阳淮二十文属试样或短时搭造性质，存世数量极稀，清代铜元中的大珍名誉品。上海博物馆收藏一枚（钱币收藏家李伟先生生捐赠）；2018年香港SBP春拍QDB集藏专场拍出一枚，R.B·怀特先生旧藏。近几年在流通品中发现二枚，间接佐证丙午阳淮二十文和丙午阳宁二十文一样属于配合十文为主的搭造性质，故版别单一，数量极少，鲜有流通。

TK.21（1906）淮二十文

清江合面合背

TK.22（1906）小淮合面　　　　　　　　　　　TK.23（1906）小淮合面，精制

TK.24（1906）小淮合面，黄铜　　　　　　　　TK.25 清江飞龙合背

TK.26（1906）九焰长云龙合背　　　　　　　　TK.27（1906）九焰长云龙合背，精制

级别	普品	极美	近未使用	未使用		级别	普品	极美	近未使用	未使用
TK.21	1级				无定价					
TK.22	4级		80 000			TK.23	3级			400 000
TK.24	2级			400 000		TK.25	3级		120 000	
TK.26	4级		80 000			TK.27	4级			400 000

13 云南篇

(YN)

云南地处中国大陆西南边陲，位于云贵高原西南部。明置省，以云岭之南得名，简称"云"或"滇"。

光绪三十一年（1905年）二月，云贵总督丁振铎奏请在省城昆明设立造币厂，同年七月通过上海信义洋行（Mandel & Co.）订购德国苏勒厂（Schuler）的造币设备，该厂于光绪三十三年（1907年）二月竣工，是清末成立最晚且未被裁撤的省局。同年三月，四川总督锡良奉旨调任云贵总督，六月云南厂奉命改名"度支部造币滇厂"。光绪三十四年（1908年）正月正式开制大小银铜币，俗称"老云南"银铜元（为了区别后来铸造的银铜元各版），此时的铜元种类应为中心"云"字丙午大清铜币十文、二十文铜元，实际上开制时已经是戊申年。由于滇厂初期开工得力于川厂工匠，故云南铜元风格类似于中心川。如以版别来区分，十文与二十文的中心"云"有"大云"与"小云"版。宣统二年四月，清廷为统一币制，收回各省局造币权，下令裁撤各地造币厂，将汉口（武昌）、广州、成都、云南、江宁与奉天等六处改为分厂，统归天津总厂管理，于是滇厂也更名"度支部云南造币分厂"。宣统年间，云南造币分厂铸造了宣统元宝银币与"滇"字大清铜币十文、二十文铜元，但铜元仍然使用光绪皇帝的丙午纪年。"川滇"丙午大清铜币是川滇边务大臣赵尔丰请四川成都厂代造的铜元，主要流通于他所管辖的"川滇边务"地区，即现在的西藏康区与四川的藏区等地，中心铭文"川滇"即代表这一地区，也写明赵氏的官衔。川滇铜元制造于宣统年间，却使用丙午纪年，应该是使用旧模改制，面值可分十文与少量的二十文。

辛亥革命云南光复后，滇厂归军政府管理，改名"云南造币厂"，起初专造前清五角银辅币，同时仍使用清代模具铸造十文与二十文铜元。1914年（民国三年）滇厂改名"财政部云南造币分厂"，1916年（民国五年）5月两广护国军都司令部成立后，云南都督唐继尧出任军务院抚军长后，云南造币厂铸造了"唐继尧拥护共和纪念"五角银币与五十文红、黄铜元。1932年（民国二十一年），云南新富滇银行成立，委托云南造币厂生产伍仙、贰仙与壹仙三种面值铜元，这是云南首次将铜元由"文制"改为两广习用的"仙制"。民国二十四年底中央推行法币，云南停止造币。1939年（民国二十八年）云南造币厂参考中央造币厂的布图壹、贰分铜元形制，铸造了布图壹、贰仙黄铜元。1939年底，中央造币厂接收云南厂，改为"中央造币厂昆明分厂"。

大清铜币中心川滇系列

YN.01（1910）川滇十文

YN.02（1910）川滇二十文

大清铜币中心云系列

YN.03（1908）小云十文

中心川滇

YN.04（1908）大云十文

小云　　大云

YN.05（1908）小云二十文

YN.06（1908）大云二十文

	级别	普品	极美	近未使用	未使用		级别	普品	极美	近未使用	未使用
YN.01	8级	200	1 500	4 000	12 000	YN.02	7级	1 000	5 000	12 000	40 000
YN.03	7级	800	4 000	12 000	70 000						
YN.04	8级	300	2 500	7 000	35 000						
YN.05	6级	1 500	12 000	40 000		YN.06	7级	1 000	5 000	12 000	60 000

大清铜币中心滇系列

中心滇

YN.07（1910）滇十文/仿部颁小水波

仿部颁龙类

小水波　　　大水波

YN.08（1910）滇十文/仿部颁大水波

YN.09（1910）滇二十文，黄铜　　　　　　　　　YN.10（1910）滇二十文

云南省造新云南十文试样

YN.11（1905）新云南十文，试样

新云南十文试样

云南省造光绪元宝十文属国外试样性质，目前已知存世数枚。据孙浩先生提供的资料，此品首现于1982年香港钱币展销会拍卖。另存世有云南省造光绪元宝平七钱二分银币铜样，光边阳打德文，这是非常重要的一枚钱币，同此枚十文铜元同属新云南系列，可见当时新云南系列模含有铜元。新云南系列模应是1905年云南造币厂开制向德国订购机器时一并委托办理，后因大清币制改革云南省造十文铜元未发正发行。

	级别	普品	极美	近未使用	未使用		级别	普品	极美	近未使用	未使用
YN.07	9级	200	1 000	3 500	12 000						
YN.08	8级	200	1 000	3 500	12 000						
YN.09	6级	1 000	5 000	12 000	50 000	YN.10	6级	1 200	6 000	15 000	60 000
YN.11	2级				500 000						

云南民国唐继尧像纪念铜币系列

YN.12（1916）唐像/远旗星五十文

YN.12a（1916）唐像/远旗星五十文，连心念

YN.13（1916）唐像/近旗星五十文，黄铜

普通版　　连心念

远旗星　　近旗星

云南民国仙币系列

YN.14（1916）唐像/远旗星五十文，黄铜

YN.15（1932）民国二十一年壹仙铜币，黄铜

YN.16（1932）民国二十一年贰仙铜币，黄铜

YN.17（1932）民国二十一年伍仙铜币，黄铜

	级别	普品	极美	近未使用	未使用		级别	普品	极美	近未使用	未使用
YN.12	6级	2 500	10 000	30 000	100 000	YN.12a	6级	2 500	10 000	30 000	100 000
YN.13	9级	800	3 000	10 000	50 000						
YN.14	7级	1 500	5 000	15 000	60 000	YN.15	3级	10 000	25 000	70 000	
YN.16	5级	3 000	10 000	25 000	80 000	YN.17	6级	2 000	6 000	18 000	50 000

YN.18（1939）民国二十八年壹仙，黄铜　　　　　　　YN.19（1939）民国二十八年铜贰仙，黄铜

民国二十八年壹仙白铜

民国二十八年壹仙白铜属试样性质，目前已知存世数枚。1939年云南造币厂参考中央造币厂的布图半、壹分铜元形制，制造了布图壹、贰仙黄铜元，以往此币常被坊间书籍误作"广东韶关"或"广西"所造，实为云南造。

YN.20（1939）民国二十八年壹仙，白铜

大中华民国一仙

大中华民国一仙属试样性质，未正式发行，之前所知仅为一纸拓片《中国铜元图典》图903，实物为云南罗姓泉友近年所新发现，编者认为此币是近年来铜元版式的重大发现，目前为仅见品，珍罕逾常。希望同好能通过本书认识此版，在不久的将来能再次见到此版。

YN.21 大中华民国一仙

	级别	普品	极美	近未使用	未使用		级别	普品	极美	近未使用	未使用
YN.18	8级	150	600	1 500	6 000	YN.19	9级	100	400	1 000	4 000
YN.20	3级			120 000							
YN.21	1级			无定价							

14
四川篇

(SC & SCJ、SCM)

四川位于中国西南地区内陆，地跨青藏高原东缘与四川盆地。北宋设川峡四路，简化为四川，明代置省，简称"川"。

光绪二十二年（1896年），时任川督鹿传霖向朝廷奏请开办银圆局，新建造币厂设在在四川机器局内，并通过上海茂生洋行，向美国新泽西州的汉立克纳浦公司订购了全套造币设备及钱模。同时也订购一座日产量25万枚的新式机造制钱厂，由于误将制钱满文"宝川"刻成"宝源"，以至于后来模具运到成都厂生产不久后，制钱就被回收销毁。宝川局之前也曾使用机器局内生产军火的机器压造方孔制钱，由于非专业设备，故使得宝川机造方孔钱版别多、存世少。光绪二十八年（1902年），四川总督岑春煊奏准亦在省城成都机器局内附设四川铜元局。次年六月正式开制铜元，发行"四川官局造"五文与十文光绪铜元，同年七月发行了二十文铜元。光绪三十年（1904年）二月，川局仿效湖北铜元的样式，将面版文字"四川官局造"改为"四川省造"，龙版也从坐龙改为水龙与飞龙，初期面值计有五文、十文、二十文与三十文四种，制作均甚精美。光绪三十一年（1905年）将造币厂独立于机器局，改名"四川银铜元总局"。光绪三十一年十月户部为统一币制，将四川银铜元总局改为"四川户部造币分厂"，颁定二十文、十文、五文与二文祖模，其中二文、五文仅存样币，在四川未正式量产。光绪三十三年四川户部造币分厂改为"度支部造币蜀厂"。光绪三十四年初总厂颁发一文祖模，要求各分厂按例搭造，川省应仅造少量一文应付。同年二月底，中央更进一步下令各省暂停生产铜元，四川总督赵尔丰奏请度支部对川政策宽大，获准，所以四川大清铜币的数量比他省多。宣统二年（1910年）四月，造币权专归天津总厂，另以云南、汉口（武昌）、成都、广州四处设分厂，归天津总厂管理。度支部造币蜀厂改为"度支部成都造币分厂"。

辛亥革命后，四川军政府于1912年（民国元年）5月起生产"军政府汉字"银、铜套币。铜币面值有多种。同时请成都造币厂代造四川"醒狮币"以顺应藏区的使钱习惯。1926年（民国十五年）军阀刘文辉部进驻雅安，生产川铭"边铸"一百文铜元。民国十五年初，成都造币厂根据十四年版五分镍币形制，试制十五年版的五十文与一百文嘉禾无川铭红铜样币。1930年（民国十九年）成都厂按《国币条例》的辅币规定试制了一分、二分"梅花党徽铜辅币"，未正式发行，仅钱样存世。

四川篇·大清（SC）
四川省造光绪通宝机制方孔制钱系列

四川省造机制制钱

光绪二十二年（1896年），时任川督鹿传霖向朝廷奏请开办银圆局，新建的造币厂设在四川机器局内，并通过上海茂生洋行，向美国新泽西州的汉立克纳浦公司订购了全套造币设备及钱模。同时也订购一座日产量25万枚的新式机造制钱厂，由于误将制钱满文"宝川"刻成"宝源"，以至于后来模具运到成都厂生产不久后，制钱即被回收销毁。在此之前宝川局也曾使用机器局内生产军火的机器压造方孔制钱，由于非专业设备，使得宝川机造方孔制钱存世版别多，同时由于铸期短也导致存世数量稀少。

SC.C1（1897）拙刻宝川类

SC.C2（1898）宝川，美国汉立克纳浦厂版

满文"川"　　满文"川"错刻

SC.C3.1（1898）宝川，国内版

SC.C3.2（1898）宝川，满穿

SC.C3.3（1898）宝川，孔未打穿

级别	普品	极美	近未使用	未使用
SC.C3.2	3级			150 000

级别	普品	极美	近未使用	未使用
SC.C1	5级	6 000	10 000	30 000
SC.C2	4级		50 000	80 000
SC.C3.1	6级	20 000	40 000	60 000
SC.C3.3	3级			150 000

四川官局造光绪元宝系列

四川官局造满文"宝福"系列

该系列属试样性质,据2011年12月北京保利拍卖目录中施新彪先生所撰《四川官局光绪元宝满文"宝福"错版铜元》一文中得知,光绪二十九年(1903年)六月四川开始生产铜元。其形制仿照福建官局造铜元,计有五文、十文、二十文三种。比较通行的推测是,早期四川铜元局利用宝川钱局旧厂房及机器设备制造铜元,由于设备简陋,人员配备不整,模仿福建官局铜元刻模的过程中,可能刻模者不熟悉满文或疏忽大意,误将满文"宝福"也刻于模具上。另外,五文币的英文纪值反列也系疏忽所致。四川官局满文"宝福"错版铜元二十文目前为仅见品,五文目前已知存世两枚,十文目前仅见当年马定祥先生实物原照。

SC.01(1903)官局造满文"宝福"五文

满文宝福　　宝川小满文　　宝川大满文

SC.02(1903)官局造满文"宝福"二十文

SC.02a(1903)官局造满文"宝福"十文

SC.03(1903)官局造十文小满文类

SC.04(1903)官局造十文大满文类

SC.05(1903)官局造二十文

级别	普品	极美	近未使用	未使用		级别	普品	极美	近未使用	未使用
SC.01	2级			无定价						
SC.02	2级			无定价						
SC.02a	7级			无定价		SC.03	7级		4 500	12 000	
SC.04	8级		3 500	10 000		SC.05	6级		15 000	50 000	100 000

大满文　　小满文

散英文　　近英文

SC.06（1903）官局造五文大满文 / 散英文

SC.07（1903）官局造五文大满文 / 聚英文　　　　SC.08（1903）官局造五文小满文 / 聚英文

SC.09（1903）官局造五文小满文 / 散英文　　　　SC.10（1903）官局造五文，黄铜

四川省造光绪元宝系列

SC.11（1904）省造当五 / 坐龙

四川省造当五系列

四川省造五文坐龙可能属于光绪三十年（1904年）二月由原四川官局造改制四川省造铜元时期的过渡产品，目前已知存世三枚，其中一枚由上海博物馆收藏。四川省造五文立"5"属试样性质，未正式发行，目前为仅见品。四川省造当五窄距和宽距，均属短期流通币，数量极稀，是深受藏家喜爱和追逐的四川珍品。

	级别	普品	极美	近未使用	未使用		级别	普品	极美	近未使用	未使用
SC.06	5级	5 000	30 000								
SC.07	4级	4 500	25 000			SC.08	6级	3 000	15 000	40 000	150 000
SC.09	4级	5 000	35 000			SC.10	3级		250 000		
SC.11	2级			无定价							

当五窄距　　当五宽距

当五飞龙　　立"5"

SC.12（1904）省造当五 / 立"5"飞龙，试样

SC.13（1904）省造当五窄距 / 飞龙

SC.14（1904）省造当五宽距 / 飞龙

四川省造当十、当二十系列

四川省造当十、当二十系列面背版式众多，其中当十背龙以水龙、拐飘云、大肚龙、细甲龙、粗刺龙、卷云龙、山字龙类、长爪龙、飘带云（小龙）类为基本大版，当二十以小尾龙、大火焰龙、珍珠鳞龙、鱼鳞龙、如意云龙、山字龙为基本大版，当十、当二十系列面版以背龙为基础一一成系列列出，本书篇幅由于有限，细细目在此不一一展开。详细可参考其他专书。

SC.15（1904）当十 / 水龙

SC.16（1904）当十降满文 / 拐飘云

SC.17（1904）当十小四 / 拐飘云

	级别	普品	极美	近未使用	未使用
SC.12	1级				无定价
SC.13	3级	80 000	300 000		
SC.16	6级	2 000	10 000		

	级别	普品	极美	近未使用	未使用
SC.14	3级		250 000	400 000	
SC.15	6级	3 500	30 000	80 000	350 000
SC.17	5级	3 000	15 000		

| 拐飘云 | 大肚龙 | 细甲龙 |

| 大字降满文 | 大字大花 |

SC.18（1904）当十中四 / 拐飘云

降满文　　平满文

| 双顶花 | 单顶花 | 小四 | 中四 |

SC.19（1904）当十降满文 / 大肚龙

SC.20（1904）当十大字降满文 / 大肚龙　　　　　　SC.21（1904）当十大字大花 / 大肚龙

SC.22（1904）当十双顶花 / 细甲龙　　　　　　　　SC.23（1904）当十单顶花 / 细甲龙

	级别	普品	极美	近未使用	未使用		级别	普品	极美	近未使用	未使用
SC.18	4级	4 000	25 000								
SC.19	7级	700	3 500								
SC.20	3级	5 000	35 000			SC.21	7级	800	4 000		
SC.22	7级	500	2 500	5 500		SC.23	7级	400	2 500	5 500	

粗刺龙　卷云龙

SC.24（1904）当十 / 粗刺龙

山字龙

爪上多云　爪上少云　星眉

SC.25（1904）当十 / 卷云龙

SC.26（1904）当十小四 / 爪上少云山字龙　　　　SC.27（1904）当十小四 / 爪上少云山字龙，黄铜

SC.28（1904）当十中四 / 爪上多云山字龙　　　　SC.29（1904）当十中四 / 爪上多云山字龙，黄铜

	级别	普品	极美	近未使用	未使用		级别	普品	极美	近未使用	未使用
SC.24	6 级	800	4 000								
SC.25	6 级	1 000	5 000	12 000							
SC.26	3 级	8 000	50 000			SC.27	6 级	700	3 500	8 000	25 000
SC.28	7 级	600	3 000	8 000		SC.29	7 级	700	3 500	8 000	15 000

SC.30（1904）当十小满特宽距 / 爪上多云山字龙　　　　　SC.31（1904）当十小满特宽距 / 爪上多云山字龙，黄铜

SC.32a（1904）当十小四 / 爪上多云山字龙　　　　　SC.32（1904）当十小四 / 爪上多云山字龙，黄铜

小满文特宽距

小满文宽距

SC.33（1904）当十降满文 / 星眉山字龙

SC.34（1904）当十大字大花 / 星眉山字龙　　　　　SC.35（1904）当十中四 / 星眉山字龙

	级别	普品	极美	近未使用	未使用		级别	普品	极美	近未使用	未使用
SC.30	6级	1 000	5 000			SC.31	7级	600	3 000		
SC.32a	5级	1 200	8 000			SC.32	7级	500	2 500		
SC.33	5级	1 200	8 000								
SC.34	9级	200	1 500	5 000		SC.35	5级	1 200	8 000		

粗珠圈

SC.36（1904）当十小满宽距 / 星眉山字龙

SC.37（1904）当十小四 / 星眉山字龙　　　　　　SC.38（1904）当十粗珠圈 / 星眉山字龙

长爪龙　　降满文

下点省

SC.39（1904）当十单顶花 / 长爪龙

SC.40（1904）当十双顶花 / 长爪龙，红铜或黄铜　　　SC.41（1904）当十下点省 / 长爪龙，红铜或黄铜

	级别	普品	极美	近未使用	未使用		级别	普品	极美	近未使用	未使用
SC.36	4级		15 000	30 000							
SC.37	7级	500	2 500			SC.38	6级	1 000	5 000		
SC.39	9级	100	500	1 500							
SC.40	9级	100	500	1 500	5 000	SC.41	8级	200	1 000		

SC.42（1904）当十小四 / 长爪龙，红铜或黄铜　　　　　**SC.43**（1904）当十小满特宽距 / 长爪龙，黄铜或红铜

SC.44（1904）当十中四 / 长爪龙，红铜或黄铜　　　　　**SC.45**（1904）当十大字大花 / 长爪龙

降满文异元

单顶花　　双顶花　　小花

SC.46（1904）当十双顶花降满文异元 / 长爪龙

SC.47（1904）当十单顶花降满文异元 / 长爪龙　　　　　**SC.48**（1904）当十小花降满文异元 / 长爪龙

	级别	普品	极美	近未使用	未使用		级别	普品	极美	近未使用	未使用
SC.42	9 级	100	500	1 500	5 000	SC.43	9 级	100	500	1 500	6 000
SC.44	8 级	250	1 200			SC.45	8 级	250	1 200		
SC.46	6 级	1 000	5 000								
SC.47	5 级	1 500	6 000			SC.48	4 级	2 000	10 000		

SC.49（1904）当十小满宽距 / 长爪龙　　　　　　　　　SC.50（1904）当十粗珠圈 / 长爪龙

SC.51（1904）当十小四 / 飘带云龙

粗珠圈

飘带云龙类　　粗珠圈龙

实心飘带　空心飘带

SC.52（1904）当十小四 / 飘带云龙，黄铜

SC.53（1904）当十粗珠圈 / 飘带云龙　　　　　　　　　SC.54（1904）当十小四 / 粗珠圈小龙

	级别	普品	极美	近未使用	未使用		级别	普品	极美	近未使用	未使用
SC.49	4 级	2 000	10 000			SC.50	5 级	1 500	6 000		
SC.51	10 级	50	400	1 200	4 500						
SC.52	9 级	100	500	1 500	7 000						
SC.53	6 级	1 000	5 000			SC.54	6 级	1 000	5 000		

SC.55（1904）当二十低满文 / 近 C 小尾龙　　　　　SC.56（1904）当二十低满文 / 远 C 小尾龙

SC.57（1904）当二十低满文 / 大火焰龙

小尾龙　　大火焰龙　　三刺

低满文

SC.58（1904）当二十低满文 / 大火焰龙，黄铜　　　　SC.59 当二十大字大花 / 大火焰龙

SC.60a（1904）当二十低满文 / 三刺大火焰龙　　　　SC.60（1904）当二十大字大花 / 三刺大火焰龙

	级别	普品	极美	近未使用	未使用		级别	普品	极美	近未使用	未使用
SC.55	7级	1 000	5 000	12 000		SC.56	7级	1 000	5 000	12 000	
SC.57	5级	2 500	12 000								
SC.58	5级	3 000	15 000			SC.59	9级	500	2 500	7 000	
SC.60a	6级	1 500	7 000			SC.60	5级	3 000	15 000		

上宽距

下宽距

SC.61（1904）当二十大字大花 / 珍珠鳞龙

SC.61a（1904）当二十上宽距 / 珍珠鳞龙　　　　　　　　　**SC.61b（1904）当二十下宽距 / 珍珠鳞龙**

珍珠鳞　　　鱼鳞

直须　　　　　　星眉

SC.62（1904）当二十大字大花 / 直须珍珠鳞龙

SC.63（1904）当二十上宽距 / 星眉珍珠鳞龙　　　　　　　**SC.64（1904）当二十下宽距 / 星眉珍珠鳞龙**

	级别	普品	极美	近未使用	未使用		级别	普品	极美	近未使用	未使用
SC.61	8 级	700	3 000	8 000		SC.61b	5 级	2 000	10 000		
SC.61a	5 级	2 000	10 000								
SC.62	6 级	1 500	7 000			SC.64	6 级	2 000	10 000	35 000	
SC.63	5 级	2 500	15 000								

SC.65（1904）当二十低满文 / 鱼鳞龙，黄铜或红铜　　　　　　SC.66（1904）当二十大字大花 / 鱼鳞龙

SC.66a（1904）当二十上宽距 / 鱼鳞龙　　　　　　SC.66b（1904）当二十下宽距 / 鱼鳞龙

低满文　　二点川

SC.66c（1904）当二十满文二点川 / 鱼鳞龙，黄铜

寄花　　　粗珠圈

SC.67（1904）当二十寄花 / 鱼鳞龙

	级别	普品	极美	近未使用	未使用		级别	普品	极美	近未使用	未使用
SC.65	8级	500	2 000	5 000	30 000	SC.66	8级	500	2 000	5 000	
SC.66a	7级	1 000	5 000	10 000		SC.66b	8级	600	2 500	6 000	
SC.66c	8级	700	3 000	8 000							
SC.67	7级	1 000	5 000	12 000							

SC.68（1904）当二十中字 / 鱼鳞龙　　　　　　　　SC.69（1904）当二十粗珠圈 / 鱼鳞龙，黄铜或红铜

SC.70（1904）当二十满文二点川 / 如意云龙，黄铜　　　如宽云龙　　小四　　小满文 / 大满文　　长撇元

SC.71（1904）当二十低满文 / 如意云龙，红铜或黄铜　　SC.72（1904）当二十长撇元 / 如意云龙，红铜或黄铜

SC.73（1904）当二十小四大满 / 如意云龙，黄铜　　　　SC.74（1904）当二十小四小满 / 如意云龙

	级别	普品	极美	近未使用	未使用		级别	普品	极美	近未使用	未使用
SC.68	7级	600	2 500	7 000		SC.69	7级	800	4 000		
SC.70	7级	1 000	5 000	12 000							
SC.71	8级	500	2 000	5 500		SC.72	7级	700	3 000	8 000	50 000
SC.73	6级	1 200	6 000	15 000		SC.74	8级	500	2 000	5 000	30 000

山字龙

SC.75（1904）山字龙当二十

四川省造光绪元宝试样系列

SC.76（1904）山字龙当十，德国试样

四川试样系列

四川有关样币出处的资料非常少，首见上海出版的《泉币》杂志1941年3月第五期施孝先的一篇撰述，光绪三十年（1904年）春，四川机器局由于设备未到而委托湖北省代制："鄂局铸就当十、当二十、当三十铜币三种，每种分两式，即珠圈与坐龙也。"此处的"坐龙"就是现在所称的"水龙"。 目前笔者从版式、雕刻技法等方面研究得出结论：四川当三十系列和SC.12、SC.76a、SC.77应为同时期所制试样，均为国内样币，目前此三版五文、十文、二十文试样仅见一、二枚。SC.76和SC.77a从目前实物发现来看，多数从德国或欧洲散出，应为德国试样，具体内容参见本书第77页"湖南德国试样系列"。也可能为当时四川购买造币设备所做的样品币。

SC.76a（1904）山字龙当十，试样

SC.77（1904）山字龙当二十，试样　　　　　　SC.77a（1904）山字龙当二十，德国试样

	级别	普品	极美	近未使用	未使用		级别	普品	极美	近未使用	未使用
SC.75	5级	12 000	40 000	80 000							
SC.76	3级				100 000						
SC.76a	1级			无定价							
SC.77	1级			无定价		SC.77a	3级				150 000

四川省造光绪元宝当三十系列

四川省造当三十系列

四川省造当三十系列属试样性质，未正式发行，清代铜元中的顶级名誉品，有飞龙与水龙、红铜与黄铜之分，2010、2018年香港SBP拍卖分别拍出红铜飞龙、红铜水龙一枚，都创造了当年清代铜元拍卖成交价的世界纪录。目前已知中国国家博物藏有红铜、黄铜各一对，上海博物馆藏有红铜一对，私人收藏中有黄铜飞龙二枚，黄铜水龙一枚，红铜飞龙三枚，红铜水龙二枚。

SC.78（1904）当三十/飞龙（原大）

SC.78（1904）当三十/飞龙（原大）（原SC.79）　　　SC.78（1904）当三十/飞龙（原大）（原SC.83）

SC.80（1904）当三十/水龙（原大）　　　SC.80（1904）当三十/水龙（原大）（原SC.84）

SC.81（1904）当三十/飞龙（原大），黄铜　　　SC.82（1904）当三十/水龙（原大），黄铜

	级别	普品	极美	近未使用	未使用		级别	普品	极美	近未使用	未使用
SC.78	1级				无定价						
SC.78	1级				无定价	SC.78	1级				无定价
SC.80	1级				无定价	SC.80	1级				无定价
SC.81	1级				无定价	SC.82	1级				无定价

大清铜币中心川系列

SC.85（1906）丙午川二文，黄铜

中心川二文、五文、一文系列

丙午川二文红铜或黄铜皆属试样性质，未正式发行，已知存世数枚，其中红铜鎏金、鎏银目前均为仅见品。丙午川五文属试样性质，未正式发行，五文部颁龙目前已知存世两枚，其中一枚由上海博物馆收藏，五文地方龙目前为仅见品。戊申川一文红铜属试样性质，目前为仅见品。戊申川一文黄铜属短时搭造性质，数量稀少。

SC.86（1906）丙午川二文

SC.87（1906）丙午川二文，鎏金

SC.87a 丙午川二文，鎏银

SC.88（1906）丙午川五文／部颁龙

SC.89（1906）丙午川五文／地方龙

	级别	普品	极美	近未使用	未使用		级别	普品	极美	近未使用	未使用
SC.85	2级			450 000							
SC.86	2级			350 000	500 000						
SC.87	2级			350 000		SC.87a	2级			350 000	
SC.88	2级			无定价		SC.89	1级				无定价

SC.90（1908）戊申川一文　　　　　　　　　　SC.91（1908）戊申川一文，黄铜

中心川十文、二十文系列

中心川十文、二十文系列面版除错满文外版式比较单一，从背版来看，十文背龙以仿部颁龙、小鼻龙、地方龙为基本大版，小鼻龙、地方龙通过云纹等可细分多版；二十文背龙以仿部颁龙、粗眉龙、地方龙为基本大版，地方龙通过云纹等可细分多版。由于本书篇幅有限，故合并为大类介绍，细细目在此不一一展开。详细可参考其他专书。

SC.92（1906）丙午川十文/仿部颁大水波

SC.93（1906）丙午川十文/小鼻龙类

仿部颁龙　　小鼻龙类　　光绪年造

地方龙类　　五水波　　八火焰
　　　　　　九尾　　各类点/片云

SC.94（1906）丙午川十文/地方龙类　　　　　SC.95（1906）丙午川十文/地方龙五水波

	级别	普品	极美	近未使用	未使用		级别	普品	极美	近未使用	未使用
SC.90	1级				无定价	SC.91	4级				280 000
						SC.92	6级	1 000	4 000	6 000	30 000
SC.93	7级	300	1 000	2 500	8 000						
SC.94	10级	50	300	1 000	4 000	SC.95	7级	700	5 000		

SC.96（1906）丙午川十文 / 地方龙八火焰　　　　　　　　SC.96a（1906）丙午川十文 / 地方龙九尾

SC.97（1906）丙午川十文 / 地方龙无连接号　　　　　　　SC.98（1909）丙午川十文错配宣统地方龙

SC.99（1909）己酉川十文错满文 / 地方龙　　　　　　　　SC.100（1909）己酉川十文错满文 / 地方龙九尾

SC.101（1909）己酉川十文 / 地方龙类

正满文　　　错满文

宣统年造　　地方龙类　　各类点 / 片云

九尾

	级别	普品	极美	近未使用	未使用		级别	普品	极美	近未使用	未使用
SC.96	7 级	500	3 000			SC.96a	7 级	600	4 000		
SC.97	7 级	500	3 000			SC.98	5 级	4 000	20 000		
SC.99	8 级	150	600	2 000	8 000	SC.100	6 级	1 000	8 000		
SC.101	10 级	50	300	1 000	4 500						

光绪无连接号　　宣统无连接号

错英文　　错英文

SC.102（1909）己酉川十文 / 地方龙类，黄铜

SC.103（1909）己酉川十文 / 地方龙无连接号　　　　SC.104（1909）己酉川十文 / 各类错英文

仿部颁龙　　粗眉正嘴　　歪嘴地方龙

SC.105（1906）丙午川二十文 / 仿部颁

SC.106（1906）丙午川二十文 / 粗眉正嘴　　　　SC.107（1906）丙午川二十文 / 歪嘴地方龙

	级别	普品	极美	近未使用	未使用		级别	普品	极美	近未使用	未使用
SC.102	8 级	300	3 000			SC.104	6 级	800	5 000		
SC.103	7 级	500	3 000								
SC.105	7 级	800	4 000	15 000							
SC.106	8 级	300	1 500	4 000		SC.107	9 级	150	800	2 000	8 000

错满文　　正满文

SC.108（1909）己酉川二十文错满文/地方龙

SC.109（1909）己酉川二十文/地方龙　　　　SC.110（1909）己酉川二十文/地方龙，黄铜

—— 四川合面合背 ——

SC.111（1906）丙午川五文合面　　　　SC.112（1906）五文部颁龙/地方龙合背

—— 四川篇·民国（SCJ）——

四川民国铜元系列

四川民国铜元品种丰富包含醒狮、军政府造中花、贰百文双旗、嘉禾、边铸、梅花铜辅币系列。通用铜币/当钱二十因铸地未明鲜有记载，近年因民国元年四川綦江锡合金代用币的出现得以证明铸地四川。四川民国版式除了军政府造中花系列外，其他系列版式相对比较单一。由于本书篇幅有限，故将军政府造中花系列分大类介绍。另中国钱币博物馆藏有军政府造中花元年留档样币一套。

SCJ.01a（1912）通用铜币/当钱二十

级别	普品	极美	近未使用	未使用
SC.108	8级	300	1 500	4 000	15 000
SC.109	9级	150	800	2 000	9 000
SC.111	1级	无定价			
SCJ.01a	5级	4 500	8 000	15 000	

级别	普品	极美	近未使用	未使用
SC.110	9级	500	3 000	8 000	
SC.112	1级	无定价			

四川民国醒狮系列

SCJ.01（1912）醒狮俯视高尾

SCJ.02（1912）醒狮仰视

SCJ.03（1912）异版醒狮

俯视高尾　仰视

 异版醒狮
俯视低尾　醒狮散尾

SCJ.04（1912）醒狮散尾，黄铜

SCJ.04a（1912）醒狮散尾

SCJ.05a（1912）醒狮俯视低尾

SCJ.05（1912）官局五文龙/醒狮合背

级别	普品	极美	近未使用	未使用		级别	普品	极美	近未使用	未使用
SCJ.01	6级		5 000	10 000	25 000	SCJ.02	6级		5 000	10 000	25 000
SCJ.03	4级			20 000	60 000						
SCJ.04	2级			250 000		SCJ.04a	5级		8 000	12 000	40 000
SCJ.05a	5级		8 000	12 000	40 000	SCJ.05	2级			250 000	

军政府造四川铜币系列

SCJ.06（1912）军政府五文

SCJ.07（1912）元年十文，黄铜

SCJ.08（1912）珠圈版十文，黄铜

SCJ.09（1912）元年十文

SCJ.10（1913）二年三花十文，黄铜

十文　　民国元年　　珠圈版

民国二年三花　　点金　　横金

SCJ.11（1913）二年点金十文，黄铜

SCJ.12（1913）二年横金十文，黄铜

级别	普品	极美	近未使用	未使用		级别	普品	极美	近未使用	未使用
SCJ.06	7级		1 500	3 500	8 000	SCJ.07	10级	10	200	400	3 000
SCJ.08	8级	200	2 500			SCJ.09	6级	500	2 000	4 000	30 000
SCJ.10	4级	3 000	25 000								
SCJ.11	9级	50	250	500	4 000	SCJ.12	10级	20	200	400	3 500

SCJ.13（1912）小字面元年二十文，黄铜　　　　　　　　SCJ.14（1912）小字面元年二十文

SCJ.15（1912）元年方头汉二十文，黄铜　　　　　　　　SCJ.15a（1912）元年方头汉二十文，黄铜，样币

普版汉　　方头汉

连水汉　　六笔水

SCJ.16（1912）元年六笔水二十文，黄铜

SCJ.17（1912）元年连水汉二十文，黄铜　　　　　　　　SCJ.18（1912）大字面元年二十文，黄铜

级别	普品	极美	近未使用	未使用		级别	普品	极美	近未使用	未使用
SCJ.13	9级	50	150	300	2 000	SCJ.14	8级	100	300	500	2 500
SCJ.15	8级	100	300	500	2 500	SCJ.15a	2级				无定价
SCJ.16	7级	200	1 500								
SCJ.17	8级	150	3 500			SCJ.18	7级	200	1 000		

民国二年　　三花

小字面　　大字面

SCJ.19（1913）小字面二年十二文，黄铜

SCJ.20（1913）小字面二年三花十二文，黄铜　　　**SCJ.21（1913）大字面二年三花十二文，黄铜**

民国三年

大字面　　小字面

SCJ.22（1913）大字面二年十二文，黄铜

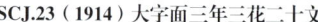

SCJ.23（1914）大字面三年三花十二文　　　**SCJ.24（1914）小字面三年三花十二文，黄铜**

级别	普品	极美	近未使用	未使用		级别	普品	极美	近未使用	未使用
SCJ.19	9级	50	200	500						
SCJ.20	8级	200	600			SCJ.21	8级	150	800	
SCJ.22	6级	400	2 000							
SCJ.23	8级	150	800			SCJ.24	6级	450	2 500	

SCJ.25（1912）小字面元年五十文，黄铜　　　　　　　　SCJ.26（1912）小字面元年五十文

五十文　　民国元年

大字面　　小字面　　小字面宽距

SCJ.27（1912）小字面宽字距五十文，黄铜或红铜

SCJ.28（1912）大字面元年五十文，黄铜　　　　　　　　SCJ.29（1913）小字面二年五十文，黄铜

民国二年

三花

SCJ.30（1913）小字面二年三花五十文，黄铜

	级别	普品	极美	近未使用	未使用
SCJ.25	10级	30	200	400	2 500
SCJ.27	10级	30	200	400	2 500
SCJ.28	6级	400	2 000		
SCJ.30	6级	400	2 000		

	级别	普品	极美	近未使用	未使用
SCJ.26	9级	50	300	500	3 000
SCJ.29	7级	200	1 200		

小字面　　大字面　　特大字面

SCJ.31（1913）大字面二年三花五十文，黄铜或红铜

SCJ.32（1913）特大字面二年三花五十文，黄铜　　　　SCJ.33（1913）特大字面二年五十文，黄铜

民国三年

大字面　　特大字面

SCJ.34（1914）三年三花五十文

SCJ.35（1914）大字面三年三花五十文，黄铜　　　　SCJ.36（1914）特大字面三年三花五十文，黄铜

	级别	普品	极美	近未使用	未使用		级别	普品	极美	近未使用	未使用
SCJ.31	9 级	50	300	500	3 000						
SCJ.32	9 级	50	350	600	4 000	SCJ.33	6 级		400	2 000	
SCJ.34	7 级	300	1 000								
SCJ.35	9 级	50	350	600	4 000	SCJ.36	6 级		500	2 500	

SCJ.37（1913）大字面二年一百文　　　　　　　　SCJ.38（1913）大字面二年一百文，黄铜

壹百文　　　民国二年

SCJ.39（1913）小字面二年一百文，黄铜　　　小字面　　大字面　　宽字距

SCJ.40（1913）宽字距二年一百文，黄铜或红铜　　　　SCJ.41（1913）二年三花一百文，黄铜

民国三年

SCJ.42（1914）三年一百文

	级别	普品	极美	近未使用	未使用		级别	普品	极美	近未使用	未使用
SCJ.37	10级	30	200	400	2 500	SCJ.38	10级	30	200	400	2 500
SCJ.39	9级	50	200	500	3 000						
SCJ.40	10级	30	200	400	2 500	SCJ.41	8级	100	600	1 000	
SCJ.42	8级	150	800	1 200							

四川军政府特殊版

因制造铜币有厚利可图，除四川成都造币厂外，当时割据四川、甘肃各地的大小军阀也大量仿制篆书"汉"字四川铜币。有的地方没有造币厂，也无力购买造币机器设备，因陋就简采用晚清时期即已淘汰的传统翻砂法铸造，这种土法铸造的四川沙版铜币现今还较为常见，由于非机制币，本书不作详细介绍。本书选择两版有代表性的机制母钱（手摇机压制）简单介绍，凹槽边均为车铣后加工用于翻砂，存世皆稀少。

SCJ.42a（1914）四川铜币中心都，机制母钱

SCJ.42b（1914）四川铜币，机制母钱　　　　SCJ.43（1912）四川铜币五十文合面

四川民国贰百文双旗系列

SCJ.44（1913）贰百文曲缨　　　　SCJ.45（1913）贰百文曲缨，黄铜

SCJ.46（1913）贰百文直缨，黄铜　　　　SCJ.47（1913）贰百文直缨

	级别	普品	极美	近未使用	未使用		级别	普品	极美	近未使用	未使用
SCJ.42a	2级		120 000								
SCJ.42b	3级		80 000			SCJ.43	4级		100 000		
SCJ.44	10级	50	500	1 500	6 000	SCJ.45	7级	200	800	8 000	50 000
SCJ.46	9级	700	2 000	8 000	50 000	SCJ.47	9级	800	5 000		

四川民国嘉禾系列

SCJ.48（1926）十五年无川铭五十文

民国十五年嘉禾无川铭系列

民国十五年嘉禾无川铭系列属试样性质，未正式发行，图文样式与流通币相仿，惟币面、背中央无纪地纪值，坯型也略大。此类币属四川嘉禾铜元正式铸发前的设计试样，或因纹饰过于复杂精细和坯型过大而未被采用。另藏界也有因未铸"川"字地名而被弃用之说。民国十五年四川嘉禾铜元试样，传世见有一百文、五十文两等面值，均极珍罕。一百文目前已知存世两枚，1994年香港泰星钱币拍卖拍出一枚，为已故马来西亚华侨收藏家黄元文先生旧藏，图示为马定祥先生旧藏，未见有其他收藏披露，其珍至极；五十文据马老弟子施新彪先生考证，迄今发现计有六枚，实属珍罕。

SCJ.49（1926）十五年无川铭一百文

SCJ.50（1926）川铭五十文，红铜或黄铜

SCJ.51（1926）川铭一百文，黄铜或红铜

SCJ.52（1926）川铭贰百文，红铜或黄铜

	级别	普品	极美	近未使用	未使用		级别	普品	极美	近未使用	未使用
SCJ.48	2级				400 000						
SCJ.49	1级				无定价	SCJ.51	9级	50	200	400	3 500
SCJ.50	8级		800	2 500	15 000						
SCJ.52	10级	30	200	600	3 500						

四川民国中心川边铸系列

SCJ.53（1926）十五年边铸，黄铜　　　　　　　　SCJ.53a（1926）十五年边铸

SCJ.54（1930）十五年错配十九年背，黄铜

民国十五年　民国十九年　　小字边铸 / 大字边铸

十五年边铸背　十九年边铸背　　人此 / 入此

SCJ.55（1930）十九年边铸，黄铜　　　　　　　　SCJ.56（1930）十九年边铸

SCJ.57（1930）十九年边铸入此，黄铜　　　　　　SCJ.58（1930）十九年大字边铸入此，黄铜

	级别	普品	极美	近未使用	未使用		级别	普品	极美	近未使用	未使用
SCJ.53	5级		35 000	60 000	150 000	SCJ.53a	4级		45 000	80 000	180 000
SCJ.54	4级		50 000								
SCJ.55	6级		12 000	25 000	120 000	SCJ.56	5级		25 000	40 000	150 000
SCJ.57	5级		20 000			SCJ.58	4级		30 000		

四川民国梅花铜辅币系列

SCJ.59（1930）梅花壹分，黄铜

民国十九年梅花铜辅币系列

民国十九年梅花铜辅币系列属试样性质，未正式发行。1930年成都厂按《国币条例》，试制了一分、二分"梅花党徽铜辅币"，期使铜元转变为银币的辅币，然而与民众的使用不符，因此没有发行而留有样币存世，数量稀少，为民国四川铜圆大珍。最早记载出现于1942年第95次上海泉币学社例会。梅花壹分黄铜目前已知存世数枚，其中梅花壹分黄铜加厚版（3.9毫米）和梅花壹分黄铜中穿目前为仅见品。梅花贰分黄铜目前仅见二枚，梅花贰分红铜也有薄/厚版之分，薄版几乎都有复打现象字有重叠，厚版贰分的所见数量略多，其中梅花贰分中穿目前为仅见品。梅花贰分目前所见最佳品相为2008年香港诺曼·亚克斯集藏钱币专场拍卖拍出（下图），可能为伍德华先生旧藏。

SCJ.60（1930）梅花壹分，黄铜，厚坯

SCJ.61（1930）梅花壹分，有穿，黄铜

SCJ.62（1930）梅花贰分

SCJ.63（1930）梅花贰分，黄铜

SCJ.64（1930）梅花贰分，有穿

	级别	普品	极美	近未使用	未使用		级别	普品	极美	近未使用	未使用
SCJ.59	2级				300 000						
SCJ.60	1级				无定价						
SCJ.61	2级				300 000	SCJ.62	3级			180 000	250 000
SCJ.63	2级				250 000	SCJ.64	2级				250 000

四川篇·马兰（SCM）

SCM.01 回首马 / 孙中山像，白铜

四川马兰

从目前所知四川马兰的一百多个品种来看，除了石束兰较常见外，其他品种大都数量稀少。因马兰钱地域性极强，有别于一般流通的铜板，能深入了解的人不多。编者根据多年的收藏经验，将相对少见的品种总结如下：从材质来讲，白铜、银质、画珐琅和镀银的；从图案来讲，孙中山像、动物类（除马以外）、方舟制赠、阿拉伯数字、折枝梅花、牡丹、佛教万字的；其他如合背合面、齿边的。作为四川铜元不可或缺的组成部分，我们并没有简单地当成一般的代用币来对待，这样也能更好地体现四川铜元的鉴赏性和完整性。具体参见《幽兰识四川马兰钱币鉴赏》一书。

SCM.02 古今君子 / 方舟制赠，黄铜

SCM.02a 杜鹃花 / 方舟制赠，黄铜　　　　　　**SCM.03 水牛 / 杜鹃花，黄铜**

SCM.04 珠圈大回首马 / 嘉禾五角星，红铜或黄铜　　**SCM.04a 珠圈回首马 / 嘉禾五角星，红铜或黄铜**

级别	普品	极美	近未使用	未使用
SCM.01	1级		无定价		
SCM.02	4级		100 000		
SCM.02a	3级		150 000		
SCM.04	4级		70 000		

级别	普品	极美	近未使用	未使用
SCM.03	5级		100 000		
SCM.04a	5级		50 000		

SCM.04b 珠圈俯首马 / 嘉禾五角星，红铜或黄铜　　　　　SCM.04c 珠圈俯首马 / 嘉禾五角星，银质

SCM.04d 珠圈俯首马 / 嘉禾五角星，白铜　　　　　SCM.05 仙鹤 / 牡丹，有穿或满穿，白铜

SCM.05a 仙鹤 / 牡丹，满穿或有穿，黄铜　　　　　SCM.06 青蚨飞去复飞来 / 牡丹，有穿或满穿

SCM.07 青蚨飞去复飞来 / 牡丹，满穿或有穿，黄铜　　　　　SCM.08 青蚨飞去复飞来 / 牡丹，满穿或有穿，白铜

	级别	普品	极美	近未使用	未使用		级别	普品	极美	近未使用	未使用
SCM.04b	5级		30 000			SCM.04c	2级		200 000		
SCM.04d	3级		100 000			SCM.05	3级		150 000		
SCM.05a	3级		150 000			SCM.06	4级		120 000		
SCM.07	4级		120 000			SCM.08	3级		150 000		

SCM.09 半身马，黄铜　　　　　　　　　　　　SCM.10 俯首马合面，红铜或黄铜

SCM.10a 回首马合面，黄铜　　　　　　　　　SCM.11 嘉禾 / 石束兰合背

SCM.12 回首马 / 党徽梅花，黄铜或红铜　　　SCM.12a 回首马 / 党徽梅花类，白铜

SCM.13 俯首马 / 嘉禾，画珐琅　　　　　　　SCM.14 俯首马 / 佛教万字，黄铜

	级别	普品	极美	近未使用	未使用		级别	普品	极美	近未使用	未使用
SCM.09	2 级		150 000			SCM.10	5 级		70 000		
SCM.10a	2 级		100 000			SCM.11	3 级		80 000		
SCM.12	4 级		120 000			SCM.12a	4 级		100 000		
SCM.13	3 级		100 000			SCM.14	5 级		60 000		

SCM.15 俯首卷尾马 / 佛教万字，白铜　　　　　　SCM.15a 俯首卷尾马 / 佛教万字，黄铜

SCM.16 狮子戏绣球 / 兰花，黄铜

俯首马　　俯首卷尾马

三笔淳　　　五笔淳

SCM.17 回首马 / 德淳制赠三笔水淳，红铜或黄铜　　SCM.17a 回首马 / 德淳制赠五笔水淳，红铜或黄铜

SCM.17b 俯首马 / 德淳制赠三笔水淳，红铜或黄铜　　SCM.17c 俯首马 / 德淳制赠五笔水淳

	级别	普品	极美	近未使用	未使用		级别	普品	极美	近未使用	未使用
SCM.15	5 级		60 000			SCM.15a	5 级		60 000		
SCM.16	4 级		80 000								
SCM.17	6 级		30 000			SCM.17a	5 级		50 000		
SCM.17b	6 级		30 000			SCM.17c	5 级		30 000		

SCM.18 回首马 / 牡丹，红铜或黄铜　　　　　　　　　SCM.18a 回首马 / 牡丹，白铜

SCM.19 珠圈回首马 / 石束兰，白铜　　　　　　　　SCM.19a 珠圈回首马 / 石束兰，红铜或黄铜

SCM.20 回首马 / 石束兰，银质　　　　　　　　　　SCM.21 回首马 / 石束兰，红铜或黄铜

SCM.22 回首马 / 石束兰，齿边，白铜　　　　　　　SCM.22a 回首马 / 石束兰，齿边，黄铜

	级别	普品	极美	近未使用	未使用		级别	普品	极美	近未使用	未使用
SCM.18	5 级		60 000			SCM.18a	3 级		100 000		
SCM.19	3 级		60 000			SCM.19a	4 级		40 000		
SCM.20	2 级		100 000			SCM.21	9 级		10 000		
SCM.22	7 级		20 000			SCM.22a	7 级		15 000		

SCM.23 粗鬃回首马 / 石束兰，黄铜　　　　　　　　SCM.24 粗鬃回首马 / 石束兰，银质

SCM.25 细颈回首马 / 宽石束兰，红铜或黄铜　　　　SCM.26 细颈回首马 / 宽石束兰，白铜

　　　　　　　　　　　　　　　　　　　　　　　　回首马　　粗鬃　　细颈　　大马齿

SCM.26a 大马齿回首马 / 石束兰，红铜或黄铜

SCM.26b 大马齿细颈回首马 / 石束兰，白铜　　　　SCM.26c 大马齿细颈回首马 / 石束兰，银质

	级别	普品	极美	近未使用	未使用		级别	普品	极美	近未使用	未使用
SCM.23	8级		12 000			SCM.24	3级		100 000		
SCM.25	5级		30 000			SCM.26	4级		50 000		
SCM.26a	8级		15 000								
SCM.26b	6级		30 000			SCM.26c	3级		100 000		

SCM.27 大回首马 / 石束兰，红铜或黄铜　　　　　　SCM.28 大回首马粗珠圈 / 石束兰，黄铜

大回首马　　粗珠圈　　大眼

SCM.29 大眼回首马 / 石束兰，红铜或黄铜

SCM.30 俯首马 / 石束兰类，黄铜　　　　　　SCM.31 珠圈俯首马 / 石束兰类，黄铜或红铜

SCM.32 俯首马 / 石束兰，银质

	级别	普品	极美	近未使用	未使用		级别	普品	极美	近未使用	未使用
SCM.27	5级		50 000			SCM.28	4级		80 000		
SCM.29	5级		50 000								
SCM.30	8级		10 000			SCM.31	8级		12 000		
SCM.32	3级		80 000								

SCM.33 回首马 / 麦穗 "10"，黄铜　　　　　　　SCM.33a 大肚回首马 / 麦穗 "10"，红铜或黄铜

SCM.34 粗鬃回首马 / 麦穗 "10"，黄铜　　　　回首马　　　大肚　　　粗鬃

SCM.35 石束兰 / 麦穗 "10"，黄铜　　　　　　SCM.35a 回首马 / 麦穗 "2"，黄铜

SCM.36 珠圈俯首马 / 麦穗 "1"，黄铜　　　　　SCM.36a 马齿俯首马 / 麦穗 "1"，黄铜

级别	普品	极美	近未使用	未使用	级别	普品	极美	近未使用	未使用
SCM.33	5 级		70 000			SCM.33a	50 级		70 000	
SCM.34	4 级		80 000							
SCM.35	3 级		100 000			SCM.35a	2 级		150 000	
SCM.36	4 级		50 000			SCM.36a	4 级		50 000	

SCM.37 单面回首马，红铜或黄铜　　　　　　　　　　SCM.38 单面俯首马，红铜或黄铜

SCM.39 俯首马 / 嘉禾圈点，红铜或黄铜　　　　　　　SCM.39a 俯首马 / 珠圈嘉禾圈点

SCM.40 俯首马 / 嘉禾圈点，白铜

SCM.41 珠圈回首马 / 嘉禾圈点，黄铜　　　　　　　　SCM.42 珠圈大回首马 / 嘉禾圈点，黄铜或红铜

	级别	普品	极美	近未使用	未使用		级别	普品	极美	近未使用	未使用
SCM.37	8级		15 000			SCM.38	8级		15 000		
SCM.39	3级		80 000			SCM.39a	32级		80 000		
SCM.40	3级		100 000								
SCM.41	3级		100 000			SCM.42	3级		100 000		

SCM.43 俯首马／兰花，黄铜或红铜

SCM.44 俯首马／兰花，白铜　　　　　　　　SCM.44a 俯首马／兰花，银质

SCM.45 俯首马／兰花，齿边，白铜　　　　　SCM.45a 俯首马／兰花，齿边，黄铜

SCM.46 兰花合背　　　　　　　　　　　　　SCM.47 大眼马／兰花，黄铜或红铜

	级别	普品	极美	近未使用	未使用		级别	普品	极美	近未使用	未使用
SCM.43	9 级		10 000								
SCM.44	7 级		20 000			SCM.44a	3 级		80 000		
SCM.45	7 级		20 000			SCM.45a	7 级		20 000		
SCM.46	4 级		80 000			SCM.47	6 级		25 000		

圆瓣兰花类　　　凸瓣兰花

SCM.48 俯首马 / 圆瓣兰花，白铜

SCM.49 俯首马 / 凸瓣兰花，黄铜　　　　　　SCM.50 俯首马 / 凸瓣兰花，银质

SCM.51 俯首马 / 圆瓣兰花类，红铜或黄铜　　SCM.52 俯首马 / 大五角兰花，黄铜

SCM.53 俯首马 / 五角兰花，红铜或黄铜　　　SCM.54 俯首马 / 五角兰花，银质

	级别	普品	极美	近未使用	未使用		级别	普品	极美	近未使用	未使用
SCM.48	5级		40 000								
SCM.49	6级		25 000			SCM.50	3级		150 000		
SCM.51	6级		25 000			SCM.52	6级		40 000		
SCM.53	7级		20 000			SCM.54	3级		100 000		

SCM.55 俯首马 / 菊花

SCM.56 俯首马 / 菊花，白铜

SCM.57 俯首马 / 多叶菊花，白铜

多叶

SCM.58 回首马 / 麦穗，黄铜

SCM.59 俯首马 / 三角形，黄铜

SCM.60 奔马 / 徽章几何图，黄铜

SCM.61 反身马 / 石束兰，黄铜

	级别	普品	极美	近未使用	未使用		级别	普品	极美	近未使用	未使用
SCM.55	5级		50 000			SCM.56	6级		40 000		
SCM.57	6级		40 000								
SCM.58	2级		200 000			SCM.59	3级		150 000		
SCM.60	3级		120 000			SCM.61	4级		50 000		

SCM.62 反身马 / 兰花，黄铜　　　　　　　　　SCM.62a 反身马 / 兰花，白铜

SCM.63 回首马 / 梅花 "10"（原 SCM.15）

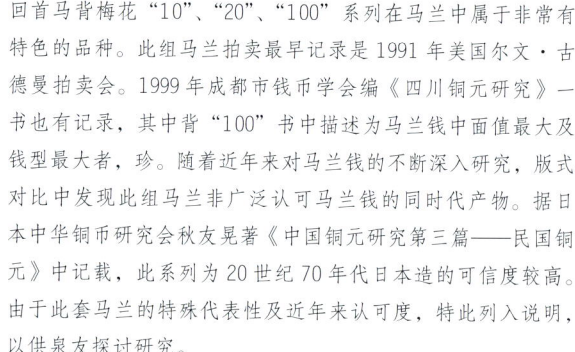

回首马背梅花 "10"、"20"、"100" 系列

回首马背梅花 "10"、"20"、"100" 系列在马兰中属于非常有特色的品种。此组马兰拍卖最早记录是 1991 年美国尔文·古德曼拍卖会。1999 年成都市钱币学会编《四川铜元研究》一书也有记录，其中背 "100" 书中描述为马兰钱中面值最大及钱型最大者，珍。随着近年来对马兰钱的不断深入研究，版式对比中发现此组马兰非广泛认可马兰钱的同时代产物。据日本中华铜币研究会秋友晃著《中国铜元研究第三篇——民国铜元》中记载，此系列为 20 世纪 70 年代日本造的可信度较高。由于此套马兰的特殊代表性及近年来认可度，特此列入说明，以供泉友探讨研究。

SCM.64 回首马 / 梅花 "10"，黄铜

SCM.65 回首马 / 梅花 "20"，黄铜或红铜　　　　SCM.66 回首马 / 梅花 "100"，红铜或黄铜

	级别	普品	极美	近未使用	未使用		级别	普品	极美	近未使用	未使用
SCM.62	4 级		50 000			SCM.62a	3 级		80 000		
SCM.63	6 级		15 000								
SCM.64	6 级		15 000								
SCM.65	6 级		20 000			SCM.66	5 级		30 000		

15
西藏篇

(XZ)

西藏，今西藏自治区，位于中国西南部边疆青藏高原，有"世界屋脊"之称。唐时为吐蕃，元朝时纳入元帝国版图。汉语"西藏"一词最早见诸康熙年记载，简称"藏"。

西藏从第一次试造币开始，直至1928年一直采用手工打制工艺制造薄片银币。宣统元年（1909年），西藏地方政府在拉萨北郊的"扎西"建造了一个造币厂，从印度购进小型造币机器，开创了西藏地方用机器制造钱币的历史。宣统元年，西藏地方政府正式发行以机器制造的银、铜套币，其中有两款宣统铜币（当藏银1/4钱、1/8钱）。钱币正面方框正中有火宝花图案，四周写有藏文"宣统元年"、币值等字样。宣统元年，西藏地方政府还用机器造了图案有狮子/火宝花的银、铜套币，其中铜币有启介铜币（当藏银七分五厘）、噶阿铜币（当藏银五分）、卡冈铜币（当藏银二分五厘）等三种，钱币正面为狮子图案，背面正中有火宝花图案，四周围绕藏历纪年（藏历15-43）、面值等字样。宣统二年（1910年）驻藏大臣联豫奏准制造"宣统宝藏"银、铜套币，其中藏银一分、五厘的两种铜元，面文宣统宝藏四字中文，此种币只流通不久因辛亥革命而停造，宣统宝藏铜元也是唯一有汉字的西藏铜币。

民国初年，西藏地方政府也和其他省份一样摒弃了前清的宝藏钱币，制造了计重制地方货币，1913年起几家造币厂相继开工，钱文改回藏文，并采用藏历纪年来制造银铜币，独具地方特色。西藏地区自古习用银质货币，作为银辅币的西藏铜币开造较晚，始造于宣统元年（藏历15-43，1909年），停造于1953年（藏历16-27），除了"宣统宝藏"有汉藏两种文字，其他铜币皆是藏文，文字内容主要是纪年和面值，民国西藏铜元依计重可分卡冈（二分半）、噶阿（五分）、启介（七分半）、雪康（一钱）、雪松（三钱）和雪阿（五钱）等六种，有不同年份与版别。西藏铜元由于设备、材料等原因导致版别众多，具体参见尹正民先生编著的《中国西藏钱币图录》一书。本篇所列以纲目年份钱为主。

宣统元年系列

XZ.1.1.1（1909）宣统元年 1/8 钱

XZ.1.1.2（1909）宣统元年 1/8 钱，银质

阿拉伯数字、藏文对照表

XZ.1.1.3（1909）宣统元年 1/8 钱，边无星

XZ.1.1.4（1909）宣统元年 1/8 钱，样币

XZ.1.2.1（1909）宣统元年 1/4 钱

XZ.1.2.2（1909）宣统元年 1/4 钱，样币

	级别	普品	极美	近未使用	未使用		级别	普品	极美	近未使用	未使用
XZ.1.1.1	6 级	6 000	12 000								
XZ.1.1.2	1 级			无定价							
XZ.1.1.3	2 级			无定价		XZ.1.1.4	1 级			无定价	
XZ.1.2.1	8 级	2 500	8 000	20 000		XZ.1.2.2	1 级			无定价	

火宝花图系列

二分半（卡冈）、五分（噶阿）、七分半（启介）

XZ.2.1（1909）火宝花卡冈，藏历 15-43

XZ.2.2（1909）火宝花噶阿，藏历 15-43

XZ.2.3（1909）火宝花启介，藏历 15-43

宣统宝藏系列

XZ.3.1（1910）宣统宝藏，半分

XZ.3.2（1910）宣统宝藏，壹分

仰头狮　　回头狮

	级别	普品	极美	近未使用	未使用		级别	普品	极美	近未使用	未使用
XZ.2.1	7级	4 000	8 000	30 000	60 000	XZ.2.2	4级	12 000	45 000		
XZ.2.3	7级	4 500	15 000	50 000							
XZ.3.1	4级	10 000	40 000			XZ.3.2	7级	5 000	10 000		

法轮"卡冈"（二分半）系列
夺底厂（仰头狮）

XZ.4.1.1（1913）法轮卡冈，藏历 15–47

XZ.4.1.2（1914）法轮卡冈，藏历 15–48

XZ.4.1.3（1915）法轮卡冈，藏历 15–49

XZ.4.1.4（1916）法轮卡冈，藏历 15–50

XZ.4.1.5（1917）法轮卡冈，藏历 15–51

XZ.4.1.6（1918）法轮卡冈，藏历 15–52

梅吉厂（回头狮）

XZ.4.2.1（1913）法轮卡冈，藏历 15–47，回头狮

XZ.4.2.2（1914）法轮卡冈，藏历 15–48，回头狮

	级别	普品	极美	近未使用	未使用		级别	普品	极美	近未使用	未使用
XZ.4.1.1	9 级	700	2 000	4 000		XZ.4.1.2	9 级	700	2 000		
XZ.4.1.3	8 级	1 500	4 000			XZ.4.1.4	8 级	1 200	3 000		
XZ.4.1.5	7 级	8 000	20 000			XZ.4.1.6	8 级	1 200	3 000		
XZ.4.2.1	2 级		无定价			XZ.4.2.2	9 级	700	2 000		

"噶阿"（五分）"噶钦"（大五分）系列
夺底厂（仰头狮）

XZ.5.1.1（1913）噶钦，藏历 15-47

XZ.5.1.2（1914）噶钦，藏历 15-48

XZ.5.1.3（1915）噶钦，藏历 15-49

XZ.5.1.4（1916）噶钦，藏历 15-50

XZ.5.1.5（1917）噶钦，藏历 15-51

XZ.5.1.6（1918）噶钦，藏历 15-52

梅吉厂（回头狮）

XZ.5.2.1（1914）噶钦，藏历 15-48，回头狮

XZ.5.2.2.1（1915）噶钦，藏历 15-49，回头狮

	级别	普品	极美	近未使用	未使用		级别	普品	极美	近未使用	未使用
XZ.5.1.1	8级	800	3 000	5 000	10 000	XZ.5.1.2	10级	300	1 200		
XZ.5.1.3	10级	300	1 200	3 500		XZ.5.1.4	10级	300	1 200		7 000
XZ.5.1.5	10级	300	1 200			XZ.5.1.6	10级	300	1 200		
XZ.5.2.1	10级	300	1 200			XZ.5.2.2.1	10级	300	1 200	3 500	

XZ.5.2.2.2（1915）噶钦，藏历 15-49，回头狮面无点　　　　　XZ.5.2.3（1916）噶钦，藏历 15-50，回头狮

XZ.5.2.4（1917）噶钦，藏历 15-51，回头狮　　　　　XZ.5.2.5（1918）噶钦，藏历 15-52，回头狮

四瓣"卡冈"（二分半）系列

XZ.6.1（1918）四瓣卡冈，藏历 15-52　　　　　XZ.6.2（1918）四瓣卡冈，藏历 15-53

小"卡冈"样币

XZ.6.3（1918）四瓣卡冈，藏历 15-55　　　　　XZ.7（1924）小卡冈，藏历 15-58

	级别	普品	极美	近未使用	未使用		级别	普品	极美	近未使用	未使用
XZ.5.2.2.2	7 级	2 500				XZ.5.2.3	10 级	300	1 200		
XZ.5.2.4	10 级	300	1 200			XZ.5.2.5	10 级	300	1 200		
XZ.6.1	8 级	3 000	9 000			XZ.6.2	8 级	3 000	9 000	13 000	
XZ.6.3	8 级	4 000	12 000			XZ.7	2 级		无定价		

"噶阿"（五分）"噶穷"（小五分）系列

XZ.8.1（1918）噶穷，藏历 15–52

XZ.8.2（1919）噶穷，藏历 15–53

XZ.8.3（1920）噶穷，藏历 15–54

面值带点

XZ.8.4.1（1921）噶穷，藏历 15–55

XZ.8.4.2（1921）噶穷，藏历 15–55，面值有点

XZ.8.5.1（1922）噶穷，藏历 15–56

XZ.8.5.2（1922）噶穷，藏历 15–56，面值有点

级别	普品	极美	近未使用	未使用		级别	普品	极美	近未使用	未使用
XZ.8.1	10 级	70	200	800		XZ.8.2	10 级	70	200	800	
XZ.8.3	10 级	70	200	800	2 000						
XZ.8.4.1	10 级	70	200	800	2 000	XZ.8.4.2	9 级	150	500		
XZ.8.5.1	10 级	70	200	800		XZ.8.5.2	9 级	150	500		

"启介"（七分半）系列

XZ.9.1（1918）启介，藏历 15-52

XZ.9.2（1919）启介，藏历 15-53

XZ.9.3（1920）启介、藏历 15-54

XZ.9.4（1921）启介，藏历 15-55

XZ.9.5（1922）启介，藏历 15-56

XZ.9.6（1926）启介，藏历 15-60

"雪康"（一钱）横写"雪康"系列
夺底厂（有点）

XZ.10.1（1918）横雪康，藏历 15-52，初版无点

	级别	普品	极美	近未使用	未使用		级别	普品	极美	近未使用	未使用
XZ.9.1	9 级	200	1 000	1 600	5 000	XZ.9.2	10 级	70	800	1 300	
XZ.9.3	10 级	70	800	1 300	3 000	XZ.9.4	10 级	70	800	1 300	
XZ.9.5	10 级	70	800	1 300	3 000	XZ.9.6	8 级	2 000			
XZ.10.1	9 级	800	2 000	5 000	10 000						

XZ.10.2（1919）横雪康，藏历 15-53，有点　　　　　　　　XZ.10.3（1920）横雪康，藏历 15-54，有点

XZ.10.4（1921）横雪康，藏历 15-55，有点　　　　　　　　XZ.10.5（1922）横雪康，藏历 15-56，有点

XZ.10.6（1923）横雪康，藏历 15-57，有点　　　　　　　　XZ.10.7（1924）横雪康，藏历 15-58，有点

XZ.10.8（1925）横雪康，藏历 15-59，有点　　　　　　　　XZ.10.9（1926）横雪康，藏历 15-60，有点

	级别	普品	极美	近未使用	未使用		级别	普品	极美	近未使用	未使用
XZ.10.2	5级		无定价			XZ.10.3	10级	30	200	400	1 200
XZ.10.4	10级	30	200	400	1 200	XZ.10.5	10级	30	200	400	1 200
XZ.10.6	10级	30	200	400	1 200	XZ.10.7	10级	30	200	400	1 200
XZ.10.8	10级	30	200	400	1 200	XZ.10.9	10级	30	200	400	1 200

XZ.10.10（1927）横雪康，藏历 16-1，有点　　　　　　XZ.10.11（1928）横雪康，藏历 16-2，有点

梅吉厂（无点）

XZ.11.1（1918）横雪康，藏历 15-52　　　　　　XZ.11.2（1919）横雪康，藏历 15-53

XZ.11.3（1920）横雪康，藏历 15-54　　　　　　XZ.11.4（1921）横雪康，藏历 15-55

XZ.11.5（1922）横雪康，藏历 15-56　　　　　　XZ.11.6（1923）横雪康，藏历 15-57

	级别	普品	极美	近未使用	未使用		级别	普品	极美	近未使用	未使用
XZ.10.10	10 级	30	200	400	1 200	XZ.10.11	10 级	30	200	400	1 200
XZ.11.1	10 级	30	200	400	1 200	XZ.11.2	10 级	30	200	400	1 200
XZ.11.3	10 级	30	200	400	1 200	XZ.11.4	10 级	30	200	400	1 200
XZ.11.5	10 级	30	200	400	1 200	XZ.11.6	10 级	30	200	400	1 200

XZ.11.7（1924）横雪康，藏历 15-58　　　　　　　　　XZ.11.8（1925）横雪康，藏历 15-59

XZ.11.9（1926）横雪康，藏历 15-60　　　　　　　　　XZ.11.10（1927）横雪康，藏历 16-1

XZ.11.11（1928）横雪康，藏历 16-2

"横雪康"样币

XZ.12.1（1923）横雪康样币，藏历 15-57　　　　　　　XZ.12.2（1927）横雪康样币，藏历 16-1

	级别	普品	极美	近未使用	未使用		级别	普品	极美	近未使用	未使用
XZ.11.7	10 级	30	200	400	1 200	XZ.11.8	10 级	30	200	400	1 200
XZ.11.9	10 级	30	200	400	1 200	XZ.11.10	10 级	30	200	400	1 200
XZ.11.11	10 级	30	200	400	1 200						
XZ.12.1	2 级				120 000	XZ.12.2	2 级				120 000

"雪康"（一钱）竖写"雪康"系列

横雪康　　竖雪康　　新雪康

XZ.13.1（1922）竖雪康，藏历 15-56

XZ.13.2（1923）竖雪康，藏历 15-57

XZ.13.3（1924）竖雪康，藏历 15-58

XZ.13.4（1925）竖雪康，藏历 15-59

XZ.13.5（1926）竖雪康，藏历 15-60

XZ.13.6（1927）竖雪康，藏历 16-1

XZ.13.7（1928）竖雪康，藏历 16-2

级别	普品	极美	近未使用	未使用		级别	普品	极美	近未使用	未使用
XZ.13.1	10 级	50	200	500	1 500					
XZ.13.2	10 级	50	200	500	1 500	XZ.13.3	10 级	50	200	500	1 500
XZ.13.4	10 级	50	200	500	1 500	XZ.13.5	10 级	50	200	500	1 500
XZ.13.6	10 级	50	200	500	1 500	XZ.13.7	10 级	50	200	500	1 500

"雪康"（一钱）新"雪康"系列

XZ.14.1.1（1932）新雪康，藏历 16-6

XZ.14.1.2（1932）新雪康，藏历 16-6，试样，银质

XZ.14.1.3（1932）新雪康，藏历 16-6，试样

XZ.14.2（1932）新雪康，藏历 16-7

XZ.14.3（1933）新雪康，藏历 16-8

XZ.14.4（1934）新雪康，藏历 16-9

XZ.14.5（1935）新雪康，藏历 16-10

	级别	普品	极美	近未使用	未使用		级别	普品	极美	近未使用	未使用
XZ.14.1.1	10 级	50	100	300	1 000	XZ.14.1.2	1 级			120 000	
XZ.14.1.3	2 级			无定价							
XZ.14.2	10 级	50	150	250	800	XZ.14.3	10 级	50	150	300	1 000
XZ.14.4	10 级	20	150	250	600	XZ.14.5	10 级	20	150	250	800

XZ.14.6（1936）新雪康，藏历 16–11　　　　　　　XZ.14.7（1937）新雪康，藏历 16–12

―――― "雪松"（三钱）系列 ――――

XZ.14.8 新雪康，藏历 16–16，错版　　　　　　　单线云　　双线云

XZ.15.1（1946）雪松，藏历 16–20，单线云　　　　XZ.15.2（1946）雪松，藏历 16–20，双线云

―――― "雪阿"（五钱）系列 ――――

XZ.16.1.1（1947）雪阿，藏历 16–21　　　　　　　XZ.16.1.2（1947）雪阿，藏历 16–21，双山峰

级别	普品	极美	近未使用	未使用		级别	普品	极美	近未使用	未使用
XZ.14.6	10 级	50	150	250	800	XZ.14.7	10 级	80	150	300	1 000
XZ.14.8	7 级	1 000	3 000	7 000	15 000						
XZ.15.1	8 级	300	1 500	3 000	9 000	XZ.15.2	7 级	1 500	5 000	10 000	
XZ.16.1.1	10 级	100	200	400	1 200	XZ.16.1.2	10 级	150	400	1 000	2 000

16　21　　山顶无云　　狮下线

XZ.16.2.1（1948）雪阿，藏历 16–22

XZ.16.2.2（1948）雪阿，藏历 16–22，狮下线

XZ.16.2.3（1948）雪阿，藏历 16–22，山顶无云

XZ.16.3.1（1949）雪阿，藏历 16–23，双日

XZ.16.3.2（1949）雪阿，藏历 16–23，日月

XZ.16.4.1（1950）雪阿，藏历 16–24，双日

XZ.16.4.2（1950）雪阿，藏历 16–24，双日 3 改 4

	级别	普品	极美	近未使用	未使用		级别	普品	极美	近未使用	未使用
						XZ.16.2.1	10 级	100	200	400	1 200
XZ.16.2.2	9 级	200	1 000	1 800		XZ.16.2.3	9 级	300	1 800		
XZ.16.3.1	10 级	100	200	400	1 200	XZ.16.3.2	10 级	150	400	1 000	
XZ.16.4.1	9 级	200	1 000	1 800		XZ.16.4.2	9 级	250	1 200		

XZ.16.4.3（1950）雪阿，藏历 16-24，日月　　　　　　　XZ.16.4.4（1950）雪阿，藏历 16-24，日改月

日改月　　　　　23　　　　　3 改 4

24　　　　　4 改 5　　　　　25

XZ.16.4.5（1950）雪阿，藏历 16-24，日改月 3 改 4

XZ.16.5.1（1951）雪阿，藏历 16-25　　　　　　　XZ.16.5.2（1951）雪阿，藏历 16-25，4 改 5

XZ.16.6（1952）雪阿，藏历 16-26　　　　　　　　XZ.16.7（1953）雪阿，藏历 16-27

	级别	普品	极美	近未使用	未使用		级别	普品	极美	近未使用	未使用
XZ.16.4.3	10 级	100	200	400	1 200	XZ.16.4.4	10 级	150	300	600	1 800
XZ.16.4.5	8 级	500	2 800								
XZ.16.5.1	10 级	100	200	400	1 200	XZ.16.5.2	10 级	150	400	1 000	
XZ.16.6	10 级	200	400	800	2 400	XZ.16.7	10 级	150	300	600	1 800

16 新疆篇

(XJ)

新疆，今新疆维吾尔自治区，位于中国西北边疆，古称西域，西汉时设立西域都护府，纳入管辖，清光绪年间置新疆省，简称"新"。

新疆喀什银圆局于光绪三十一年（1905年）仿照他省光绪元宝式样，铸造了新疆喀什版的龙洋。背面取消伊斯兰风格的图文花饰，而代之以仿自内地龙洋背面的蟠龙纹。铸造银圆的同时试造"喀什光绪元宝当十"铜元，面维吾尔文意为"回历1323（1905年）喀什噶尔"与"十个钱"；背面则沿用"边四点花"银币背龙。此枚铜币应是新疆最早的铜元。光绪二十三年（1897年），巡抚饶应祺在奏请向德国购买设备成立机器局造军火。机器局先建于迪化（今乌鲁木齐）三屯碑，翌年迁至水磨沟，为新疆有现代机器之始。光绪三十三年（1907年）新疆布政使王树枏在机器局内筹设银圆局，开始铸造金银币。同时生产了新十机制方孔制钱与新省光绪元宝铜元，该铜币面文系以银两作价，意在新疆建立以银两为本位、铜元为辅币的新币制。宣统元年（1909年）将铜元改为兑换红钱制钱系统的大钱"宣统元宝当红钱十文"，从宣统元年到三年，新疆迪化局每年都发行坐龙铜元。

民国建立后，迪化局立即在民国元年（1912年，岁次壬子）将清代龙图铜元改成双旗（共和五色国旗）的壬子十文铜币。民国二年（1913年）改造"新疆通宝双旗"十文、二十文铜元，五色国旗改成正确的横条。民国十年（1921年）迪化局试制了新疆铜元的十珍之一的辛酉十文。民国十七年（1928年）北伐成功全国统一，国民政府取代了北洋政府，迪化铜元局也从民国十八年（岁次己巳）重新开造"己巳新疆省城造"十文、二十文铜元，币背的双旗也换成当时的青天白日满地红国旗与国民党的党旗。民国十九年（岁次庚午），迪化局最后制造了"庚午新疆省城造"十文、二十文铜元。远在西部边陲的喀什造币厂自民国元年到五年制造有地方特色的"民国"银铜元，后又断断续续生产到民国二十三年（1934年）才完全停造。制造的银铜元数量较大、版别较多、图文朴拙，具有典型新疆地方特色。如喀造单旗五文与十文、喀造双旗五文与十文、洪宪铜币十文、民国铜元十文、各类"丙辰、十年、十一年、戊辰、己巳、庚午、癸酉纪年"铜元等。民国元年（1912年），阿克苏地方政府也设立铜元厂，在民国三年才改用半机械来打制新疆阿造铜元，但隔年就关厂了，在新疆铜元三厂中铸期最短。新疆铜币由于设备、材料等原因导致版别众多，目前已有多部专著进行深入研究与分类。本篇所列以纲目年份钱为主。

新疆省造光绪通宝机制方孔制钱系列

新疆省造机制制钱

光绪三十三年（1907年）五月，新疆布政使王树枏在迪化（今乌鲁木齐）城外水磨沟机器局内筹设银圆局。据悉新疆的有些造币设备由德国苏勒厂（Schuler）承制，初期币模则委托拜赫厂（Otto Beh）雕刻，目前发现"光绪通宝新十"机制方孔制钱原模存世。后因各种原因在新疆仅生产了少许黄铜质新十机制方孔制钱。

XJ.C1（1907）新十，德国样币

XJ.C2（1907）新十

XJ.C3（1907）新十，红铜

喀什光绪元宝当十

喀什光绪元宝当十

新疆喀什银圆局于光绪三十一年（1905年）也仿照内地光绪元宝式样，铸造了新疆喀什版的光绪元宝龙洋。铸造银圆的同时也试造了"喀什光绪元宝当十"铜元，面维吾尔文意为"回历1323喀什噶尔"与"十个钱"；背面则沿用"边四点花"银币背龙模具。可能由于铜元描述与银两制换算不符，或者铜币本身量产问题而未被采纳。此版的发现改写了新疆开造机制铜元的时间，为近年新发现的大纲品种，目前仅见。

XJ.01a（1905）喀什光绪元宝当十

级别	普品	极美	近未使用	未使用		级别	普品	极美	近未使用	未使用
						XJ.C1	2级			300 000
XJ.C2	4级	50 000	80 000			XJ.C3	3级			250 000
XJ.01a	1级			无定价						

新省光绪元宝系列

宽距　　窄距

宽距　　窄距

XJ.01 二分五厘宽距 / 水龙

XJ.02 一分五厘宽距 / 水龙

XJ.02a 一分五厘宽距大字 / 水龙

水龙　　坐龙

XJ.03 二分五厘窄距 / 水龙

XJ.04 一分五厘窄距 / 水龙

XJ.05 一分五厘窄距 / 坐龙

	级别	普品	极美	近未使用	未使用		级别	普品	极美	近未使用	未使用
XJ.01	4级	6 000	30 000								
XJ.02	5级	2 000	20 000			XJ.02a	2级	40 000	100 000		
XJ.03	5级	5 000	15 000								
XJ.04	6级	1 000	12 000			XJ.05	3级	10 000	80 000	150 000	

新疆通用宣统元宝系列

无纪年　　庚戌纪年　　辛亥纪年

XJ.06（1909）宣统十文 / 无纪年

XJ.07（1910）宣统十文 / 庚戌纪年　　　　XJ.07a（1910）宣统十文 / 庚戌火珠三叉焰

XJ.08（1911）宣统十文中花 / 辛亥纪年　　　XJ.09（1911）宣统十文中星 / 辛亥纪年

中花　　中星

中星带圈类

XJ.10（1911）宣统十文中星带圈类 / 辛亥纪年

	级别	普品	极美	近未使用	未使用		级别	普品	极美	近未使用	未使用
XJ.06	8级	200	2 000	8 000							
XJ.07	8级	200	3 000			XJ.07a	3级	4 000	10 000		
XJ.08	8级	200	3 500			XJ.09	5级	300	3 500		
XJ.10	7级	200	3 500								

新疆通宝双旗系列

XJ.11（1912）新疆通宝尔宝十文　　　　　**XJ.12**（1912）新疆通宝缶宝十文

XJ.13（1912）新疆通宝二十文中花

尔宝十文　　缶宝十文

二十文中花　二十文中星　二十文大星

XJ.14（1912）新疆通宝二十文中星　　　　**XJ.15**（1912）新疆通宝二十文中大星

新疆通用壬子双旗系列

XJ.16（1912）新疆通用十文/壬子宽双旗　　**XJ.17**（1912）新疆通用十文/壬子窄双旗

	级别	普品	极美	近未使用	未使用		级别	普品	极美	近未使用	未使用
XJ.11	8 级	200	3 500			XJ.12	7 级	400	8 000		
XJ.13	8 级	200	3 500								
XJ.14	7 级	500	7 000			XJ.15	6 级	2 000	10 000		
XJ.16	8 级	200	3 000			XJ.17	8 级	200	3 500		

新省铜币辛酉十文

辛酉十文

1921年省城迪化局所试制,在此之前,迪化局已于民国二年停产,可能在民国十年时,想重新恢复铜元生产,后来不知何原因,没有量产。辛酉十文在迪化局铜元中存世最少、名气最大,为新疆铜元的十珍之一,目前已知存世数枚。图示为马定祥先生旧藏,《中国铜元图典》图861原物。

XJ.18(1921)新省铜币辛酉十文

新疆省城造纪年系列

XJ.19(1929)己巳新疆省城造十文

十文

中花　齿轮花

XJ.19a(1929)己巳新疆省城造十文中齿轮花

二十文　大写贰拾文

小字　中字　大字

XJ.20(1929)己巳新疆省城造二十文小字面　　XJ.20a(1929)己巳新疆省城造二十文中字面

级别	普品	极美	近未使用	未使用		级别	普品	极美	近未使用	未使用
XJ.18	1级	150 000	350 000	600 000						
XJ.19	8级	200	2 500	8 000						
XJ.19a	3级	4 000	15 000							
XJ.20	7级	500	6 000			XJ.20a	7级	800	8 000	

XJ.21（1929）己巳新疆省城造二十文大字面　　　　XJ.22（1929）己巳新疆省城造贰拾文

十文

庚午横读　　庚午环读

XJ.23（1930）庚午横读新疆省城造十文 / 空心旗

XJ.24（1930）庚午环读新疆省城造十文 / 飘旗　　　XJ.24a（1930）庚午环读新疆省城造十文 / 飘旗异刻

空心旗　　　飘旗　　　飘旗异刻

XJ.24b（1930）庚午环读新疆省城造十文错配空心旗

	级别	普品	极美	近未使用	未使用		级别	普品	极美	近未使用	未使用
XJ.21	7级	400	5 000	10 000		XJ.22	4级		5 000	20 000	
XJ.23	4级		50 000	120 000							
XJ.24	4级		50 000	100 000		XJ.24a	3级		60 000		
XJ.24b	3级		60 000								

二十文

庚午横读　　庚午环读

XJ.25（1930）庚午横读新疆省城造二十文缺笔庚

缺笔庚　　全笔庚

XJ.25a（1930）庚午横读新疆省城造二十文

XJ.26（1930）庚午环读新疆省城造二十文 / 十字花结　　　　XJ.26a（1930）庚午环读新疆省城造二十文 / 飘旗

十字花结　　蝴蝶花结　　飘旗

XJ.26b（1930）庚午环读新疆省城造二十文 / 蝴蝶花结

	级别	普品	极美	近未使用	未使用		级别	普品	极美	近未使用	未使用
XJ.25	4级		20 000	50 000							
XJ.25a	4级		25 000	55 000							
XJ.26	6级		10 000	25 000		XJ.26a	4级		15 000	50 000	
XJ.26b	5级		15 000	40 000							

新疆喀造单旗系列

XJ.27（1912）新疆喀造单旗五文　　　　　　　　　XJ.27a（1912）新疆喀造单旗五文／大字面

XJ.28（1912）新疆喀造单旗十文　　　　　　　　　XJ.28a（1912）新疆喀造单旗十文／大字面

新疆喀造／喀什造双旗系列

XJ.29（1913）新疆喀造五文／双旗　　　　　　　　XJ.30（1914）新疆喀造十文／回历1332年中花草

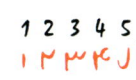 
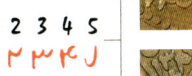
回文／数字对照

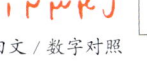 回历1331年（1913）　　回历1334年（1916）
　　　　　　　　　　　回历1332年（1914）　　回历1335年（1917）

回文中花草　　　双回历1334年　　　中花

XJ.30a（1913-17）新疆喀造十文／回历1331-35年系列

	级别	普品	极美	近未使用	未使用
XJ.27	5级	3 000	15 000		
XJ.28	8级	300	3 000		
XJ.29	6级	1 500	10 000		
XJ.30a	10级	50	500	3 000	

	级别	普品	极美	近未使用	未使用
XJ.27a	5级	3 000	15 000		
XJ.28a	8级	300	3 000		
XJ.30	10级	50	500	3 000	

XJ.30b（1916）新疆喀造十文/双回历1334年

XJ.31（1914）新疆喀造十文面中花

XJ.32（1916）洪宪铜币十文

洪宪纪年　丙辰纪年

XJ.33（1916）丙辰喀造十文

XJ.34a（1921）新疆喀造十年背（回历1339）

XJ.34（1921）十年新疆喀什造十文

十年　　十年改十一年　　十一年

	级别	普品	极美	近未使用	未使用		级别	普品	极美	近未使用	未使用
XJ.30b	6级	600	4 000			XJ.31	7级	500	2 000		
XJ.32	8级	300	2 500								
XJ.33	6级	800	10 000			XJ.34a	5级		20 000		
XJ.34	9级	100	800								

XJ.35（1921）十年新疆喀什造二十文

十年新疆喀什造二十文

十年新疆喀什造当红钱二十文属短期流通币性质，目前已知存世二枚，新疆铜元中的大珍名誉品，其中一枚（左图）出现于2008年北京诚轩秋拍钱币专场的"1907年至1933年新疆机制铜币系列收藏集"中，中国香港林国明先生旧藏，此品为所见品相最佳者。该收藏集中的相当一部分铜元为《新疆铜元谱》一书所收录。

XJ.36（1922）十一年新疆喀造十文

XJ.36a（1922）十年新疆喀什造改十一年

新省喀什造民国铜元系列

XJ.37（1922）新省喀什造 / 当对民

XJ.37a（1922）新省喀什造 / 钱对民

当对民　　钱对民

	级别	普品	极美	近未使用	未使用		级别	普品	极美	近未使用	未使用
XJ.35	1级	100 000	200 000								
XJ.36	9级	100	800			XJ.36a	8级	200	1 000		
XJ.37	8级	300	2 000								
XJ.37a	8级	300	2 000								

戊辰新省喀造民国铜元系列

XJ.38（1928）戊辰新省喀造出头民/回文　　　　XJ.39（1928）戊辰新省喀造/回文

XJ.40（1928）戊辰新省喀造出头民/日　　　　XJ.40a（1928）戊辰新省喀造出头民/日实心徽

XJ.41（1928）戊辰新省喀造宋体出头民/日　　　　出头民　　宋体出头民

XJ.42（1928）戊辰新省喀造/日　　　　XJ.42a（1928）戊辰新省喀造错配铜元

	级别	普品	极美	近未使用	未使用		级别	普品	极美	近未使用	未使用
XJ.38	6级	1 500	3 500			XJ.39	6级	1 500	3 500		
XJ.40	7级	1 000	2 500			XJ.40a	4级		20 000		
XJ.41	4级	5 000	20 000								
XJ.42	8级	800	1 500			XJ.42a	4级	5 000	20 000		

戊辰新省喀造中华民国系列

实心徽　　空心徽　　芒线徽

出头民

XJ.43（1928）戊辰新省喀造 / 铜元实心徽

XJ.44（1928）戊辰新省喀造 / 铜元空心徽

XJ.44a（1928）戊辰新省喀造出头民 / 铜元空心徽

 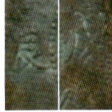
倒戊辰　　正戊辰

XJ.44b（1928）正戊辰新省喀造 / 铜元芒线徽

戊辰新疆喀造中华民国系列

XJ.45（1928）正戊辰新疆喀造 / 铜元空心徽

XJ.45a（1928）戊辰新疆喀造 / 铜元空心徽

	级别	普品	极美	近未使用	未使用
XJ.43	6级	1 500	3 500		
XJ.44	8级	800	1 500		
XJ.44b	2级		20 000		
XJ.45	8级	800	1 500		

	级别	普品	极美	近未使用	未使用
XJ.44a	5级	1 000	10 000		
XJ.45a	2级		20 000		

XJ.46（1928）正戊辰新疆喀造 / 铜元芒线徽

己巳新疆喀造中华民国系列

XJ.47（1929）己巳新疆喀造 / 回文

己巳纪年

中花　　　中点

XJ.48（1929）己巳新疆喀造中花 / 铜元空心徽　　　XJ.48a（1929）己巳新疆喀造中花 / 铜元芒线徽

XJ.49（1929）己巳新疆喀造中点 / 铜元空心徽　　　XJ.49a（1929）己巳新疆喀造错配双旗

	级别	普品	极美	近未使用	未使用		级别	普品	极美	近未使用	未使用
XJ.46	7级	1 000	2 500								
XJ.47	6级	1 500	3 500								
XJ.48	6级	1 500	3 500			XJ.48a	2级		20 000		
XJ.49	6级	1 500	3 500			XJ.49a	3级	9 000	20 000		

新疆喀什造纪年系列

己巳纪年

XJ.50（1929）己巳新疆喀什造 / 回文

XJ.51（1929）己巳新疆喀什造 / 铜元空心徽　　　　XJ.52（1929）己巳新疆喀什造 / 铜元芒线徽

右旗　　　右徽　　　右徽加圈

XJ.53（1929）己巳新疆喀什造 / 左徽右旗

XJ.54（1929）己巳新疆喀什造 / 左旗右徽　　　　XJ.54a（1929）己巳新疆喀什造 / 右徽加圈

	级别	普品	极美	近未使用	未使用		级别	普品	极美	近未使用	未使用
XJ.50	2 级	3 500	8 000								
XJ.51	7 级	1 000	2 500			XJ.52	6 级	1 500	3 500		
XJ.53	9 级	100	800	2 000							
XJ.54	9 级	100	800	2 000		XJ.54a	7 级	500	3 000		

庚午纪年

右小徽　　　右大徽

XJ.55（1930）庚午新疆喀什造十文 / 左徽右旗

XJ.56（1930）庚午新疆喀什造十文 / 左旗右徽　　　　**XJ.57（1930）庚午新疆喀什造十文 / 大徽**

癸酉纪年

XJ.58（1933）癸酉新疆喀什造十文

新疆阿造系列

XJ.59（1914）新疆阿造十文 / 横条旗　　　　**XJ.59a（1914）新疆阿造十文 / 中梅花**

	级别	普品	极美	近未使用	未使用		级别	普品	极美	近未使用	未使用
XJ.55	9级	100	800	2 000							
XJ.56	9级	100	800	2 000		XJ.57	7级	300	3 000		
XJ.58	8级	150	1 000	3 000							
XJ.59	6级	1 000	5 000			XJ.59a	5级	2 000	10 000		

横条旗　竖条旗

XJ.59b（1914）新疆阿造十文 / 竖条旗

中梅花　回文中梅花

XJ.59c（1914）新疆阿造十文 / 回文中梅花

伪东土系列

XJ.60（1933）伪东土十文 / 半齿旗　　　　　XJ.60a（1933）伪东土十文 / 光边旗

XJ.60b（1933）伪东土十文 / 全齿旗　　　　　XJ.61（1933）伪东土二十文

	级别	普品	极美	近未使用	未使用		级别	普品	极美	近未使用	未使用
XJ.59b	4 级	4 000	20 000								
XJ.59c	5 级	3 000	15 000								
XJ.60	8 级	500	1 500	5 000		XJ.60a	8 级	500	1 500	5 000	
XJ.60b	8 级	500	1 500	5 000		XJ.61	8 级	500	2 000	8 000	

17
山东篇

(ST)

　　山东地处华东沿海、黄河下游,自北而南依次与河北、河南、安徽、江苏四省接壤。以太行山之东得名,金代形成行政区,明置省;古时为鲁国之地,故简称"鲁"。

　　光绪十三年(1887年),在清廷对恢复制钱的强力推动下,山东巡抚张曜令烟台以宝东局之名设炉铸钱,每文重一钱。宝东局为了提高铸钱效率,委请山东机器制造局或天津机器铸造钱局(天津机器局)代造机制方孔的翻砂用母钱。光绪二十九年(1903年)七月,山东巡抚周馥奏请设铜元局,在省城济南西门外购地建造铜币厂,名曰济南铜元局。采用近代机器设备仿北洋模式生产铜元,于翌年7月开制。由于周馥之子周学熙曾于光绪二十八年协助直隶总督袁世凯筹建北洋银圆局,山东铜元局筹建初期,得北洋银圆局的技术与钱模的协助,如周馥在奏折中所说:"仿北洋模式,改刻山东字样"。后期山东铜元局造光绪元宝又仿广东飞龙的形制,生产了山东省造飞龙铜元,其中名誉品有米字星飞龙,五角星飞龙。光绪三十一年(1905年)财政处户部整顿圜法,统归一律,各厂赴户部请领新币钢模。光绪三十二年(1906年,岁次丙午)山东制造了户部大清铜币丙午中心"东",据光绪三十二年五月二十八日《申报》载《山东鼓铸当二铜元》:山东铜元局每日铜元出数50余万枚,然皆每元当制钱十文使用,民间不便,以致银价骤增。刻经变通,鼓铸当制钱二文之铜元,以资补救。光绪三十二年(1906年)度支部一度要求各省局仿效粤厂制造重三分二厘的黄铜圆孔制钱。山东铜元局着手设计试制钱文为"光绪元宝/山东一文"圆孔机造制钱。光绪三十二年七月,清财政处和户部会奏请将各地铜元局归并,将山东铜元局归并直隶(原北洋局)为一厂。同年十二月,山东依令停造铜元,山东铜元局全部的机器设备都归并入了北洋局。"山东一文"也因此没有量产流通,成为现今的机制币珍品。山东铜元局从开厂到并入"直隶户部造币分厂",前后历时两年多。

　　民国时期直到韩复榘主政山东后,山东省才于1932年(民国二十一年)重新设立造币厂,翌年试制了"民国二十二年山东省造"的"贰拾文"铜元与"贰分"镍币,皆是试制性质,没有生产流通,为民国机制币的大珍品。

山东省造光绪通宝机制方孔制钱

山东省造机制钱

光绪十三年（1887年），在清廷强力推动"规复制钱"之下，山东巡抚张曜下令于烟台以宝东局之名设炉铸钱，每文重一钱。宝东局为了提高铸钱效率，委请山东机器制造局或天津机器铸造钱局（天津机器局）代造机制方孔制钱的翻砂用母钱。此版机制方孔制钱未见翻砂流通版本。

ST.C1（1887）宝东

左右山东（横山东）光绪元宝系列

ST.01（1904）横山东正山类 / 小坐龙　　　　ST.02（1904）横山东正山 / 梅花星飞龙

梅花星　　　五角星　　　米字星

五角星多腿　　五角星

ST.03（1904）横山东 / 五角星飞龙

ST.04（1904）横山东 / 五角星飞龙多腿　　　　ST.05（1904）横山东 / 米字星内卷云

	级别	普品	极美	近未使用	未使用		级别	普品	极美	近未使用	未使用
						ST.C1	3级				120 000
ST.01	9级	200	1 500	6 000	30 000	ST.02	6级	2 000	12 000		
ST.03	6级	2 500	15 000	30 000							
ST.04	4级	15 000	60 000			ST.05	4级	15 000	60 000		

正山
斜山
横山东
上山东

ST.06（1904）横山东 / 米字星下流铜

ST.07（1904）横山东斜山 / 小坐龙　　　　　　　**ST.08（1904）横山东斜山 / 梅花星飞龙**

山东省造（上山东）光绪元宝系列

梅花星　　米字星

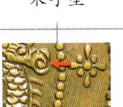 

米字星下流铜　米字星外卷云　米字星内卷云

ST.09（1904）梅花星 / 米字星内卷云

ST.10（1904）梅花星 / 米字星外卷云　　　　　　**ST.11（1904）梅花星 / 米字星下流铜**

级别	普品	极美	近未使用	未使用		级别	普品	极美	近未使用	未使用
ST.06	4级	15 000	60 000							
ST.07	6级	200	1 500	6 000	30 000	ST.08	3级	2 000	12 000	25 000
ST.09	3级		150 000							
ST.10	3级		150 000			ST.11	3级		150 000	

梅花星　　撇上光

ST.12（1904）撇上光 / 梅花星飞龙

ST.13（1904）撇上光 / 五角星飞龙　　　　　　ST.14（1904）撇上光 / 米字星飞龙

长山

短山

细满文

ST.15（1904）撇上光 / 小坐龙

上开口云

下开口云

四刺飞龙

ST.16（1904）细满文长山 / 四刺上开口云

级别	普品	极美	近未使用	未使用		级别	普品	极美	近未使用	未使用
ST.12	6级	1 500	8 000	20 000						
ST.13	4级		150 000			ST.14	3级		150 000	
ST.15	3级		150 000							
ST.16	9级	150	1 000	3 500						

ST.17（1904）细满文长山/四刺下开口云　　　　　　ST.18（1904）细满文长山/梅花星飞龙

ST.19（1904）细满文长山/小边花飞龙　　　　　　ST.20（1904）细满文短山/四刺下开口云

ST.21（1904）细满文短山/四刺上开口云　　　　　　ST.22（1904）细满文短山/梅花星飞龙

ST.23（1904）大边花/梅花星飞龙

大边花　　梅花星飞龙　　小边花飞龙

	级别	普品	极美	近未使用	未使用
ST.17	9级	150	1 000	3 500	
ST.19	7级	600	2 500	6 000	
ST.21	5级	1 500	6 000		
ST.23	10级	80	600	2 500	12 000

	级别	普品	极美	近未使用	未使用
ST.18	7级	500	2 000	5 000	
ST.20	7级	500	2 000	5 000	
ST.22	7级	600	2 500	6 000	

ST.24（1904）大边花/五角星飞龙　　　　　　ST.25（1904）大边花/五角星飞龙多腿

ST.26（1904）大边花/四刺上开口云　　　　　　ST.27（1904）大边花/四刺下开口云

ST.28（1904）小边花/小边花飞龙

大边花　　　小边花类

小边花　中边花

ST.29（1904）小边花/四刺飞龙　　　　　　ST.30（1904）中边花/小边花飞龙

	级别	普品	极美	近未使用	未使用		级别	普品	极美	近未使用	未使用
ST.24	5级	5 000	15 000	30 000		ST.25	3级		150 000		
ST.26	7级	600	2 500	6 000		ST.27	7级	700	3 000	7 000	
ST.28	10级	80	600	2 500	12 000						
ST.29	6级	2 000	6 000	10 000		ST.30	10级	80	600	2 500	15 000

大清铜币中心东系列

中心东特色龙版

中心东系列龙图版式多，其中以环眼龙、卷须龙、葫芦头龙为代表的大版，由于特征明显便于识别，为广大爱好者所熟知，编者将仿部颁龙与部颁龙合并大类介绍，其他版式的细细目在此不一一赘述。具体可参见陈忠华先生编著的《山东铜元赏析》一书。

ST.31（1906）东二文

丙午纪年　　中心东十文类　　部颁面／仿部颁

ST.32（1906）东十文部颁面／部颁仿部颁龙类

部颁龙　　仿部颁三水波　　仿部颁乱水波

环眼大清龙　　卷须大鼻龙　　葫芦头

ST.33（1906）东十文部颁面／环眼大清龙

ST.34（1906）东十文部颁面／卷须大鼻龙　　ST.35（1906）东十文部颁面／葫芦头

	级别	普品	极美	近未使用	未使用		级别	普品	极美	近未使用	未使用
ST.31	8级	300	1 200	4 000	15 000						
ST.32	10级	80	600	2 500							
ST.33	9级	150	1 000	3 500							
ST.34	9级	150	1 000	3 500		ST.35	6级	1 500	6 000	20 000	

ST.36（1906）东十文仿部颁 / 部颁仿部颁龙类　　　　ST.37 东十文仿部颁 / 环眼大清龙

ST.38（1906）东十文仿部颁 / 卷须大鼻龙　　　　ST.39 东十文仿部颁 / 葫芦头

丙午东十文黄铜

丙午东十文黄铜可能属试样性质，目前已知存世数枚，其中一枚 2008 年香港诺曼·亚克斯集藏钱币专场拍卖拍出（左图），伍德华先生旧藏。此品为所见品相最佳者。随着近些年对材质的研究深入，不排除丙午东十文黄铜是为了削减造币成本而故意为之。

ST.40（1906）东十文，黄铜

连文

离文

ST.41（1906）东十文离文 / 部颁仿部颁龙类

级别	普品	极美	近未使用	未使用
ST.36	10级	80	600	2 500	
ST 38	10级	80	600	2 500	
ST.40	5级		20 000		
ST.41	7级	300	2 000	6 000	

级别	普品	极美	近未使用	未使用
ST.37	9级	150	1 000	3 500	
ST 39	6级	1 500	6 000	20 000	

ST.42（1906）东十文离文 / 环眼大清龙　　　　　　ST.43（1906）东十文离文 / 卷须大鼻龙

光绪通宝山东壹文系列

ST.44（1906）东十文离文 / 葫芦头

山东壹文

据施新彪老师考证，光绪三十二年（1906年）底，因清政府整治铜元发行，山东铜元局被裁撤，铜元制造及发行权并归直隶厂。另据清中央政府对各省铸造铜元的统计，山东省仅有十文、二文两种面值的铜元生产。山东壹文铜元未被列入统计。再就此币的形制样式，与天津度支部造币总厂及广东造币厂的同期一文币近似。从而推断，山东壹文铜元为山东铜元局于光绪三十二年间出品。在筹制一文铜元时，正值铜元局被裁并，因而生产计划终止，而壹文铜元仅出少量试样，未经发行，故未被列入清中央的统计。按传世实物，山东壹文分红铜满穿、红铜后钻孔及黄铜圆孔三种。红铜二品试模样币分别为仅见之品。黄铜圆孔者，为试制样币，目前已知存世五枚，三枚由私人收藏，收藏家罗伯昭与李伟先，分别捐给中国历史博物馆和上海博物馆各一枚。图示均为马定祥先生旧藏，品相完美，弥足珍贵。

ST.45（1906）山东壹文，黄铜

ST.46（1906）山东壹文，满穿　　　　　　ST.46a（1906）山东壹文，满穿钻孔

	级别	普品	极美	近未使用	未使用		级别	普品	极美	近未使用	未使用
ST.42	6级			3 000	8 000	ST.43	7级	300	2 000	6 000	
ST.44	4级	4 000	25 000								
ST.45	2级			无定价							
ST.46	1级			无定价		ST.46a	1级			无定价	

山东民国贰拾文系列

ST.47（1932）民国廿一年山东贰拾文

民国廿一年、廿二年山东贰拾文

山东贰拾文铜元属试样性质，未正式发行，有民国廿一年和民国廿二年两种年份。其中，廿一年版为试模样币，廿二年版系未核准发行的试制样币。民国廿一年山东贰拾文目前为仅见品，马定祥先生旧藏。民国廿二年山东贰拾文目前已知存世数枚，另台湾收藏家陈先生藏有廿二年山东贰拾文白铜试样，目前为仅见品。山东贰拾文铜元是一枚极为难得的民国地方纲目类铜元，珍罕逾常。

ST.48（1933）民国廿二年山东贰拾文

民国廿一年　　民国廿二年

ST.49（1933）民国廿二年山东贰拾文，白铜

山东民国辅币壹分

民国廿一年山东辅币壹分

民国廿一年山东省造辅币壹分诸谱未载，为近年铜元界新发现的珍品，目前仅见。经查民国二十四年四月《山东省现行法规类编》载"山东省铜元局筹备处办事细则"于二十一年三月八日呈准之日正式施行，同年九月十三日"山东省铜元局章程"第一章第一条：本局以铸造铜元铜辅币充裕省库调剂地方金融为宗旨。至此民国山东铜元、铜辅币铸造的历史背景已经厘清。

ST.50（1932）民国廿一年山东辅币壹分

级别	普品	极美	近未使用	未使用		级别	普品	极美	近未使用	未使用
ST.47	1级	无定价								
ST.48	2级			400 000	600 000					
ST.49	1级	无定价								
ST.50	2级	无定价								

18
北洋篇

(PY)

北洋的称谓起源自同治九年（1870年）李鸿章担任北洋大臣。直隶省（今河北省、北京市、天津市）毗连渤海，东南及南部接山东、河南两省，西倚太行山与山西为邻，西北、北部与内蒙古交界，东北与辽宁接壤。天津，意为天子渡口，明永乐帝在此渡河南下而得名，简称"津"。

光绪十三年（1887年），清廷进一步推动恢复制钱，由户部筹款拨给，并要求直隶、江苏等省局，于机器局内添购造币专用机械生产制钱。其后在天津机器局内成功试造了"宝直"制钱，以及同一面文钱背为"公平"的方孔制钱，这是中国自行生产最早的机制制钱，其间外国造币厂曾试造了面"光绪通宝"、背满文"宝直"机制方孔样钱。同年在机器局内成立"天津机器铸造钱局"（宝津局），钱文罢用"宝直"改为"宝津"。翌年（1888年）从英国格林活铁厂（Greenwood & Batley）购入造钱机器，于七月开始大量机器生产面为"光绪通宝"、背为满文"宝津"的方孔制钱。后因机器生产制钱亏损，宝津局也尝试以翻砂法来铸钱。为提升效率降低成本，宝津局首创以机造制钱为工作母钱，大量翻砂成流通制钱。庚子年（1900年），北洋机器局被八国联军捣毁，直至光绪二十八年（1902年）六月，由继任直隶总督袁世凯在河北西窑洼护卫营旧址筹设"北洋铸造银圆总局"兼造铜币。同年十一月，开制北洋铜元，后生产二十九年版"北洋造"银圆。光绪三十一、三十二年间，为解决制钱缺乏的民生问题，发行黄铜的"北洋零用一文"，光绪三十一年十月，北洋铸造银圆总局改名为"直隶户部造币分厂"。光绪三十二年（1906年），岁次丙午，户部为强化各分厂的管理，颁定祖模到各地，直隶分厂量产了除二文外的大清铜币丙午中心直系列套币。光绪三十三年（1907年），度支部颁发统一整顿章程，对各省分厂的控制更为严格，直隶分厂也更名"度支部造币津厂"。光绪三十四年（1908年），岁次戊申，清廷要求各省在当十铜元定额之外加造三成一文铜元。津厂制造了戊申直一文铜元。北洋局所造的铜元版别可分为两大系列，一为有北洋字样的光绪通宝，面值有十文与二十文两种；另一类为北洋局代造刊有户部字样的铜元，面值则可分为五文、十文与二十文三种，龙图皆为北洋龙。

1912年（民国元年）三月，造币总厂毁于兵乱，财政部令以北洋银圆局旧址为分厂，开制铜元。民国三年五月总厂复建，合并两厂更名为"中国财政部天津造币总厂"。原分厂称西厂，专造铜元；原总厂称东厂，专造银圆。

北洋光绪通宝机制方孔制钱系列

北洋造机制制钱

光绪十三年（1887年），清廷进一步推动"规复制钱"一事，由户部筹款拨给，并要求直隶、江苏等省局，于机器局内添购造币专用机械制造制钱。其后在天津机器局内成功试造了"宝直"制钱，以及同一面文钱背为"公平"的方孔制钱，这是在中国最早制造的机制制钱，其间外国造币厂曾试造了面"光绪通宝"、背满文"宝直"机制方孔样钱。同年在机器局内成立"天津机器铸造钱局"（宝津局），钱文罢用"宝直"改为"宝津"。翌年（1888年）从英国格林活铁厂（Greenwood & Batley）购入造钱机器，于七月开始大量机器生产面为"光绪通宝"、背为满文"宝津"的方孔制钱。

PY.C1.1（1887）拙刻光绪通宝 / 宝直

PY.C1.2.1（1887）拙刻光绪通宝 / 公平

满文宝直

拙刻　　　　德国版

PY.C1.2.2（1887）拙刻光绪通宝 / 横公平

PY.C1.3.1（1887）宝直

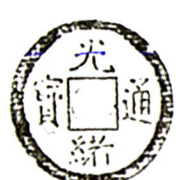 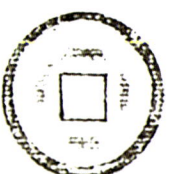

PY.C1.3.2（1887）宝直面 / 光背

级别	普品	极美	近未使用	未使用
PY.C1.3.1	2级			无定价

	级别	普品	极美	近未使用	未使用
PY.C1.1	3级			80 000	150 000
PY.C1.2.1	4级	20 000	50 000		100 000
PY.C1.2.2	4级	30 000	60 000		120 000
PY.C1.3.2	2级				无定价

PY.C1.4.1（1887）宝直，德国试样　　　　　　　　PY.C1.4.2（1887）宝直，德国试样，白铜

PY.C2.1（1887）宝津，英国样币

　　　　　　　　　　　　　　　　　　　　　　英国版　　英国版窄缘　　大字

PY.C2.2（1888）宝津，英国版，银质

PY.C2.3（1888）宝津，英国版，窄缘　　　　　　PY.C2.4（1888）宝津，大字

	级别	普品	极美	近未使用	未使用		级别	普品	极美	近未使用	未使用
PY.C1.4.1	2级				300 000	PY.C1.4.2	2级				300 000
PY.C2.1	2级				无定价						
PY.C2.2	2级			无定价							
PY.C2.3	6级			20 000	40 000	PY.C2.4	8级		1 000	2 000	5 000

方头通　　小字　　花体

PY.C2.5（1888）宝津，方头通

PY.C2.6.1（1888）宝津，小字，大满文　　　　PY.C2.6.2（1888）宝津，小字，小满文

PY.C2.7.1（1888）宝津，花体，大满文　　　　PY.C2.7.2（1888）宝津，花体，小满文

PY.C2.7.3（1888）宝津花体，孔未打穿

	级别	普品	极美	近未使用	未使用		级别	普品	极美	近未使用	未使用
PY.C2.5	7级	200	600	2 000	4 000						
PY.C2.6.1	8级	100	200	500	1 500	PY.C2.6.2	9级		100	300	
PY.C2.7.1	8级		500	1 000	3 000	PY.C2.7.2	8级		500	1 000	
PY.C2.7.3	3级			无定价							

北洋光绪元宝系列

北洋特色龙版

北洋光绪元宝十文系列龙图版式多,其中以五火焰、小坐龙、圆嘴龙为代表的大版,由于特征明显、龙图精美、易于收集,深受广大铜元爱好者喜爱,余下龙图版式区别大同小异,本书通过边花不同合并大类介绍,细细目在此不一一展开。

PY.01(1902)北洋十文/五火焰

PY.02(1902)北洋十文/圆口龙

小坐龙　　五火焰　　圆口龙

阳蕊散边花类　　阴蕊团边花类

PY.03(1902)北洋十文/阳蕊散边花类　　　　PY.04(1902)北洋十文/阴蕊团边花类

PY.05(1902)北洋十文/小坐龙

二十文小英文　　二十文大英文

粗龙鳞　细龙鳞　四路鳞　五路鳞　六路鳞

	级别	普品	极美	近未使用	未使用		级别	普品	极美	近未使用	未使用
PY.01	7级	800	3 000	8 000							
PY.02	9级	100	500	1 200	6 000	PY.04	10级	50	500	1 200	6 000
PY.03	9级	50	500	1 200	6 000							
PY.05	9级	150	1 000	3 500	15 000							

PY.06（1902）北洋二十文／小英文粗龙鳞　　　　　　PY.06a（1902）北洋二十文／小英文细龙鳞

PY.07（1902）北洋二十文／大英文坐龙类

北洋光绪通宝零用一文

清末各省都以"制钱缺乏，民生为苦"的理由来开制铜元牟利，然而"制钱缺乏"的问题在很多生产铜元的省份仍然普遍存在，而且反而引发通货膨胀、物价上涨等严重问题。根据光绪三十三年（1907年）七月《度支部尚书载泽等折——拟定各铜元厂统一章程》里描述，在当时"咸以工本过重，铸者寥寥"的境况下，仍还有三个省局能苦民所苦，在可能不敷成本的条件下，还在继续生产一文铜元，这三个表现优秀的省局分别是"北洋"（北洋零用一文黄铜）、"湖北"（湖北一文水龙）、"广东"（光绪通宝机造制钱）。北洋零用一文就是在上述背景下应运而生的，普通币存世量较大，好品相也很多。北洋零用一文大坯同普通币两者大小不同，重量一致，推测可能为初打或和戊申直一文过渡期间共坯饼。零用一文大坯存世数量稀少。

PY.08（1907）北洋零用一文，大坯，黄铜

大清铜币中心直系列

PY.09（1907）北洋零用一文，黄铜　　　　　　　　PY.10（1908）戊申直一文，黄铜

级别		普品	极美	近未使用	未使用		级别	普品	极美	近未使用	未使用
PY.06	7级	800	5 000	15 000	60 000	PY.06a	5级			20 000	
PY.07	8级	500	3 000	7 000	30 000						
PY.08	5级			50 000							
PY.09	10级	80	200	400	2 000	PY.10	9级	100	300	800	4 000

戊申直一文黄铜样币

此版戊申直一文属样币性质，币坯制作精良，压力十足、字口深峻、龙纹完整，外缘清晰，直径较流通币略大，明显异于该品种流通版，目前已知存世三枚，图示为马定祥先生旧藏，《中国铜元图典》图 211 原物；另两枚由中国钱币博物馆收藏，应为当年的留档样币。

PY.11（1908）戊申直一文，黄铜，样币

丙午直二文、五文、十文、二十文系列

丙午直系列除直二文属试样性质，未正式发行外，其他面值皆有发行流通。直二文目前已知存世四枚，其中一枚（左图）于2010年北京华夏国拍秋拍拍出，《中国铜元图典》图210原物；一枚于2004年北京嘉德春拍马定祥专场拍出；另中国钱币博物馆藏有两整套直二文、五文（PY.13）、十文（PY.19）、二十文（PY.21）留档样币，均为出厂状态，品相完美，弥足珍贵，估计当年在匣中两组以正背形式呈样留档。

PY.12（1906）直二文

PY.13（1906）直五文部颁面 / 部颁龙

五文部颁面　　五文地方面

五文部颁龙　　五文地方龙

PY.14（1906）直五文地方面 / 部颁龙

PY.15（1906）直五文地方面 / 五文地方龙

级别	普品	极美	近未使用	未使用		级别	普品	极美	近未使用	未使用
PY.11	2级				无定价					
PY.12	1级				无定价					
PY.13	7级	500	2 000	5 000						
PY.14	8级		1 500	4 000		PY.15	9级	500	1 200	6 000

PY.16（1906）直十文/部颁龙　　　　　　PY.17（1906）直十文/仿部颁

PY.18（1906）直十文/地方龙珠下团云　　PY.19（1906）直十文/地方龙珠下勾云

十文部颁龙　十文地方龙　勾云／团云　顺云／逆云
十文仿部颁龙
二十文部颁龙　二十文地方龙

PY.20（1906）直二十文/部颁龙

PY.21（1906）直二十文/地方龙顺云　　PY.22（1906）直二十文/地方龙逆云

	级别	普品	极美	近未使用	未使用		级别	普品	极美	近未使用	未使用
PY.16	7级	500	2 000	5 000		PY.17	6级	800	3 000		
PY.18	9级	100	500	1 500	8 000	PY.19	10级	50	500	1 500	7 000
						PY.20	8级	700	3 000	10 000	50 000
PY.21	8级	600	2 500	8 000	40 000	PY.22	8级	600	2 500	8 000	40 000

19 户部篇

(HB)

清末光绪年间为了解决制钱荒缺，获取造币之厚利，清政府开始摹仿外国采用机器制造银铜币。光绪二十六年（1900年），户部在北京筹建京局造币厂，后因八国联军攻入北京，该厂被焚毁，未能续建。光绪二十九年（1903年）三月底，清廷发布《京师设立银钱总厂》的上谕，于京师设立制造银钱总厂，后由京师改为天津开办设厂，同年九月在天津大经路兴建并改名为"户部造币总厂"，并向天津瑞记洋行订购美国常生厂的造银铜元机器及其他生产用设备。

光绪三十一年（1905年，岁次乙巳）五月初八日，造币总厂竣工，户部基于统一币制，推行整齐划一的国币，定总厂章程造三品钱币：大清金币、大清银币与大清铜币。总厂先行开制铜元，计有二十文、十文、五文与二文等四种全套"乙巳大清铜币"。大清铜币版式为全新设计，成色有明确标准，后以此为基础颁发祖模到各省局，统一了全国铜元形制。光绪三十二年（1906年，岁次丙午），量产除五文外全套"丙午大清铜币"，同年九月，清政府将户部改组成度支部，并将财政处归属度支部。光绪三十三年（1907年，岁次丁未）总厂所造"丁未大清铜币"面值计有二十文、十文、五文与二文等四种，同年七月，度支部为整顿圜法，统一币制，令各分厂改名为"度支部造币某（地方简称）厂"。光绪三十四年（1908年，岁次戊申）正月十三日，内阁奉上谕："着各省凡铸当十铜元于定额之外加铸三成一文铜元"，度支部随即于当月二十三日发布《拟定一文铜元制度》奏折，要求度支部造币总厂依圣谕赶快设计一文祖模，颁布到各分厂，总厂制造的为光绪戊申总一文。光绪三十四年二月，内阁奉上谕下令各省停造铜元。宣统元年（1909年）二月度支部造币总厂宣统新钱进呈试样完成，其中有宣统年号四种铜币及一文新钱祖模，后除己酉二文外均有发行。宣统二年（1910年）清政府进一步将造币权统一于中央，颁布《币制则例》，除规定国币外，还规范了银毫、镍币与铜元等各辅币，其中二分、一分、五厘与一厘四种铜币为辅币。为此，造币总厂特别委托奥地利维也纳造币厂制模，开制各种面值"宣统年造"的"大清银币"与"大清铜币"，其中大多应是试样币，没有发行流通。度支部总结宣统二年推行银圆铜辅币的经验，修改宣统二年版的铜元模具，并增加了制钱形制的小币值铜元，制造宣统三年版大清铜币系列，计有二十文、十文、五文、二文与一文等多种新式铜币，除少数版别参与流通外，多数为试样币。

户部光绪通宝机制方孔制钱　　　　户部光绪元宝系列

　　HB.C1（1887）宝泉　　　　　　　　HB.01（1903）户部五文

　HB.02（1903）户部十文面星　　　　HB.03（1903）户部十文 / 梅花星

　HB.04（1903）户部十文 / 阴蕊　　　　HB.05（1903）户部十文 / 方边花

　HB.06（1903）户部十文 / 大边花类

　梅花星　　　　　阴蕊

　方边花　　　大边花类

级别	普品	极美	近未使用	未使用		级别	普品	极美	近未使用	未使用
HB.C1	3级				80 000	HB.01	9级	200	1 000	2 500	8 000
HB.02	4级		20 000			HB.03	10级	50	400	1 200	5 000
HB.04	9级	100	500	1 500	6 000	HB.05	3级	100	500	1 500	
HB.06	7级	400	2 000	5 000	30 000						

HB.07（1917）户部二十文面星 / 大眼户部龙　　　　　　　　HB.08（1917）户部二十文 / 户部龙

户部二十文样币

此版户部二十文属试样或者留档样币性质，币坯制作精良、压力足，纹饰马齿清晰明显异于户部二十文流通币，同钱博馆留档样币。目前私人收藏二枚，图示为上海施志民先生旧藏，早年施先生得于香港拍卖会。另据孙浩先生考证此版户部二十文流通币发行时地并非晚清的天津，而是1917年起在武昌制作。

HB.08a（1903）户部二十文 / 户部龙，样币

户部二十文珠圈龙样币

此版户部二十文珠圈龙属试样或者留档样币性质，币坯制作精良、类镜面、压力足、字表平，纹饰马齿清晰明显异于户部二十文珠圈龙流通币。图示为美籍华人陈丹尼先生旧藏，据陈丹尼先生收藏记录得知，此品可能源自一组造币厂留档样币。

HB.09a（1903）户部二十文 / 珠圈龙，样币

HB.09（1903）户部二十文 / 珠圈龙　　　　　　　　HB.10（1903）户部二十文 / 珠圈异龙

	级别	普品	极美	近未使用	未使用		级别	普品	极美	近未使用	未使用
HB.07	9级	150	800	2 000	8 000	HB.08	10级	80	500	1 200	4 500
HB.08a	2级				350 000						
HB.09a	2级				400 000						
HB.09	7级	600	2 500	6 000	25 000	HB.10	6级	1 000	4 000	10 000	45 000

户部大清铜币系列

户部乙巳二文、五文、十文、二十文系列

光绪三十一年（1905年，岁次乙巳）五月初，天津户部造币总厂竣工。户部基于统一币制，推行国币，令总厂造三品之币：大清金币、银币、铜币以通行天下。总厂最先开制铜币，计有二文、五文、十文与二十文四种，版式为全新设计，成色有明确标准。中国钱币博物馆藏有两套二文、五文、十文（HB.13）、二十文留档样币。

HB.11（1905）乙巳二文

HB.12（1905）乙巳五文

HB.12a（1905）乙巳五文/厚云

HB.13（1905）乙巳十文/凸龙

HB.14（1905）乙巳十文/平身龙

HB.15（1905）乙巳大英文

乙巳纪年　十文　狭清／广清

大英文　凸龙　平龙

级别	普品	极美	近未使用	未使用
HB.11	8级	150	500	1 000	4 500
HB.12	9级	100	450	1 000	5 000
HB.13	10级	50	400	800	4 000
HB.15	6级		20 000	50 000	

	级别	普品	极美	近未使用	未使用
HB.12a	8级		3 500	8 000	
HB.14	10级	30	300	700	4 000

HB.16（1905）乙巳广清　　　　　　　　HB.17（1905）乙巳二十文

HB.18（1906）丙午二文，黄铜

丙午二文黄铜

光绪三十二年（1906年，岁次丙午），户部改名度支部，天津造币总厂试制了"丙午大清金币"与"丙午中字大清银币系列"，并量产了"丙午大清铜币"。据目前所发现的，可分二文、十文、二十文三种币值。丙午二文黄铜属试样性质，目前已知存世三枚，图示为马定祥先生旧藏，《中国铜元图典》图 461 原物，2010 年上海泓盛春拍拍出。

HB.19（1906）丙午二文（部颁面 / 部颁龙）

部颁面 / 部颁龙

光绪三十一年十月，财政处与户部会同下令限制各省铜元产量，并且要求各省现有之厂，不得沿用旧名，应统名户部造币分厂，钱币须冠以某省字样，以资区别。此外，还要求现用各种旧模一律即行停废，均以户部颁发之祖模压印，业界称为部颁式。HB.19、HB.20、HB.25 三版为二文、十文、二十文版部颁式，五文版部颁式为 HB.12a 版改丙午纪年。

HB.20（1906）丙午十文（部颁面 / 部颁龙）　　　户部 / 丙午部颁面　　户部 / 部颁大清龙

	级别	普品	极美	近未使用	未使用
HB.16	8 级	200	1 000	3 000	
HB.18	4 级			80 000	
HB.19	8 级	150	500	1 000	4 000
HB.20	8 级	300	1 500		

	级别	普品	极美	近未使用	未使用
HB.17	8 级	600	5 000	15 000	60 000

丙午纪年

 上点铜(部颁面)

 连文

十文 下点铜 离文

HB.20a（1906）丙午十文上点铜（部颁面）/ 平身龙

HB.21（1906）丙午十文下点铜 / 部颁龙　　　　HB.21a（1906）丙午十文下点铜 / 平身龙

十文部颁龙　十文平身龙

HB.22（1906）丙午十文离文 / 平身龙

二十文部颁龙　二十文平身龙

HB.22a（1906）丙午十文离文 / 部颁龙

	级别	普品	极美	近未使用	未使用		级别	普品	极美	近未使用	未使用
HB.20a	7级	400	2 000								
HB.21	10级	50	400	1 000	4 500	HB.21a	7级	400	2 000		
HB.22	10级	50	400	1 000	4 500						
HB.22a	8级	200	1 000								

HB.23（1906）丙午十文，样币

户部丙午十文、二十文样币

此版丙午大清铜币十文和二十文，币坯制作精良，压力十足、字口深峻、龙纹完整、马齿清晰，明显异于该品种流通版，早年由苏联散出，同批散出的还有户部己酉一文、二文、五文、二十文系列以及河南己酉中心汴系列全套等样币，后者皆为清代铜元中的大珍名誉品，珍罕逾常。由于这些样币的出现，有关什么是清代铜元样币的问题，需我们进一步探讨与研究。巧合的是中国钱币博物馆于2016年10月在馆内举办"中国铜元精品展"中一批中国钱币博物馆馆藏的留档样币（含上述所提所有品种）首次面世为我们揭开了清代铜元样币的神秘面纱，其中部分留档样币和当年流通币实为同一祖模，唯有从其材质处理、币坯精良程度、压力等方面综合考量才能作出正确判断。丙午大清铜币十文和二十文就是一个很好的例子。

HB.24（1906）丙午二十文，样币

HB.25（1906）丙午二十文（部颁面/部颁龙）

HB.26（1906）丙午二十文/平身龙

丁未二文黄铜

光绪三十三年（1907年，岁次丁未），天津造币总厂试制了"丁未大清金币"，同时生产了少量"丁未大清银币"，后因币制未定而没有立即发行。量产的"丁未大清铜币"面值计有二文、五文、十文与二十文四种，丁未二文黄铜属试样性质，目前已知存世三枚，其中一枚由上海博物馆收藏。

HB.27（1907）丁未二文，黄铜

级别	普品	极美	近未使用	未使用		级别	普品	极美	近未使用
HB.23	2级				无定价					
HB.24	2级				无定价					
HB.25	8级	800	6 000	20 000	80 000	HB.26	7级		8 000	30 000
HB.27	4级			100 000						

HB.28（1907）丁未二文　　　　　　　　　　　　　HB.29（1907）丁未五文

HB.30（1907）四柱丁未十文离文 / 部颁龙

丁未纪年四柱十文

上点铜　　下点铜　　离文

HB.31（1907）四柱丁未十文离文 / 平身龙

光绪年号　　宣统年号

HB.32（1907）四柱丁未十文上点铜 / 平身龙　　　　HB.33（1909）四柱丁未十文上点铜错配宣统

	级别	普品	极美	近未使用	未使用		级别	普品	极美	近未使用	未使用
HB.28	8级	200	700	1 200	5 000	HB.29	8级	300	1 000	2 500	9 000
HB.30	6级	1 000	4 000	12 000							
HB.31	9级	100	200	1 000	4 000						
HB.32	10级	50	100	300	3 500	HB.33	6级	800	6 500	15 000	

四柱丁未十文下点铜样币

此版四柱丁未十文下点铜属试样或留档样币性质，币坯制作精良，压力十足，字口深峻、龙纹完整，外缘及马齿清晰，明显异于该品种流通版，目前为仅见品，马定祥先生旧藏，《中国铜元图典》图 464 原物，2006 年北京诚轩秋拍拍出。天津造币总厂"丁未大清铜币"系列在中国钱币博物馆馆藏留档样币中未见。

HB.34（1907）四柱丁未十文下点铜，样币

HB.35（1907）四柱丁未十文下点铜 / 平身龙

HB.36（1909）四柱丁未十文下点铜错配宣统

HB.38 丁未十文错配江南水龙（江宁厂）

HB.39（1907）丁未二十文 / 平身龙，薄坯

HB.40（1907）丁未二十文 / 平身龙，厚坯

HB.41（1907）丁未二十文 / 部颁龙

级别	级别	普品	极美	近未使用	未使用	级别	级别	普品	极美	近未使用	未使用
HB.34	2 级				无定价						
HB.35	10 级	30	300	800	3 500	HB.36	7 级	1 000	5 500	12 000	
HB.38	8 级	300	2 000	8 000	20 000	HB.39	10 级	100	500	1 200	6 000
HB.40	9 级	200	1 000	2 000	9 000	HB.41	8 级	300	2 000	5 000	35 000

HB.42（1907）高丁未十文 / 平身龙　　　　　　　　HB.42a（1907）高丁未十文 / 平身龙带点

高丁未　　　低丁未类

异云　　　卷须异刻类　　左勾 / 右勾

HB.43（1907）低丁未十文 / 平身龙

HB.44（1907）低丁未十文 / 平身龙带点　　　　　HB.45（1907）低丁未十文 / 异云

HB.46（1907）低丁未十文 / 卷须异刻类　　　　　HB.47（1907）低丁未十文 / 眼镜龙

	级别	普品	极美	近未使用	未使用		级别	普品	极美	近未使用	未使用
HB.42	8级	150	500	1 200		HB.42a	7级		1 500		
HB.43	10级	50	300	800	2 500						
HB.44	9级	100	300	800	3 000	HB.45	9级	100	300	800	3 000
HB.46	7级	300	1 200	3 000	10 000	HB.47	8级	200	800	1 500	

HB.48（1906）光绪通宝铜币一文，黄铜

光绪通宝铜币一文

光绪三十二年因制钱缺乏，广东开制黄铜圆孔机造制钱，其后度支部也曾一度要求各省仿效粤厂制作，编者认为"光绪通宝铜币一文"即为此背景下造币总厂的制钱试样，黄铜质，未正式发行，有圆孔、方穿（目前仅见）两种。

HB.48a（1906）光绪通宝铜币一文，方穿，黄铜

铜币一文背二文部颁龙、戊申总一文背二文部颁龙

光绪三十四年于正月发布《拟定一文铜元制度》奏折，要求造币总厂依圣谕加紧设计一文祖模，颁布到各分厂。"铜币一文背二文部颁龙"应是造币总厂利用现有旧模配对试制，未被采纳，有红铜、青铜之分。随后总厂设计了"光绪戊申总一文"（一文部颁面），由于背龙还是之前二文部颁龙，故也未被采纳，有红铜、黄铜（目前仅见）之分。最后总厂设计了"一文部颁龙"，至此部颁一文铜元正式问世。

HB.49（1908）铜币一文／二文部颁龙

戊申纪年　　二文部颁龙　　一文部颁龙

HB.49a（1908）铜币一文／二文部颁龙，青铜

HB.50（1908）戊申总一文／二文部颁龙

HB.50a（1908）戊申总一文／二文部颁龙，黄铜

HB.51（1908）戊申总一文／一文部颁龙，黄铜

级别	普品	极美	近未使用	未使用		级别	普品	极美	近未使用	未使用
HB.48	1级				无定价						
HB.48a	1级				无定价						
HB.49	3级				280 000						
HB.49a	3级				300 000	HB.50	3级				250 000
HB.50a	3级				300 000	HB.51	9级	100	400	700	3 000

己酉纪年

HB.52（1909）己酉总一文，黄铜，样币

HB.53（1909）己酉总一文，黄铜

己酉一文、二文、五文、十文、二十文系列

宣统元年（1909年，岁次己酉），天津度支部造币总厂开制一文、二文、五文、十文与二十文五种"己酉铜币"。中国钱币博物馆藏有完整两套一文、二文、五文、十文（HB.58版）、二十文留档样币，品相完美，弥足珍贵。

己酉二文

己酉铜币中仅有己酉二文未正式发行，目前已知己酉二文私人收藏三枚，其中图示为苏联散出，一枚为鎏金呈样币，一枚R.B怀特先生旧藏。

HB.54（1909）己酉二文

己酉总一文、己酉五文样币

此版己酉总一文、己酉五文属试样或留档样币性质，币坯制作精良，压力十足、字口深峻、龙纹完整，边缘清晰，明显异于该品种流通版，同钱博馆留档样币。图示二枚均为苏联散出，另存世一文一枚（马定祥先生旧藏），五文一枚。

HB.55（1909）己酉二文，鎏金

	级别	普品	极美	近未使用	未使用		级别	普品	极美	近未使用	未使用
HB.52	3级				350 000						
HB.53	8级	200	700	1 200	5 000						
HB.54	2级				500 000						
HB.55	2级			450 000							

HB.56（1909）已酉五文，样币

HB.57（1909）已酉五文

HB.58（1909）已酉十文 / 宣统部颁龙

宣统部颁龙

宣统龙大云

HB.59（1909）已酉十文 / 宣统龙大云

HB.60（1909）已酉十文错配光绪

	级别	普品	极美	近未使用	未使用		级别	普品	极美	近未使用	未使用
HB.56	2级				550 000						
HB.57	4级			50 000							
HB.58	10级	50	400	1 000	4 500						
HB.59	8级	200	1 200	3 000	10 000	HB.60	7级		1 000	6 000	

己酉二十文试样

此版己酉二十文属试样性质，币坯制作精良，压力足，水波纹饰等明显异于己酉二十文流通币，同钱博馆留档样币。目前私人收藏数枚，图示为马定祥先生旧藏；一枚早年由苏联散出；一枚陈丹尼先生旧藏；一枚最早诚轩拍卖拍出，《中国铜元图典》图473原物。

HB.61（1909）己酉二十文，样币

HB.61a（1909）己酉二十文珠点齿 / 小水波　　　　HB.61b（1909）己酉二十文珠点齿 / 大水波

HB.62（1909）己酉二十文 / KUO 后无点，厚坯　　　　HB.62a（1909）己酉二十文 / KUO 后无点，薄坯

HB.63（1909）己酉二十文细字 / KUO 后带点

小水波　　　大水波

KUO 后带点

级别	普品	极美	近未使用	未使用		级别	普品	极美	近未使用	未使用
HB.61	2级				350 000						
HB.61a	6级		8 000			HB.61b	6级		8 000		
HB.62	9级	300	1 200	3 500	1 500	HB.62a	7级	600	2 500	6 000	15 000
HB.63	10级	50	300	800	4 500						

细字　　粗字　　　　　　　鸡爪龙　　大头龙

大文　　　　　　　　　　　　带点

HB.64（1909）己酉二十文粗字 / 大头龙　　　　　HB.64a（1909）己酉二十文粗字大文 / 大头龙

HB.65（1909）己酉二十文细字 / 大头龙　　　　　HB.65a（1909）己酉二十文粗字 / 宣统龙

HB.66（1909）己酉二十文 / 鸡爪龙　　　　　　　HB.67（1909）己酉二十文 / 鸡爪龙嘴下带点

级别	普品	极美	近未使用	未使用		级别	普品	极美	近未使用	未使用
HB.64	9级	50	400	1 000	5 000	HB.64a	6级		8 000		
HB.65	7级	1 500	5 000			HB.65a	7级	1 500	5 000	15 000	
HB.66	9级	200	1 000	3 000	12 000	HB.67	9级	300	1 200	3 500	15 000

低点币　　　高点币

HB.68（1909）己酉十文低点币 / 鸡爪龙

鸡爪龙　　　带点

缺云　　　异云

HB.69（1909）己酉十文低点币 / 鸡爪龙异云

HB.70（1909）己酉十文高点币 / 鸡爪龙　　　**HB.71（1909）己酉十文高点币 / 鸡爪龙带点**

HB.72（1909）己酉十文高点币 / 鸡爪龙缺云　　　**HB.73（1909）己酉十文高点币 / 鸡爪龙异云**

	级别	普品	极美	近未使用	未使用		级别	普品	极美	近未使用	未使用
HB.68	6级	1 000	5 000	12 000							
HB.69	5级	1 500	6 500								
HB.70	8级	300	1 500	5 000	20 000	HB.71	7级	500	2 000	6 000	25 000
HB.72	7级	600	2 500	8 000		HB.73	4级	2 500	8 000	12 000	50 000

宣统年造大清铜币系列

宣统年造大清铜币系列

宣统二年（1910年，岁次庚戌），清政府为解决银圆与铜元生产混乱的问题，四月间度支部下令造币权收归中央，将各省所设银、铜元造币厂一律裁撤，仅留下粤、鄂、川、滇、奉、宁等六处为分厂，并由造币总厂指派各分厂的厂长，从此全国各厂完全归度支部管控，彻底解决各省滥造的情形。为了能统一全国币制，度支部于四月间颁布了《币制则例》，确定国币单位名称为"圆"，以银为本位，一圆为主币，重库平七钱二分，另以五角、二角五分、一角三种银毫及五分镍币，以及二分、一分、五厘与一厘四种铜币为辅币。有鉴此为全新设计的套币，造币总厂特委托奥地利维也纳造币厂负责这套银、铜币的模具设计与制作，模具在完成后即送交造币总厂，曾开制各种面值的宣统年造"大清银币"与"大清铜币"。其中铜辅币除一厘、一分短暂流通外，其他可能极少流通或未发行流通，存世数量稀少，有厚、薄坯及多种铜质试样。

宣统年造一厘系列

宣统二年（1910年）铜辅币从实物发现情况来看一厘曾经短暂流通过，存世数量稀少。宣统年造一厘（HB.75）此版属试样性质，币坯制作精良，压力足，外缘明显异于流通币，目前仅见数枚，可能为奥地利维也纳造币厂造。一厘除红铜外另有黄铜、青铜材质存世，也许是造币总厂研拟调整各种铜元的合金比例的试样。目前宣统年造铜辅币有全套青铜材质存世，2008年香港诺曼·亚克斯集藏钱币专场拍卖拍出。单面锡合金样于1991年陈丹尼拍卖拍出。

HB.74（1910）宣统年造一厘

HB.75（1910）宣统年造一厘，样币

HB.75a（1910）宣统年造一厘，青铜

HB.75b（1910）宣统年造一厘单面，锡合金

HB.75c（1910）宣统年造一厘单面，锡合金

级别	普品	极美	近未使用	未使用
HB.74	4级	30 000	60 000	100 000
HB.75	3级			350 000
HB.75b	2级			80 000

级别	普品	极美	近未使用	未使用
HB.75a	4级			380 000
HB.75c	2级			80 000

HB.76（1910）宣统年造一厘，黄铜

HB.77（1910）宣统年造五厘

宣统年造五厘系列

宣统二年（1910年）铜辅币从实物发现情况来看其中五厘数量最少，应属试样性质，未参与发行流通。五厘除红铜外，另有青铜、白铜材质存世。中国钱币博物馆于2016年10月在馆内举办"中国铜元精品展"中展出宣统年造五厘白铜一对，诸谱未载，为近年铜元界新发现的珍品，钱博馆测得主要金属成分：76%铜，23%镍，典型镍白铜材质。单面锡合金样于1991年陈丹尼拍卖拍出。

HB.77a（1910）宣统年造五厘，青铜

HB.77b（1910）宣统年造五厘，白铜

HB.77c（1910）宣统年造五厘单面，锡合金

	级别	普品	极美	近未使用	未使用		级别	普品	极美	近未使用	未使用
HB.76	4级			250 000							
HB.77	3级				400 000						
HB.77a	2级				450 000						
HB.77b	2级				无定价	HB.77c	2级				无定价

HB.78（1910）宣统年造一分，样币

HB.78a（1910）宣统年造一分，青铜

宣统年造一分系列

宣统二年（1910年）铜辅币从实物发现情况来看一分曾经短暂流通过，存世数量稀少。宣统年造一分（HB.78）此版属试样性质，币坯制作精良，压力足，外缘明显异于流通币。一分除红铜外，另有黄铜、青铜材质存世。图示青铜一分于2008年香港诺曼·亚克斯集藏钱币专场拍卖拍出。单面锡合金样于1991年陈丹尼拍卖拍出。

HB.78b（1910）宣统年造一分，黄铜

HB.78c（1910）宣统年造一分

HB.78d（1910）宣统年造一分单面，锡合金

	级别	普品	极美	近未使用	未使用		级别	普品	极美	近未使用	未使用
HB.78	4级				250 000						
HB.78a	3级				300 000						
HB.78b	3级				300 000						
HB.78c	3级		60 000				HB.78d	2级				无定价

HB.79（1910）宣统年造二分单面，锡合金

宣统年造二分系列

宣统二年（1910年）造币总厂委托奥地利维也纳造币厂负责这套全新设计银、铜币的模具设计与制作。目前见有维也纳造币厂全套银币单面锡合金样存世，铜币单面锡合金样完整的有一厘和二分，五厘和一分只见面版锡合金样，于1991年陈丹尼拍卖拍出。宣统年造二分薄坯版，币坯制作精良，压力足，字表平，外缘明显于国内试样，目前仅见，可能为奥地利维也纳造币厂造。二分除红铜外，另有青铜、白铜材质存世。

HB.80（1910）宣统年造二分单面，锡合金

HB.81（1910）宣统年造二分　　　　　　　　HB.81a（1910）宣统年造二分，薄坯

HB.81b 宣统年造二分，青铜　　　　　　　　HB.81c 宣统年造二分，白铜

	级别	普品	极美	近未使用	未使用		级别	普品	极美	近未使用	未使用
HB.79	2级				无定价						
HB.80	2级				无定价						
HB.81	3级				400 000	HB.81a	2级				450 000
HB.81b	2级				450 000	HB.81c	1级				无定价

宣统三年大清铜币系列

宣统三年大清铜币系列

宣统三年（1911年，岁次辛亥），造币总厂新设计宣统三年版大清银币计有一圆、五角、二角、一角四种面值的银币，待流通版的宣统三版银币确定后，祖模次第告成，交由宁、鄂两厂，定期先行开制银币，总厂则先造铜辅币。总厂根据国人使用制钱的习惯，修改宣统二年版的铜元，并增加了制钱形制的小币值铜元，生产宣统三年版大清铜币，计有一文、二文、五文、十文、二十文等多种面值，其中除了十文与黄铜一文大量流通，宽缘五文短暂流通外，其他皆为试样币未发行流通，存世数量稀少，有厚、薄坯、满穿及多种铜质试样。此时铜币系统又从"银辅币"的角色改回传统相对制钱作价的虚值大钱了，前一年刚公布的《币制则例》形同虚设。该套精美的银铜套币面世后不久就爆发辛亥革命，随着清朝的灭亡而告终。另，中国钱币博物馆藏有宣统三年版大清铜币各种留档样币，均为出厂状态，品相完美，弥足珍贵。

HB.82（1911）大清铜币一文，黄铜

大清铜币一文、二文系列

大清铜币一文、二文系列中除了HB.82有大量流通外，其他皆为试样币未发行流通。其中大清铜币一文试样黄铜和试样满穿版式相同，币坯制作精美，压力足，中穿及文字明显异于流通版，同属流通版试样或留档样币极其罕见。一文流通版红铜满穿存世较少。大清铜币二文六版中数白铜试样数量最少，其中中国钱币博物馆藏有一对，上海博物馆藏有满穿一枚，私人藏有一对。二文黄铜目前存世三枚皆为私人收藏。余下版式各见数枚。

HB.83（1911）大清铜币一文，黄铜，试样

一文，试样　　一文，流通

HB.83a（1911）大清铜币一文，试样，满穿

HB.84（1911）大清铜币一文，满穿

	级别	普品	极美	近未使用	未使用		级别	普品	极美	近未使用	未使用
HB.82	9级	50	300	600	2 000						
HB.83	2级				350 000						
HB.83a	2级				350 000	HB.84	4级				250 000

HB.85（1911）大清铜币二文，黄铜　　　　　　　　　HB.86（1911）大清铜币二文

HB.87（1911）大清铜币二文双花，黄铜　　　　　　　HB.88（1911）大清铜币二文双花，满穿

HB.89（1911）大清铜币二文双花，白铜　　　　　　　HB.90（1911）大清铜币二文双花，满穿，白铜

HB.91（1911）宣统三年五文　　　　　　　　　　　　HB.92（1911）宣统三年五文，宽缘

	级别	普品	极美	近未使用	未使用		级别	普品	极美	近未使用	未使用
HB.85	2级				450 000	HB.86	3级				300 000
HB.87	3级				400 000	HB.88	2级				550 000
HB.89	2级				无定价	HB.90	1级				无定价
HB.91	3级				350 000	HB.92	4级			80 000	150 000

HB.93（1911）宣统三年十文大字，白铜

宣统三年五文、十文系列

宣统三年五文、十文系列中除了宽缘五文可能短暂流通、HB.96 有大量流通外，其他皆为试样币未发行流通。大字十文白铜仅见此枚，目前下落不明，大字十文红铜可能为试样或短时流通性质。HB.95a 属样币性质，币坯制作精良，压力足，字表平，外缘明显异于流通版，目前除中国钱币博物馆藏留档样币一对外，另见数枚。十文黄铜目前为仅见品，马定祥先生旧藏，《中国铜元图典》图 491 原物。

HB.94（1911）宣统三年十文大字

HB.95（1911）宣统三年十文，黄铜

大字十文　　十文

HB.95a（1911）宣统三年十文，样币

HB.96（1911）宣统三年十文

级别	普品	极美	近未使用	未使用		级别	普品	极美	近未使用	未使用
HB.93	3级			无定价						
HB.94	3级			无定价						
HB.95	3级				500 000					
HB.95a	3级				400 000	HB.96	9级	200	800	2 000	10 000

HB.97（1911）宣统三年二十文

宣统三年二十文系列

宣统三年二十文为试样币未发行流通，存世稀少，有厚坯、薄坯及多种铜质试样。二十文厚坯极罕见，二十文青铜目前仅见两枚，一枚黄元文先生旧藏（图示），一枚马定祥先生旧藏。二十文白铜目前仅见两枚，图示为马定祥先生旧藏，《中国铜元图典》图488原物。另，除了中国钱币博物馆藏有二套宣统三年大清铜币，五文、十文、二十文留档样币外，目前所见仅存一套完整，日本秋友晁先生旧藏。

HB.97a（1911）宣统三年二十文，厚坯

HB.97b（1911）宣统三年二十文，青铜　　　　　HB.98（1911）宣统三年二十文，白铜

级别	普品	极美	近未使用	未使用		级别	普品	极美	近未使用	未使用
HB.97	2级				450 000					
HB.97a	2级				500 000					
HB.97b	2级				550 000	HB.98	1级				无定价

20
奉天篇

(FT)

奉天位于中国东北地区的南侧，清代东北三省之一，今辽宁省前身；东南隔鸭绿江与朝鲜为邻，东北、西与吉林、内蒙古、河北接壤。清置奉天府，光绪末年设奉天省，省城奉天府（今沈阳），简称"奉"。

光绪二十一年底（1896年初），盛京将军依克阿唐奏准建立盛京机器局制造银圆，厂址设在省城东关外东边门里奉军旧营房，光绪二十四年（1898年）七月竣工。光绪二十五年（1899年）增祺接任盛京将军后扩建奉天机器局，机造光绪通宝宝奉官版四方孔制钱。后又于光绪二十六年（1900年）上半年间，生产"奉天机器局造紫铜光绪通宝当十"机造方孔制钱。同年十月，庚子事变俄军入侵东北，奉局毁于战火。光绪二十八年（1902年）恢复重建，分别设立奉天机器局、奉天制造银圆总局。光绪二十九年（1903年），岁次癸卯，先行试造中花当十紫铜元，九月间，奉天银圆局开造"癸卯奉天省造光绪元宝"银、铜币，面版两旁标以"癸卯"的干支纪年，上缘"奉天省造"，中间满文有前期的"宝奉"（左右读）和后期的"奉宝"。光绪三十年（1904年）一月盛京将军增祺的奏折中说明奉天流通的铜元为黄铜（紫铜七成，白铅三成）。光绪三十年制造"甲辰"版铜元。光绪三十一年（1905年）五月户部造币总厂开工后，命令各省局改名户部造币分厂，过去所用的祖模一律废止，颁定统一祖模，由各厂派员至天津承领。奉天厂也依令改名为"奉天户部造币分厂"，根据部颁祖模制造了"乙巳中心奉大清铜币"红铜元。相比于其他分厂，奉天分厂是唯一开制乙巳大清铜币而未造丙午大清铜币的厂。奉天厂生产大清铜币期间，仍生产乙巳、丙午纪年的光绪元宝黄铜元，显然是获得了总厂的特许可不遵照旧模废止令，继续生产成本较低的黄铜元。宣统年间，奉天分厂除了己酉中心奉外还以原模代制无纪地的己酉大清铜币，同时也自行雕刻具有奉天地方特色的鸡爪龙版己酉大清铜币。

1929年（民国十八年）间，国民政府改奉天省为辽宁省，造币厂从兵工厂分出，改称"辽宁造币厂"（今沈阳造币厂）。由于历年来战事连绵，辅币通货紧缺，于7月开制东三省一分铜元。1930年（民国十九年），为纪念民国十八年东北军与苏联发生的"三江口海战"，以东北海军最强大的"海圻号"巡洋舰为模版，设计制作了军舰图案的铜元哈尔滨军舰壹分。它是中国众多铜元中绝无仅有的以"军舰"图案设计的钱币。此币系试样币，未经发行流通，币模现仍存于今沈阳造币厂。

奉天省造光绪通宝机制方孔制钱系列

奉天省造机制制钱

光绪二十五年（1899年）增祺接任盛京将军后扩建奉天机器局。光绪三十年二月二十日之《京报》刊登盛京将军增祺的奏折《试造银铜各元》，折中称"时值省城文钱缺乏，不敷周转，当用土法鼓铸制钱数十万吊，并以机器造四分重铜钱"，是为光绪通宝奉官版四分方孔制钱。后又于光绪二十六年（1900年）上半年间，生产机制紫铜当十钱，是为"光绪通宝奉天机器局造紫铜当十钱重二钱四分"。同年十月，庚子事变俄军入侵东北，奉局毁于战火。

FT.C1.1（1899）宝奉，红铜

FT.C1.2（1899）宝奉，锡合金

FT.C2.1（1899）宝奉官版四分

FT.C2.2（1899）宝奉官版四分，满穿

奉天机器局造光绪通宝紫铜当十钱系列

FT.C3（1900）紫铜当十小型

级别	普品	极美	近未使用	未使用		级别	普品	极美	近未使用	未使用
					FT.C1.1	2级			250 000	
					FT.C1.2	2级			200 000	
FT.C2.1	5级	20 000	40 000	60 000	FT.C2.2	2级			250 000	
FT.C3	3级	150 000	300 000							

FT.C4.1.1（1900）大字 / 长十　　　　　　　　FT.C4.1.2（1900）大字 / 长十，满穿

FT.C4.2（1900）大字 / 短十　　　　大字　　直撇光　　斜宝窄通　　斜宝宽通

FT.C5（1900）大字直撇光 / 偏天　　长十　　短十　　偏天

FT.C6（1900）斜宝窄通 / 偏天　　　　　　　　FT.C7（1900）斜宝宽通 / 短十

	级别	普品	极美	近未使用	未使用		级别	普品	极美	近未使用	未使用
FT.C4.1.1	6级		8 000	15 000	30 000	FT.C4.1.2	3级		80 000	150 000	250 000
FT.C4.2	6级		8 000	15 000	30 000						
FT.C5	5级		10 000	20 000	40 000						
FT.C6	6级		8 000	15 000	30 000	FT.C7	5级		10 000	20 000	40 000

FT.C8.1（1900）小字 / 短十

FT.C8.2（1900）小字 / 特小字

	级别	普品	极美	近未使用	未使用		级别	普品	极美	近未使用	未使用
FT.C8.1	6 级		8 000	15 000	30 000						
FT.C8.2	3 级		50 000	80 000	100 000						

奉天省造光绪元宝中花系列

奉天中花系列

奉天中花系列属试样性质，清代铜元中的大珍名誉品。奉天中花可细分三版。奉天中花水龙，目前为仅见品，上海博物馆收藏（钱币收藏家孙鼎先生捐赠）。奉天中花大英文坐龙，目前为仅见品，马定祥先生旧藏。奉天中花小英文坐龙目前已知存世两枚，分别为马定祥先生旧藏（图示）和伍德华先生旧藏。

FT.01（1903）中花 / 水龙，红铜

FT.02（1903）中花 / 小英文坐龙，红铜　　　　FT.03（1903）中花 / 大英文坐龙，红铜

奉天省造光绪元宝中满文（宝奉）系列

奉天省造中满文系列红铜

根据光绪三十年（1904年）盛京将军增祺的奏折可知，奉天所造紫铜当十铜元核计，需本较重，赔折甚多。复经查考南省，均已用黄铜，现已仿南省章程，改铜元为黄铜（紫铜七成，白铅三成，白铅即锌），故奉天红铜，存世相当稀少，为奉天铜元的名品。其中FT.04、FT.09二版目前为仅见品，其他品种红铜各存世数枚。另，中国钱币博物馆藏有FT.26、FT.27留档样币。

FT.04（1903）长勾绪，红铜

FT.05（1903）特长勾绪，红铜

癸卯纪年　　中满文宝奉

长勾绪　　特长勾绪

	级别	普品	极美	近未使用	未使用		级别	普品	极美	近未使用	未使用
FT.01	1级		无定价								
FT.02	1级		无定价			FT.03	3级		无定价		
FT.04	2级		350 000								
FT.05	2级		350 000								

FT.06（1903）窄宝广灭天 / 身压尾，红铜

窄宝

广灭天　　狭灭天

FT.07（1903）窄宝广灭天 / 身压尾　　　　FT.08（1903）窄宝广灭天 / 歪脖龙

  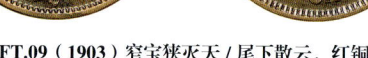     

FT.09（1903）窄宝狭灭天 / 尾下散云，红铜

FEN / 三英文　　身压尾　歪脖龙　尾下散云　断胸龙

FT.10（1903）窄宝狭灭天 / 尾下散云　　　　FT.11（1903）窄宝狭灭天 / 断胸龙

	级别	普品	极美	近未使用	未使用		级别	普品	极美	近未使用	未使用
FT.06	2级		350 000								
FT.07	5级		5 000	12 000		FT.08	5级		4 500	10 000	
FT.09	2级		350 000								
FT.10	5级		4 000	9 000		FT.11	5级		4 000	9 000	

FT.12（1903）窄宝长撇卯/三英文破版龙　　　　　　FT.13（1903）窄宝长撇卯/三英文特粗 I

窄宝长撇卯　　　　宽宝

高满文　　　中点接满绪

FT.14（1903）窄宝长撇卯/四英文

破版龙　　　特粗 I

FEN/三英文　　FUNG/四英文

FT.15（1903）高满宝狭天/三英文断胸龙

FT.16（1903）高满宝狭天/四英文　　　　　　FT.17（1903）中点接满绪/三英文断胸龙

	级别	普品	极美	近未使用	未使用		级别	普品	极美	近未使用	未使用
FT.12	5级		4 500	10 000		FT.13	5级		4 500	10 000	
FT.14	4级		10 000								
FT.15	6级		3 000	7 000							
FT.16	5级		4 500	10 000		FT.17	5级		4 500	10 000	

FUNG/四英文

粗条尾　　尾连线

FT.18（1903）中点接满绪/四英文尾连线

FT.19（1903）中点接满绪/四英文粗条尾，红铜　　　　FT.20（1903）中点接满绪/四英文粗条尾

小扁天　　奉字双尖捺

连横长捺天　　短横天

FT.21（1903）宝奉小扁天

FT.22（1903）奉字双尖捺　　　　　　　　　　FT.23（1903）连横长捺天/三英文龙

	级别	普品	极美	近未使用	未使用		级别	普品	极美	近未使用	未使用
FT.18	4 级		8 000								
FT.19	3 级			200 000	300 000	FT.20	4 级		8 500		
FT.21	6 级		3 000	7 000							
FT.22	5 级		4 500	10 000		FT.23	4 级		30 000		

FT.24（1903）连横长捺天/四英文龙　　　　　　FT.25（1903）宝奉短横天

奉天省造光绪元宝中满文（奉宝）系列

中满文奉宝

长制　　正制　　高满宝／低满宝

FT.26（1903）高满宝长制/短尾离云，红铜

FT.27（1903）高满宝长制/短尾离云　　　　　　FT.28（1903）高满宝长制/尾连线

FUNG/四英文

 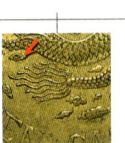

尾连线　　短尾离云

FT.29（1903）高满宝正制

级别	普品	极美	近未使用	未使用		级别	普品	极美	近未使用	未使用
FT.24	4级	15 000				FT.25	4级		30 000	
FT.26	4级				250 000					
FT.27	4级				250 000	FT.28	6级		4 000	9 000
FT.29	8级		1 500	3 500	12 000					

FT.30（1903）低满宝正制 / 短尾离云　　　　　FT.30a（1903）低满宝正制 / 尾连线

FT.31（1903）癸卯二十文　　　　　　　　　　甲辰纪年

FT.32（1904）甲辰十文　　　　　　　　　　　FT.33（1904）甲辰二十文

FT.34（1904）甲辰二十文，红铜

奉天省造甲辰廿文红铜

奉天省造甲辰廿文通常为黄铜质，且大量流通。奉天省造甲辰廿文红铜属试样性质，币坯制作精良，压力足，目前已知存世三枚，为奉天铜元的名品。奉天省造中满文系列红铜质，存世稀少，历来是深受藏家喜爱和追逐的铜元珍品。

	级别	普品	极美	近未使用	未使用		级别	普品	极美	近未使用	未使用
FT.30	7级		1 500	3 500	120 000	FT.30a	6级		4 000	9 000	
FT.31	6级		10 000	30 000	100 000						
FT.32	9级		700	1 500	6 000	FT.33	8级	1 000	3 000	7 000	18 000
FT.34	2级				500 000						

FT.35（1905）乙巳十文　　　　　　FT.36（1905）乙巳二十文

FT.37（1906）丙午正书午　　　　　乙巳纪年　　丙午纪年

　　　　　　　　　　　　　　　　　正书午　　　异书午

FT.38（1906）丙午异书午

大清铜币中心奉系列

乙巳奉五文

光绪三十一年（1905年）五月户部造币总厂开制后，命令各省省局改名户部造币分厂，颁定统一祖模。奉天厂也依令改名为"奉天户部造币分厂"，根据部颁祖模制造了"乙巳中心奉大清铜币"红铜元。相比于其他分厂，奉天分厂是唯一开制乙巳大清铜币而未造丙午大清铜币的厂。此版乙巳奉五文为近年新发现的大纲品种。由此可见奉天大清铜币可分三等。

FT.39a（1905）乙巳奉五文

级别	普品	极美	近未使用	未使用		级别	普品	极美	近未使用	未使用
FT.35	9级		700	1 500	6 000	FT.36	8级	1 000	3 000	7 000	18 000
FT.37	8级		3 000	10 000							
FT.38	7级		4 000	15 000							
FT.39a	2级		无定价								

乙巳十文

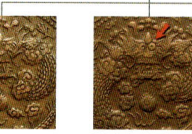

部颁龙　　大眼龙　　平身龙

FT.39（1905）乙巳奉十文 / 部颁龙

FT.40（1905）乙巳奉十文 / 大眼龙　　　　　　　**FT.41（1905）乙巳奉十文 / 平身龙**

乙巳二十文

部颁龙　　大眼龙　　平身龙

FT.42（1905）乙巳奉二十文 / 大眼龙

FT.43（1905）乙巳奉二十文 / 部颁龙　　　　　**FT.44 乙巳奉二十文 / 平身龙**

	级别	普品	极美	近未使用	未使用		级别	普品	极美	近未使用	未使用
FT.39	10级	50	400	1 000	4 500						
FT.40	8级	200	1 000	3 000		FT.41	8级	250	1 200	4 000	
FT.42	7级	400	2 000	5 000							
FT.43	8级	300	1 500	4 000		FT.44	7级	400	2 000	5 000	

FT.45（1907）高丁未奉十文 / 部颁龙　　　　　　　　FT.46（1907）高丁未奉十文 / 平身龙

FT.47（1907）低丁未奉十文 / 部颁龙　　　　　　　　FT.48（1907）低丁未奉十文 / 平身龙

十文高丁未　　十文低丁未

二十文丁未　　二十文斜丁未

FT.49（1907）丁未奉二十文 / 部颁龙

FT.50（1907）丁未奉二十文 / 平身龙　　　　　　　　FT.51（1907）斜丁未奉二十文

	级别	普品	极美	近未使用	未使用		级别	普品	极美	近未使用	未使用
FT.45	9级	100	500	1 200		FT.46	6级	500	2 500		
FT.47	10级	50	400	1 000	4 000	FT.48	7级	300	1 500		
FT.49	8级	300	1 500	4 000							
FT.50	7级	400	2 000	5 000		FT.51	5级	2 000	8 000		

宣统龙　　异面龙

FT.52（1909）己酉奉五文

FT.53（1909）己酉奉十文　　　　　　　　　　　　FT.54（1909）己酉奉十文/异面龙

FT.55（1909）己酉奉二十文

奉天合背

FT.56 十文粒齿部颁龙合背　　　　　　　　　　　FT.57 二十文粒齿部颁龙合背

	级别	普品	极美	近未使用	未使用		级别	普品	极美	近未使用	未使用
FT.52	5级	2 000	10 000	20 000							
FT.53	8级	300	1 000	3 000	15 000	FT.54	7级	500	2 500		
FT.55	6级	800	3 500	8 000	35 000						
FT.56	4级		100 000			FT.57	3级		150 000		

奉天当拾、当百、当圆筹码系列

FT.57a 奉天当拾

FT.57b 奉天当百

奉天当拾、当百、当圆系列

根据《沈阳造币厂志》记载:"光绪三十三年间铸造铜质筹码。正面图案:当圆、当拾与当百。"从实物观察:面值"当拾"配二文大清部颁龙、"当百"配奉天银币一钱四分四厘小蟠龙与"当圆"配奉天铜元十文大清龙(奉天特有的珠点马齿龙)。根据马定祥回忆,此套币是奉天造币厂内部员工使用的代用币。这套代用币虽无纪地但受到业内广泛认可故选录,其中以"当拾"最少。

FT.57c 奉天当圆

	级别	普品	极美	近未使用	未使用		级别	普品	极美	近未使用	未使用
FT.57a	4级		80 000	150 000							
FT.57b	5级		50 000	100 000							
FT.57c	6级		30 000	80 000							

东三省民国分币系列

FT.58（1929）东三省小写一分类

东三省分币系列

1929年，国民政府改奉天省为辽宁省。尔后经张学良提议，将造币厂从兵工厂分出，改称"辽宁造币厂"。由于历年战事连绵，东三省地区经济萎缩，市场萧条，铜元多被熔毁或大量外流日本，造成辅币通货紧缺。东北当局遂考虑发行辅币恢复经济，并以此来抵制日本货币的渗透。1929年张学良主持东三省财政金融会议，针对市面缺乏辅币流通，于7月下令开制东三省一分铜元。据史料记载，至1930年7月止，东三省一分铜元的产量为1 800万枚。按面背图案不同，东三省一分铜元可分两大类别：一类俗称大写版，属试样性质，未正式发行；另一类俗称小写版，币面中央为珠圈环绕的纪值文字（纪值文字作小写"一"，故称小写版），背面两梅花枝交错，中间为国民党党徽图案，小写版属正式发行的流通币，并有多种版别。

民国十八年　小写一分类　　平三／顿三

FT.58a（1929）东三省小写一分／大花

小写一分　　大写壹分

FT.59（1929）东三省小写一分／全花

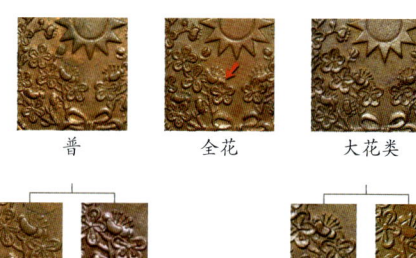

普　　全花　　大花类

级别	普品	极美	近未使用	未使用
FT.58	9级	80	300	800	2 500
FT.58a	6级		2 500	5 000	
FT.59	8级	150	600	1 500	4 500

级别	普品	极美	近未使用	未使用

FT.60（1929）东三省大字 / 大写壹分

东三省大写壹分

东三省大写壹分属试样性质，未正式发行，币面中央为国民党党徽图案，背面为纪值文字（纪值文字作大写"壹"，故称大写版）。大写版根据正面文字的大小不同，可分大字版、小字版两种，存世极稀，可能为试样或短时流通性质，皆属民国铜元中的名誉品。

FT.61（1929）东三省小字 / 大写壹分

大字　　小字

FT.62（1930）哈尔滨军舰壹分

哈尔滨军舰壹分

哈尔滨军舰壹分属试样性质，未正式发行，民国铜元中的顶级大珍名誉品，它是中国众多铜元中绝无仅有以"军舰"为图案的钱币，于1930年由沈阳造币厂设计与试制，币模目前收藏于沈阳造币厂。哈尔滨军舰壹分目前已知存世四枚，最早出现于1945年第172次中国泉币学社例会，由机制币收藏家张璜先生出品（左图），其余中的两枚分别由中国国家博物馆和上海博物馆收藏。

	级别	普品	极美	近未使用	未使用	级别	普品	极美	近未使用	未使用
FT.60	2级			350 000	550 000					
FT.61	2级			350 000	550 000					
FT.62	1级				无定价					

21
吉林篇

(KR)

吉林位于中国东北中部，东南与朝鲜、俄罗斯交界，南、西、北三面分别与辽宁、内蒙古、黑龙江为邻。清置吉林，以境内吉林城得名，简称"吉"。

清政府于光绪初年在省城吉林外松花江北岸设机器局，生产枪弹火药。光绪二十二年（1896年）十一月，因制钱产量不敷民用，宝吉局始生产光绪通宝背面满文宝吉七分重的机制方孔制钱，后因造钱工本费用太高，于翌年二月停造。吉林银圆局于光绪二十七年（1901年，岁次辛丑）间，仿照沙俄1戈比、2戈比、3戈比与5戈比铜币样式制造了吉林辛丑中花篮的铜元套币制钱十箇、二十箇、五十箇、一百箇，其大小对应银币一角、二角、五角与一圆。这套铜元结合了"吉林银圆"与"沙俄戈比"的特征，是见证时代的珍品，也是清末吉林造铜元的肇始。光绪二十八年（1902年）由吉林将军长顺奏准设立铜元局，初期制作了背版为飞龙的铜元，由于设备及制作技术欠佳，模具变更修模频繁，导致吉林铜元的版式在中国各省铜元中最为复杂。吉林飞龙铜元通过面文可分"大字"、"中字"与"小字"三大类。东北清代铜元珍品收藏历来就有"奉红吉黄"之说，即红铜奉天与黄铜吉林的光绪元宝铜元皆是少见的珍品。光绪三十二年（1906年）财政处照准广东改造一文铜元，由造币总厂仿照广东钱样颁发祖模，令各省一律办理。通过比较光绪通宝背宝吉（小字异书版）机制方孔钱与光绪通宝中吉制钱二文铜元的书体，其与吉林丁未银圆的文字相似，由此推论光绪三十三年期间宝吉局委托吉林铜元局（机器局）生产减重的"小字异书版"的一文黄铜机制制钱以及中心吉"制钱二文"的制钱型红铜铜元，后者为宝吉局融合制钱与铜元特色的一种独特创新设计。光绪三十四年（1908年）奉旨将吉林银圆局并入奉天厂成为"东三省制造银圆总局"，表面上奉、吉两厂虽合并，但吉林厂只是行政上隶属于东三省局，相当于该局的一个分厂。此时吉林造铜元为吉林省造中花当十、当二十坐龙。宣统元年（1909年），吉林厂依照度支部颁发的大清铜币的样式，首先开制"己酉中花大清铜币/坐龙"铜元。尔后改制"己酉中心吉大清铜币"。宣统二年（1910年）四月东三省总局又改名为"度支部奉天造币分厂"。"造币分厂中心吉鸡爪龙"一钱四分四厘银币与"己酉中心吉鸡爪龙"十文铜元，应该是奉天造币分厂为所属的吉林造币厂设计试制的样币，同属吉林钱币中大珍品，珍罕逾常。

吉林省造光绪通宝机制方孔制钱系列

KR.C1（1896）宝吉，缶宝

吉林省造机制制钱

光绪二十二年（1896年）十一月，因制钱产量不敷民用，宝吉局制造光绪通宝背满文宝吉七分重的机造方孔制钱，后因造钱工本费用太高，于翌年二月停造。光绪三十二年（1906年）财政处应请照准广东改造一文铜元，由造币总厂仿照广东钱样颁发祖模，令各省一律办理。通过比较铜元的书体，与吉林丁未银圆的文字相似，由此推论光绪三十三年期间宝吉局委托吉林铜元局（机器局）生产减重的"小字版"一文黄铜机制制钱以及中心吉"制钱二文"的制钱型红铜铜元，后者为宝吉局融合制钱与铜元特色的一种独特创新设计。

KT.C2（1896）宝吉，大字类

KR.C3（1907）宝吉，小字

级别	普品	极美	近未使用	未使用	级别	普品	极美	近未使用	未使用
					KR.C1	3级	无定价		
					KR.C2	8级	1 500	3 500	8 000
					KR.C3	4级	20 000	50 000	80 000

光绪通宝吉字二文 / 吉林省造中花当十

KR.01（1907）吉字二文

KR.02（1908）吉林中花当十坐龙

吉林省造光绪元宝十箇飞龙大类

中字龙

叠云龙

双卷云龙

3字云龙

右腿龙

飘带龙

蛇形龙

中字龙　叠云龙　双卷云龙　3字云龙　右腿龙　飘带龙　蛇形龙

	级别	普品	极美	近未使用	未使用		级别	普品	极美	近未使用	未使用
KR.01	7级	500	2 000	5 000	15 000	KR.02	7级	500	2 500	6 000	25 000

吉林省造光绪元宝十箇飞龙基本版

吉林省造十文、二十文系列

吉林省造十文、二十文系列面背版式众多，在中国各省铜元中最为复杂，这可能和当时造币厂制币制模技术有关。十文、二十文面可分小字、小字行书、中字、大字四类基本大版。十文、二十文背龙选择无龙珠、错英文 CASHIS、错英文 CACHES、小英文、抬头龙、坐龙等特色版介绍，其余合并大类介绍。由于篇幅有限，细目及对应年代在此不一一展开。具体可参见《吉林铜元》一书。

KR.03（1902）小字十箇

KR.04（1902）中字十箇

十箇小字　　十箇中字　　十箇大字

KR.05（1902）大粗字十箇梅花星

梅花星大粗字　　五角星

大细字　　特大字

KR.06（1902）大细字十箇五角星

KR.06a（1902）特大字十箇

级别	普品	极美	近未使用	未使用		级别	普品	极美	近未使用	未使用
KR.03	8级	300	1 200	3 000						
KR.04	7级	400	2 000	5 000						
KR.05	8级	350	1 500	3 500						
KR.06	8级	300	1 200	3 000	40 000	KR.06a	7级	400	2 000	5 000

吉林省造光绪元宝十箇飞龙特色版

KR.07（1902）小字十箇 / 无龙珠

小字飞龙　　无龙珠

小字 /CASHIS　　中字 /CASHIS

KR.08（1902）小字十箇 / CASHIS　　　　　　KR.09（1902）中字十箇 / CASHIS

KR.10（1902）中字十箇 / 小英文

小英文　　抬头龙　　反1

KR.11（1902）中字十箇 / 抬头龙　　　　　　KR.12（1902）中字十箇 / 反1

	级别	普品	极美	近未使用	未使用		级别	普品	极美	近未使用	未使用
KR.07	5级	5 000	20 000								
KR.08	4级	5 000	20 000			KR.09	5级	4 000	12 000		
KR.10	5级	3 000	10 000								
KR.11	5级	3 000	10 000			KR.12	5级	2 500	8 000		

KR.13（1902）十箇 / CACHES　　　　　CACHES　　大细字五角星　　大细字梅花星　　十箇小字　　十箇行书

KR.14（1902）大细字十箇梅花星　　　　　　　　　KR.14a（1902）行书十箇

KR.15（1902）小字十箇 / 飞龙，黄铜　　　　　　　KR.16（1902）小字十箇 /10 后无点，黄铜

KR.17（1902）小字十箇 / 反飘云，黄铜　　　　　　KR.18（1902）大字十箇 / 飞龙，黄铜

	级别	普品	极美	近未使用	未使用		级别	普品	极美	近未使用	未使用
KR.13	3级		80 000								
KR.14	6级	1500	6 000			KR.14a	4级		50 000		
KR.15	5级		30 000			KR.16	5级		30 000		
KR.17	5级		30 000			KR.18	4级		60 000		

吉林省造光绪元宝二十筒飞龙系列

KR.19（1902）小字二十筒 / 飞龙　　　　　　　　KR.20（1902）二十筒 / CASHIS

KR.21（1902）二十筒 / 飞龙，黄铜　　　　　　　KR.21a（1902）二十筒 / 类黄铜版飞龙

KR.21b（1902）二十筒 / 九尾飞龙　　　　　　　KR.21c（1902）行书二十筒

KR.21d（1902）二十筒 / 蛇型飞龙

小字　　行书　　中字　　大字

级别	普品	极美	近未使用	未使用		级别	普品	极美	近未使用	未使用
KR.19	8级	800	4 000	12 000		KR.20	5级		20 000		
KR.21	4级	15 000	80 000	180 000		KR.21a	5级	4 000	20 000		
KR.21b	5级		8 000			KR.21c	4级		50 000		
KR.21d	5级		8 000								

KR.22（1902）大字二十箇 / 飞龙　　　　　　KR.22a（1902）大字二十箇 / 3字云飞龙

KR.23（1902）中字二十箇 / 飞龙　　　　　　KR.23a（1902）中字二十箇 / 3字云飞龙

KR.24（1908）二十箇 / 坐龙

吉林二十文坐龙

吉林二十文坐龙属短期流通币。光绪三十四年（1908年，岁次戊申），东三省总督徐世昌奏请"将宝吉局归并银圆局，搭造铜元"，而这银圆局就是已归属于东三省局的原吉林银圆局。所以在光绪三十四年间吉林飞龙铜元就转向了类似银币戊申坐龙的风格，产生了"面中满文二十箇（旧版）背坐龙"与全新版的"吉林面中花当十、二十背坐龙"。吉林二十箇坐龙较为稀少，长横光版更稀。

KR.25（1908）二十箇长横光 / 坐龙　　　　　　KR.26（1908）中花当二十 / 坐龙

级别	普品	极美	近未使用	未使用		级别	普品	极美	近未使用	未使用
KR.22	7级	1 200	5 000	15 000	60 000	KR.22a	4级	10 000	40 000		
KR.23	4级	15 000	50 000			KR.23a	4级	18 000			
KR.24	5级	4 000	20 000								
KR.25	4级	10 000	40 000	100 000		KR.26	6级	4 000	20 000	50 000	150 000

大清铜币己酉中心吉系列

KR.27（1909）吉十文/鸡爪龙

己酉吉十文鸡爪龙

己酉吉十文鸡爪龙属试样性质，未正式发行，风格同"造币分厂宣统元宝中心吉鸡爪龙"一钱四分四厘银样币，此品存世极稀，属清代铜元中的名誉品。目前已知存世两枚，2008年香港诺曼·亚克斯集藏钱币专场拍卖拍出一枚，可能为伍德华先生旧藏，图示为《中国铜元图典》图252原物，马定祥先生旧藏。

KR.28（1909）小吉十文/地方平龙

己酉纪年

小吉　　　　中吉　　　　大吉

KR.29（1909）小吉十文/地方凸龙

平龙　　　凸龙

二十文正酉　二十文斜酉

KR.29a（1909）中吉十文/地方凸龙

KR.29b（1909）中吉十文/地方平龙

	级别	普品	极美	近未使用	未使用		级别	普品	极美	近未使用	未使用
KR.27	1级				无定价						
KR.28	8级	200	1 000	3 000							
KR.29	7级	600	4 000								
KR.29a	7级	600	4 000			KR.29b	7级	600	4 000		

KR.30（1909）大吉十文 / 地方凸龙　　　　　　　KR.31（1909）大吉十文 / 地方平龙

KR.32（1909）吉二十文正酉　　　　　　　KR.33（1909）吉二十文斜酉

大清铜币己酉中花系列

KR.34（1909）己酉中花 / 地方凸龙　　　　　　　KR.34a（1909）己酉中花 / 地方平龙

中花　　中花有圈

KR.35（1909）己酉中花有圈 / 地方凸龙

	级别	普品	极美	近未使用	未使用		级别	普品	极美	近未使用	未使用
KR.30	8 级	300	1 500	5 000		KR.31	7 级	600	4 000		
KR.32	7 级	2 000	8 000	18 000		KR.33	7 级	2 500	10 000		
KR.34	8 级	300	1 500	5 000		KR.34a	7 级	600	4 000		
KR.35	8 级	300	1 500								

吉林省造光绪元宝辛丑中花篮系列

吉林辛丑中花篮系列

光绪二十七年（1901年，岁次辛丑），吉林银圆局仿沙俄戈比铜币制造了吉林辛丑中花篮的铜元套币，币面风格与吉林银币相仿，中间有花篮图案，币背风格兼容中俄铜币特色，中间吉林坐龙，上下英文在具有沙俄戈比风味的两幅旗帜中。这套铜元是见证时代的珍品，也是清末吉林铜元的开山之作，可能属于试制或短时流通性质，非常稀少。花篮二十箇目前已知存世三枚，其中一枚藏于中国国家博物馆，一枚珍藏于已故藏家骆泽民后人。花篮五十箇目前仅见，陈丹尼先生旧藏。花篮一百箇为多年前沈阳张先生所首次发现，当时轰动了整个钱币收藏界，目前为仅见品。近年国外新发现花篮十箇为张南琛先生旧藏，目前仅见，再次印证了铜元的魅力在于不断有新发现。

辛丑纪年　　中花篮

KR.36（1901）辛丑中花篮二十箇（原大）

KR.37（1901）辛丑中花篮五十箇（原大）

KR.38（1901）辛丑中花篮壹百箇（原大）

KR.39（1901）辛丑中花篮十箇（原大）

级别	普品	极美	近未使用	未使用	级别	普品	极美	近未使用	未使用
KR.36	1级		无定价		KR.37	1级		无定价	
KR.38	1级		无定价		KR.39	1级		无定价	

22
民国篇

(MG)

　　1912年（民国元年）1月10日民国政府临时参议院通过以五色旗为国旗、十八星旗为陆军旗的议案。元月，江宁厂改称"中华民国江南造币厂"，2月10日改称"中华民国财政部江南造币总厂"。孙中山先生3月9日颁布临时大总统令，对新造货币式样作了较明确的规定："拟另刊新模，鼓铸纪念币……中间应绘五谷模型，取丰岁足民之义，垂劝农务本之规"。此时江南厂制造了"五谷模型""隶书面缠枝花"版开国纪念币。武昌厂亦参照江南厂设计出"面珠圈"双旗开国纪念铜币，币背图案按部颁五谷模型。其间武昌造币厂还制造了袁世凯像共和十文铜元。武昌分厂自1919年（民国八年）后，曾大量生产前清户部二十文减重铜元牟利。安庆铜元厂先于民国二年（1913年）起制造了"异刻旗/六角星"、"面梅花星"、"连叶纹"开国纪念币，其间还制造了徐世昌像铜元。天津造币厂造有十文、二十文共和纪念币。1916年（民国五年）2月天津造币总厂根据《国币条例》之规定，发行了标明与银圆比价的五年版二分、一分、五厘三种铜币，成分重量均按《国币条例》办理。此币中心有一圆孔，以与旧铜元有所区别。

　　1932年（民国二十一年），由于北方辅币缺乏，商民交易不便，天津厂根据原来的嘉禾币修改制造了计二年版的一分、二分嘉禾铜元。而在1931年（民国二十年）国民政府试用《中国逐渐采行金本位币制法草案》，向美国费城造币厂定制金本位套币祖模。民国二十一年的金本位套币中壹仙为铜辅币，后因计划取消故仅存试制样币。此时，上海中央造币厂已大致完成启用，为了统一币制收回各省的造币权，遂于同年6月命令各省造币厂关闭，当时除了少数军阀割据的省份，全国各省造币厂大部分奉命关厂。1935年（民国二十四年）底，央厂收到美国费城造币厂设计法币的镍铜辅币的币模。镍辅币正面孙中山肖像，背面古布币图，正背面环饰回纹。铜辅币正面为"青天白日"国民党党徽，背面古布币图，正背面皆环饰回纹。财政部明令于1936年2月10日，由中央银行正式发行标准二十五年版的镍铜辅币。1937年（民国二十六年）抗日战争全面爆发，中央造币厂停工内迁，从此造币任务主要由武昌、成都、桂林、兰州、昆明等分厂来完成，抗战时中央造币厂成为管理机构。

　　民国时期，除中央版外少数省份也量产了极具地方特色的铜币，其中有山西、甘肃、察哈尔、贵州、绥远、陕西铜元。抗战时期日本帝国主义扶植的傀儡汉奸政府也发行了种类繁多的各式货币。

民国通宝方孔制钱系列

"民国通宝"一文铁钱

此民国初年所造的铁钱,铭文上没有年份及产地,故长久以来都处于待考状态。据孙浩先生考,1917年上海出版的英文《皇家亚洲文会北中国分会年刊》,意大利驻华使馆参赞罗斯(Giuseppe Ros)发表了一篇《中华民国钱币》,文中叙述:1913年(民国二年)时,天津造币总厂进行了一项尝试,制作一种式样简洁的铁质一文制钱,只压印了少数的币样,未发行流通。原因是总厂当局在模具完成后,了解到以铁造币并不合适而没有继续进行。文后附照片及说明,规格为重5克、直径24毫米、光边等。目前仅见数枚,含三种试样。

MG.C1(1913)民国通宝一文,铁质

MG.C2(1913)民国通宝一文,铁质满穿

MG.C3(1913)民国通宝一文,铁质满穿钻孔

	级别	普品	极美	近未使用	未使用
MG.C1	3级				250 000
MG.C2	2级				无定价
MG.C3	2级				无定价

面珠圈开国纪念币系列（武昌厂）

MG.01 面珠圈开国纪念币五文（原大）

面珠圈开国纪念币五文、二十文、五十文系列

据考，此系列为武昌造币厂试制，未正式发行，民国铜元中的顶级大珍名誉品。罗斯发表于1917年上海《皇家亚洲文会北华分会年刊》的内容：1915年武昌造币厂已刻好了开国纪念币五文之模，但发现此时铜价已高，将会使造币厂产生巨大亏损，因此财政部没有同意量造。到1916年时湖南省十文、二十文铜元也在湖北流通。此时武昌造币厂厂长发现因铜价高涨，如造高面值铜元则较有利可图，因此雕妥模具准备生产，但此案后被财政部驳回。开国纪念币五文、二十文目前仅见数枚，开国纪念币五十文模具系修改自二十文，通过资料比对而知可能存世三枚，目前实物仅见此品，马定祥先生旧藏，是中国铜元绝无仅有的大珍币。

MG.02 面珠圈开国纪念币二十文（原大）

MG.03 面珠圈开国纪念币五十文（原大）

面珠圈开国纪念币系列

皱条旗　　平条旗

MG.04 面珠圈皱条旗

MG.05 面珠圈平条旗

	级别	普品	极美	近未使用	未使用		级别	普品	极美	近未使用	未使用
MG.01	1级				无定价						
MG.02	1级				无定价						
MG.03	1级				无定价						
MG.04	10级	10	50	200	1 500	MG.05	10级	10	50	200	1 500

圆阴九点　　长阴九点　　阳九点　　阳十点

MG.06（1912）面珠圈阳九点，厚坯

MG.07（1912）面珠圈阳九点　　　　　　　　MG.08（1912）面珠圈阳十点

面珠圈开国纪念币系列（安庆厂）

异刻旗大边花　　异刻旗小边花

大十文、十字花

MG.09（1912）面珠圈长阴九点

MG.10（1913）面珠圈异刻旗大边花／大十文　　　MG.11（1913）面珠圈异刻旗小边花／大十文

	级别	普品	极美	近未使用	未使用		级别	普品	极美	近未使用	未使用
MG.06	3级			100 000							
MG.07	10级	10	50	200	1 500	MG.08	9级		50	150	300	2 000
MG.09	9级	50	150	300	2 000						
MG.10	4级		15 000			MG.11	4级		15 000		

六角星类　　大边花上刻线　　大边花上下刻线

小边花无刻线　　大边花下刻线

MG.12（1913）面珠圈异刻旗大边花上刻线 / 六角星类

MG.13（1913）面珠圈异刻旗大边花上下刻线 / 六角星　　　MG.14（1913）面珠圈异刻旗小边花无刻线 / 六角星类

大五角星　　梅花星

MG.15（1913）面珠圈异刻旗小边花下刻线 / 六角星类

MG.16（1914）面珠圈大五角星　　　　　　　　　　　MG.17（1921）面珠圈梅花星错配连叶纹

	级别	普品	极美	近未使用	未使用		级别	普品	极美	近未使用	未使用
MG.12	6级	500	1 500	3 500							
MG.13	5级	700	3 000	15 000		MG.14	9级	50	150	300	2 000
MG.15	9级	50	150	300	2 000						
MG.16	9级	50	150	300	2 500	MG.17	8级	150	500	1 000	

MG.18（1914）面珠圈梅花星

MG.19（1914）面珠圈梅花星，黄铜

缠枝花开国纪念币系列（安庆厂）

MG.20（1921）楷书未完成样

楷书未完成样

缠枝花开国纪念币十文楷书未完成品单面币系模具半成时试模查看效果的试样币，左右旗面内容空缺待定。此枚目前为仅见品，马定祥先生旧藏，最早刊登于马定祥先生纪念册，首次亮相于2011年12月北京保利马定祥遗珍专场拍卖。据考，缠枝花开国纪念币楷书和隶书，均为安庆造币厂制造。

MG.21（1921）楷书/连叶纹类

缠枝花开国纪念币系列

楷书连叶纹类　　反叶连叶纹

MG.22（1921）楷书/反叶连叶纹

MG.23（1921）楷书错配早期十文

	级别	普品	极美	近未使用	未使用		级别	普品	极美	近未使用	未使用
MG.18	10级	10	50	200	2 000	MG.19	6级		5 000		
MG.20	1级			无定价							
MG.21	10级	10	50	500	2 000						
MG.22	8级	500	2 000	5 000	15 000	MG.23	9级		50	150	3 500

MG.24（1921）楷书类错配隶书连叶纹

中钮反搭

MG.25（1921）中钮反搭 / 连叶纹　　　　　　MG.26（1921）反搭 / 反叶连叶纹

MG.27（1918）隶书 / 连叶纹类

楷书　　　隶书

MG.28（1921）隶书错配楷书连叶纹类

楷书连叶纹类　　隶书连叶纹类

	级别	普品	极美	近未使用	未使用		级别	普品	极美	近未使用	未使用
MG.24	5 级	2 500	10 000	30 000		MG.26	7 级	800	3 500	10 000	
MG.25	8 级	400	1 500	4 000	12 000						
MG.27	10 级	10	50	200	2 000						
MG.28	7 级	700	3 000	8 000							

缠枝花开国纪念币系列（江南厂）

MG.29（1912）简花／一点星

MG.30（1912）简花／七点星

MG.31（1912）繁花／七点星

MG.32（1912）繁花／一点星

MG.33（1912）繁花／七点星，黄铜

繁花七点星黄铜

繁花七点星黄铜属试样性质，目前为仅见品，马定祥先生旧藏，《中国铜元图典》图559原物。此币从制作精美程度以及币坯完整情况上相比他省黄铜试样来得差，编者认为此币系调机压力所用，并非不同材质之试样币。

MG.34（1912）窄旗／七点星

简花　　繁花　　窄旗

一点星　　七点星类

级别	普品	极美	近未使用	未使用		级别	普品	极美	近未使用	未使用
MG.29	9级	20	100	200	2 500	MG.30	8级	300	800	1 500	
MG.31	10级	10	50	200	2 000	MG.32	9级	50	150	300	3 000
MG.33	3级			25 000							
MG.34	9级	50	150	400	3 000						

MG.35（1912）窄旗/空心六角星

MG.36（1912）窄旗/中点六角星

MG.37（1912）圆国大结/三点星

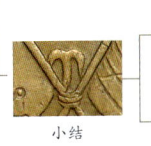

圆国　大结　长点国
　　　小结　短点国

MG.38（1912）圆国大结/二点星

MG.39（1912）圆国长点国/二点星

MG.40（1912）圆国长点国/三点星

MG.41（1912）圆国长点国/空心六角星

	级别	普品	极美	近未使用	未使用		级别	普品	极美	近未使用	未使用
MG.35	7级	300	1 000			MG.36	8级	100	800	1 200	
MG.37	9级	50	300	500	3 500						
MG.38	7级	350	3 000			MG.39	10级	20	50	250	2 500
MG.40	10级	20	50	250	2 500	MG.41	7级	300	1 500		

二点星　　　三点星

空心六角星　　中点六角星　　六角星英文中带点

MG.42（1912）圆国长点国/中点六角星

MG.43（1912）圆国长点国/六角星英文中带点　　**MG.44（1912）圆国短点国/空心六角星**

MG.45（1912）圆国短点国/中点六角星　　**MG.46（1912）圆国短点国/二点星**

MG.47（1912）圆国短点国/三点星　　**MG.48（1912）开国十文圆国错配七点星**

	级别	普品	极美	近未使用	未使用		级别	普品	极美	近未使用	未使用
MG.42	7级	300	1 500								
MG.43	6级	1 500	4 500			MG.44	9级	50	200	400	3 000
MG.45	9级	50	200			MG.46	7级	350	2 000		
MG.47	6级		4 500			MG.48	7级	300	1 500	2 500	8 000

中圆孔嘉禾系列

民国五年

MG.49（1916）民国五年嘉禾伍厘

伍厘，签字版　　壹分，签字版

MG.50（1916）民国五年嘉禾伍厘，满穿

五年嘉禾伍厘签字版

1917年2月天津造币总厂根据《国币条例》之规定，发行了标明与银圆比价的"五年版"二分、一分、五厘三种铜币，成分、重量均按国币条例办理。五年嘉禾伍厘L.GIORGI签字版属试样性质，民国铜元签字版之一，大珍名誉品，目前为仅见品，由上海博物馆收藏（钱币收藏家李伟先先生捐赠）。

MG.51（1916）民国五年嘉禾伍厘，签字版

MG.52（1916）民国五年嘉禾壹分　　　　MG.53（1916）民国五年嘉禾壹分，满穿

	级别	普品	极美	近未使用	未使用		级别	普品	极美	近未使用	未使用
MG.49	8级	100	350	800	2 500						
MG.50	4级				150 000						
MG.51	1级				无定价						
MG.52	9级	80	200	400	1 500	MG.53	5级				100 000

五年嘉禾壹分签字版

五年嘉禾壹分 L. GIORGI 签字版属试样性质，民国铜元签字版之一，名誉品，目前已知存世数枚，都为中国香港黄华枢、日本秋友晃等名家旧藏；另一枚由上海博物馆收藏（钱币收藏家李伟先生捐赠）。

MG.54（1916）民国五年嘉禾壹分，签字版

五年嘉禾贰分

1917年2月天津造币总厂根据《国币条例》之规定，发行了标明与银圆比价的"五年版"二分、一分、五厘三种铜币，成分、重量均按国币条例办理。其中五年嘉禾贰分属试样性质，未正式发行，名誉品。目前已知存世四枚，珍罕逾常。

MG.55（1916）民国五年嘉禾贰分

民国廿二年

MG.56（1933）民国廿二年嘉禾壹分

MG.56a（1933）民国廿二年嘉禾壹分，满穿　　　　MG.57（1933）民国廿二年嘉禾贰分

	级别	普品	极美	近未使用	未使用		级别	普品	极美	近未使用	未使用
MG.54	1级				600 000						
MG.55	1级				800 000						
MG.56	9级	80	200	500	2 000						
MG.56a	3级				150 000	MG.57	8级	150	500	1 200	6 000

共和纪念币系列

MG.58（1913）共和纪念币十文　　　　　　　　　　MG.59（约1921）共和纪念币二十文

MG.60（1913）共和纪念币十文，签字版

共和纪念币十文签字版

清末的天津原有两个造币厂，宣统二年清廷将度支部造币津厂（原北洋局位于天津西窑洼）停办，只留下位于大经路的度支部造币总厂。1912年3月初，北洋乱兵夜袭造币总厂，总厂被毁，损失惨重，于是筹划在以前停办的北洋银铜元局的西窑洼旧址来开办"分厂"鼓造铜元。此时原总厂的旁边空地正兴建"新厂"于1914年开制银圆。当局合并分、新二厂为总厂，为了区别，将西窑洼处称为"西厂"，而在大经路处为"东厂"，原则上西厂专造铜元，东厂则造银币，这就是民国时代的天津造币厂。

共和纪念币十文由意大利籍雕刻师路易奇·乔奇设计，应该是1913年以后，造于"西厂"。钱币图案也按照民国元年南京临时政府颁布的"五谷模型"规定：币面交叉两幅五色旗，币背呈现五谷丰登的景象。设计出自名家，令当时他省的"五谷铜元"只得望其项背，为民国的珍稀币之一。共和纪念币十文 L.GIORGI 签字版属试样性质，民国铜元签字版之一，签字版红铜目前已知存世数枚，有薄、厚坯，签字版青铜目前已知存世两枚，图示此枚为已故马来西亚华侨收藏家黄元文先生旧藏。另外，共和纪念二十文的发行时间在1921年左右。

共和十文，签字版

MG.61（1913）共和纪念币十文签字版，青铜

	级别	普品	极美	近未使用	未使用		级别	普品	极美	近未使用	未使用
MG.58	9级	100	800	2 000	10 000	MG.59	8级	200	1 500	4 000	20 000
MG.60	2级				400 000						
MG.61	2级				500 000						

人像十文系列

MG.62（1913）袁世凯小面像

袁世凯像共和十文系列

据伍谱记载，武昌造币厂造袁世凯像共和十文铜币，有两种版式：大面像是雕刻师王少贤所刻；小面像为朱子芳所雕。大面像未正式发行流通，历来受到铜元收藏家所追捧，是民国铜元的大珍之一。小面像发行量小，今日也成为名誉品。袁世凯小面像银质属试样性质，目前为仅见品，由上海博物馆收藏（李伟先先生捐赠）。袁世凯大面像试样未发行，目前已知存世数枚，另中国钱币博物馆藏有留档样币。袁世凯大面像锡合金属试样性质，目前已知存世两枚，图示为上海博物馆藏品（李伟先先生捐赠）；另一枚为马定祥先生旧藏。近年发现大面像单面试样一枚，目前仅见。

MG.63（1913）袁世凯小面像，银质

MG.64（1913）袁世凯大面像

袁世凯小面像　　袁世凯大面像

MG.64a（1913）袁世凯大面像，单面

MG.65（1913）袁世凯大面像，锡合金

	级别	普品	极美	近未使用	未使用		级别	普品	极美	近未使用	未使用
MG.62	4级			200 000	400 000						
MG.63	1级				无定价						
MG.64	1级			800 000	无定价						
MG.64a	2级			无定价		MG.65	1级				无定价

MG.66（1919）徐世昌像 / 双旗

MG.67（1919）徐世昌像 / 楷书连叶纹

MG.68（1919）徐世昌像 / 隶书连叶纹

MG.68a（约1920）徐世昌像 / 倪嗣冲像

徐世昌像十文系列

1918年10月10日，徐世昌受段祺瑞操控的安福国会支持，当选总统。皖督倪嗣冲与徐世昌在前清时代有所渊源，倪嗣冲刚步入仕途，即受到徐世昌的照顾有加。1918年底，安徽造币厂又开制铜元，倪嗣冲为讨好当时的新任总统徐世昌，令该厂生产印有徐世昌像的开国纪念币铜元。有人因"徐像仁寿同登"纪念银币造于天津厂，而误以为徐像铜元也是天津厂所造，实际从资料与背版分析，当是皖厂所为。徐世昌像铜元从1918年底到1920年先后共造有三版，存世皆稀少。2018年香港SBP春拍QDB集藏专场拍出一枚（MG.68a），R.B·怀特先生旧藏，此版的出现更能佐证徐世昌像系列铜元应为安徽造币厂所造而非天津造币厂。

级别	普品	极美	近未使用	未使用
MG.66	4级		250 000	500 000	
MG.67	4级		200 000	400 000	600 000
MG.68	5级		150 000	300 000	
MG.68a	4级		250 000		

布图分币系列

二十四年布图壹分系列

1935年11月国民政府公布法币政策，宣布白银国有化，放弃银本位币制，银圆拥有者须限期向指定银行兑换法币。政府除了要求指定银行发行法币纸钞外，还向美国费城造币厂订制镍铜辅币，但未能发行。二十四年布图壹分样币，分红铜、黄铜（可能为美国青铜）两种材质，小图为厚坯和黄铜对比图，厚坯背逆重9.2克，黄铜重6.2克。目前仅见此三枚，民国铜元纲目类珍稀品。

MG.69（1935）民国二十四年布图壹分，逆背，厚坯

MG.69a（1935）民国二十四年布图壹分　　　　MG.70（1935）民国二十四年布图壹分，黄铜

二十五年布图半分、壹分系列

1936年1月10日公布之辅币条例，规定廿分、拾分及伍分三种为纯镍币，壹分与半分两种为铜币，祖模从美国费城造币厂订购。另，中国钱币博物馆藏有全套二十五年铜辅币留档样币。铜币为上海中央造币厂制，壹分右星角为平津地区仿制。壹分银质齿边目前已知存世数枚，可能为费城造币厂试制，币坯为二十五年银币中圆，且有厚、薄坯之分。近年新见二枚铝质壹分试样。

MG.71（1936）民国二十五年布图半分

MG.72（1936）民国二十五年布图壹分　　　　MG.72a（1936）民国二十五年布图壹分，右星角，平津版

	级别	普品	极美	近未使用	未使用		级别	普品	极美	近未使用	未使用
MG.69	2级				300 000						
MG.69a	2级				300 000	MG.70	2级				300 000
MG.71	9级	50	100	200	800						
MG.72	10级	30	80	150	500	MG.72a	8级	200	600	1 500	5 000

MG.73（1936）民国二十五年布图壹分，齿边，银质

MG.73a（1936）民国二十五年布图壹分，铝质

二十六年布图半分、壹分系列

1937年爆发七七卢沟桥事变，对日抗战全面展开，8月13日日军进攻上海，中央造币厂停工内迁，民国二十六年镍铜币除壹分外均为试样未发行流通，中国钱币博物馆藏有全套二十六年铜辅币留档样币。二十六年布图半分除博物馆藏外仅见图示此枚，马定祥先生旧藏，《中国铜元图典》图976原物，民国铜元纲目类珍稀品，珍罕逾常。

MG.74（1937）民国二十六年布图半分

二十七年布图壹分

1937年8月上海中央造币厂内迁，次年恢复铜元生产。二十七年布图壹分黄铜属试样性质，目前已知存世两枚。二十七年版红铜流通币的合金标准为铜95%，锌4%，锡1%。此枚应该是分厂的技师为了降低成本，尝试调配合金比例的试制币。当时由总厂负责钱币的图案设计，分厂负责钱币合金比例的调配。

MG.75（1937）民国二十六年布图壹分

MG.76（1938）民国二十七年布图壹分

MG.77（1938）民国二十七年布图壹分，黄铜

	级别	普品	极美	近未使用	未使用		级别	普品	极美	近未使用	未使用
MG.73	1级				无定价	MG.73a	4级				80 000
MG.74	3级				无定价						
MG.75	10级	30	80	150	500						
MG.76	9级	80	200	350	1 200	MG.77	4级				150 000

MG.78（1939）民国二十八年布图壹分，直头八，桂林分厂造

二十八年布图半分、壹分系列

二十八年布图分币可分桂林、成都厂制，其中壹分红铜属流通币性质、铝质属试样性质，目前仅见。布图半分属试样性质，未正式发行，存世稀少，目前已知有红铜、黄铜、白铜及铝质试样存世。1939年11月8日，财政部致电中央造币厂，要求其研拟调配各种镍币、铜币的合金比例，以降低制造成本，此组半分应是成都造币分厂在修正条例尚未颁布前，先行设计了二十八年版半分模具，并以此模具制造的不同材质的试样币。

MG.78a（1939）民国二十八年布图壹分，弯头八，成都分厂造　　MG.79（1939）民国二十八年布图壹分，弯头八，铝质

MG.80（1939）民国二十八年布图半分，直头八　　MG.81（1939）民国二十八年布图半分，弯头八，黄铜

MG.82（1939）民国二十八年布图半分，弯头八，白铜　　MG.83（1939）民国二十八年布图半分，弯头八，铝质

	级别	普品	极美	近未使用	未使用		级别	普品	极美	近未使用	未使用
MG.78	8 级	80	200	350	1 200						
MG.78a	8 级	80	200	350	1 200	MG.79	4 级			无定价	
MG.80	4 级			80 000	150 000	MG.81	3 级			100 000	200 000
MG.82	3 级			200 000		MG.83	3 级			无定价	

二十九年布图一分、二分系列

1940年2月，财政部中央造币厂公布了修正的辅币条例：辅币改为四种，十分、五分镍币改为镍合金币（镍18%，铜55%，锌27%）；二分、一分红铜币改为黄铜币（铜65%，锌35%）。布图一分、二分黄铜属流通币性质，二分有厚、薄坯之分。布图一、二分黄铜样币，币坯制作精良，压力足，布图及文字明显异于流通版，属流通版试样或留档样币，目前仅见。二十九年布图二分红铜、白铜属不同材质的试样币，存世稀少。

MG.84（1940）民国二十九年布图一分，黄铜

MG.84a（1940）民国二十九年布图一分，黄铜，样币

一分　　　一分，样币

二分　　　二分，样币　　　厚坯

MG.85（1940）民国二十九年布图二分，黄铜

MG.85a（1940）民国二十九年布图二分，黄铜，厚坯样币

MG.86（1940）民国二十九年布图二分，红铜

MG.87（1940）民国二十九年布图二分，白铜

	级别	普品	极美	近未使用	未使用		级别	普品	极美	近未使用	未使用
MG.84	9级	80	150	300	1 000						
MG.84a	3级				150 000						
MG.85	9级	80	150	300	1 000	MG.85a	3级				150 000
MG.86	5级				100 000	MG.87	5级				120 000

三十年布图二分

三十年布图二分黄铜属试样性质,未正式发行,目前为仅见品,马定祥先生旧藏,《中国铜元图典》图988原物,2009年北京嘉德春拍马定祥专场拍出。三十年布图二分属于民国铜元纲目类珍稀品。

MG.88(1941)民国三十年布图二分,黄铜

三十七年布图一分

1945年8月15日日本宣告无条件投降,各分厂设备陆续迁回上海。1948年10月国民政府为了挽救法币贬值所造成的严重通货膨胀问题,改而推行金圆券制度,除了印发新纸币外,还要求上海的中央造币厂生产金圆券的三十七年版一分铜辅币,然而,新发行的金圆券很快剧烈贬值,一分铜辅币来不及大量使用,便退出了历史舞台。

MG.89(1948)民国三十七年布图一分

金本位壹仙

二十一年金本位壹仙系列

二十一年金本位套币中唯一一种铜质辅币,从目前的实物考证,金本位壹仙铜元祖模并没有从费城造币厂运送到上海造币厂制造,目前已知有红铜、青铜、白铜样币存世,均为目前仅见品。红铜(Proof)样币于2008年香港诺曼·亚克斯集藏钱币专场拍卖拍出,诺曼·亚克斯先生旧藏,青铜样币为丁张弓良女士旧藏,白铜样币目前下落不明,民国铜元中的大珍名誉品。

MG.90(1932)民国二十一年金本位壹仙

MG.91(1932)民国二十一年金本位壹仙,青铜

MG.92(1932)民国二十一年金本位壹仙,白铜

级别	普品	极美	近未使用	未使用		级别	普品	极美	近未使用	未使用
MG.88	2级				无定价					
MG.89	9级	80	150	300	800					
MG.90	1级				无定价					
MG.91	1级				无定价	MG.92	1级			无定价

二十五年布图平津系列

二十五年布图平津系列

1936年间法币刚发行不久,新辅币尚未运往北方流通,平津市面辅币缺乏,时任平津卫戍司令的宋哲元要求根据上海中央造币厂所发行的铜、镍辅币形制,增加"平"、"津"字以示区别,试制了几种不同的版本。二十五年布图平津系列(除MG.93)均属试样性质,未正式发行,民国铜元中的大珍名誉品。

MG.93（1936）民国二十五年布图壹分 / 布下平

MG.94（1936）民国二十五年布图壹分 / 布下津　　　MG.95（1936）民国二十五年布图壹分 / 党徽下平

MG.96（1936）民国二十五年布图壹分 / 党徽下平津　　MG.97（1936）民国二十五年布图壹分 / 平叠党徽

MG.98（1936）民国二十五年布图壹分 / 津叠党徽　　MG.98a（1936）民国二十五年布图半分 / 津叠党徽

级别	普品	极美	近未使用	未使用	级别	普品	极美	近未使用	未使用
MG.93	3级				300 000					
MG.94	1级				无定价	MG.95	1级				无定价
MG.96	1级				无定价	MG.97	1级				无定价
MG.98	1级				无定价	MG.98a	1级				无定价

廿五年面嘉禾系列

廿五年面嘉禾壹枚、贰枚、五枚、拾枚、伍拾枚系列

冀察政务委员会,名义上属中央行政院直辖,但实际上有很大的独立性,可自主办理河北、察哈尔及平、津地区的一切军政事务,宋哲元任委员长。1936年宋哲元主持的冀察政务委员会要求天津造币厂拟造全新样式的嘉禾铜辅币,其中一系列是面嘉禾无地名,背嘉禾和1936,以"枚"为单位,计有壹枚、贰枚、五枚、拾枚与伍拾枚等面值。此套最早出现于1943年第142次中国泉币学社例会,机制币收藏家许小鹤先生曾展示廿五年"枚制"全套五种。图示除伍拾枚(华夏古泉收藏),余下皆为马定祥先生旧藏。此套廿五年嘉禾枚制样币未正式发行,所见均为个位数,皆为藏界震撼之物,民国铜元中的大珍名誉品。

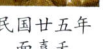

民国廿五年面嘉禾　　枚制

MG.99(1936)民国廿五年嘉禾/壹枚(原大)

MG.100(1936)民国廿五年嘉禾/贰枚(原大)　　MG.101(1936)民国廿五年嘉禾/五枚(原大)

MG.102(1936)民国廿五年嘉禾/拾枚(原大)　　MG.103(1936)民国廿五年嘉禾/伍拾枚(原大)

级别		普品	极美	近未使用	未使用	级别		普品	极美	近未使用	未使用
MG.99	1级				无定价						
MG.100	2级				无定价	MG.101	1级				无定价
MG.102	2级				无定价	MG.103	1级				无定价

廿五年面嘉禾壹分、廿文系列

1936年宋哲元主持的冀察政务委员会要求天津造币厂拟造全新样式的嘉禾铜辅币，其中有无地名的"壹分"与"廿文"二种。以"分"为单位的，只有壹分一种面值，材质见有银质与红铜两种，银质的为异质试样，孤品仅见，马定祥先生旧藏。红铜者为正样，存世稀见。以"文"为单位的，仅有廿文一种面值，样币，未发行量产者，材质分镍合金、红铜两种。镍合金者为异质试样，薄坯，传世仅见，马定祥先生旧藏。红铜者为正样，传世罕见。

民国廿五年
面嘉禾

MG.104（1936）民国廿五年嘉禾 / 壹分（原大）

壹分　　廿文

MG.105（1936）民国廿五年嘉禾 / 壹分（原大），银质

MG.106（1936）民国廿五年嘉禾 / 廿文（原大）　　MG.107（1936）民国廿五年嘉禾 / 廿文（原大），镍合金

级别	普品	极美	近未使用	未使用		级别	普品	极美	近未使用	未使用
MG.104	3级				350 000						
MG.105	1级				无定价						
MG.106	1级				无定价	MG.107	1级				无定价

廿五年面平津系列

廿五年面平津壹枚、贰枚、拾枚系列

1936年宋哲元主持的冀察政务委员会要求天津造币厂拟造全新样式的嘉禾铜辅币，除了无地名的"壹分"与"廿文"外，无地名的"枚制"外，还有一类是分别铭记"平"、"津"字的壹枚、贰枚与拾枚等六种，未正式发行，民国铜元中的大珍名誉品。最早出现于1943年第142次中国泉币学社例会，机制币收藏家许小鹤先生曾展示廿五年面上平津全套六种，目前所见均为个位数，六枚完整者仅见此套，马定祥先生旧藏。

MG.108（1936）民国廿五年面上平/壹枚（原大）

MG.109（1936）民国廿五年面上津/壹枚（原大）

MG.110（1936）民国廿五年面上平/贰枚（原大）

MG.111（1936）民国廿五年面上津/贰枚（原大）

MG.112（1936）民国廿五年面上平/拾枚（原大）

MG.113（1936）民国廿五年面上津/拾枚（原大）

级别	普品	极美	近未使用	未使用		级别	普品	极美	近未使用	未使用
MG.108	1级				无定价	MG.109	1级			无定价
MG.110	1级				无定价	MG.111	1级			无定价
MG.112	1级				无定价	MG.113	1级			无定价

山西中华铜币系列

直吊缨　曲吊缨　中斜珠

MG.114（1918）左右山西 / 壹枚

直条旗　星条旗

小麦穗　大麦穗

MG.115（1918）中斜珠 / 壹枚

MG.116（1919）直吊缨 / 壹枚小麦穗

MG.117（1921）直吊缨 / 壹枚大麦穗

MG.118（1919）直条旗 / 壹枚小麦穗

MG.119（1921）直条旗 / 壹枚大麦穗

	级别	普品	极美	近未使用	未使用		级别	普品	极美	近未使用	未使用
MG.114	5 级		10 000	25 000	100 000						
MG.115	8 级	400	2 000	5 000							
MG.116	9 级	100	300	500	3 000	MG.117	6 级	500	2 500	3 500	
MG.118	10 级	30	200	400	1 500	MG.119	8 级	150	400	800	3 500

MG.120（1921）星条旗 / 壹枚大麦穗　　　　　　MG.121（1921）星条旗 / 壹枚小麦穗

MG.122（1919）民国八年 / 贰拾文小麦穗　　　　民国八年　　民国十年

MG.123（1921）民国八年 / 贰拾文大麦穗　　　　小麦穗　　大麦穗

MG.124（1921）民国十年 / 贰拾文大麦穗　　　　MG.125（1921）民国十年 / 贰拾文小麦穗

	级别	普品	极美	近未使用	未使用		级别	普品	极美	近未使用	未使用
MG.120	10 级	50	200	400	2 000	MG.121	7 级	400	1 500	4 000	
MG.122	10 级	50	200	400	2 000						
MG.123	8 级	300	1 000	3 000							
MG.124	10 级	50	100	200	2 000	MG.125	8 级	300	1 000	3 000	

甘肃铜币系列

MG.126（1924）中华民国中花 / 十文，机制母钱

甘肃中华民国十文与孔造系列

甘肃中华民国十文机制凹槽边母钱，目前已知存世数枚。甘肃孔造珠圈五文可分机制光边流通与机制凹槽边母钱二版，存世皆稀少，凹槽边均为车铣后加工用于翻砂。甘肃孔造方框五文目前为仅见品，最早出现于1945年第161次中国泉币学社例会，机制币收藏家张璜先生出品，马定祥先生旧藏，于2009年北京嘉德春拍马定祥专场拍出。

MG.127（1924）甘肃孔造五文 / 珠圈孔，机制母钱

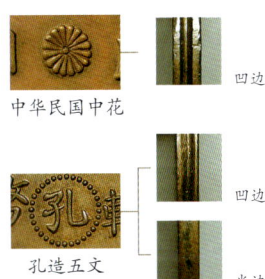

中华民国中花 —— 凹边
孔造五文 —— 凹边 / 光边

MG.128（1924）甘肃孔造五文 / 方框孔，机制母钱

珠圈孔　　方框孔

MG.129（1926）民国十五年甘肃铜币五十文

MG.130（1926）民国十五年甘肃铜币壹百文

	级别	普品	极美	近未使用	未使用
MG.126	3级			200 000	350 000
MG.127	4级		80 000	150 000	250 000
MG.128	2级			无定价	
MG.129	7级	300	2 000	5 000	

	级别	普品	极美	近未使用	未使用
MG.130	8级	200	1 500	3 500	

甘肃造币厂五十文样币

此枚甘肃造币厂五十文属样币性质，币坯制作精良，压力足，外缘马齿及图案文字明显异于流通版，属流通版试样或留档样币，目前为仅见品，《中国铜元图典》图940原物，马定祥先生旧藏，最早于2003年北京嘉德春拍马定祥专场拍出。

MG.131（1927）甘肃造币厂五十文，样币

MG.132（1927）甘肃造币厂五十文　　　　MG.133（1927）甘肃开国纪念币贰拾文

孙中山像伍枚

1928年北伐成功，冯玉祥为纪念国民党总理孙中山，在甘肃兰州造币厂制造了面版为孙中山正面像，背版为国民党党徽的壹圆银币与"伍枚"铜元。"孙中山党徽伍枚"铜元，可分光边与齿边，光边发现很少。此外，这枚钱较有意义的是最早将孙像作为铜元图案的钱币。

MG.134（1928）民国十七年孙像伍枚

MG.134a（1928）民国十七年孙像伍枚／光边

民国十七年

孙像伍枚　　齿边／光边

级别	级别	普品	极美	近未使用	未使用		级别	普品	极美	近未使用	未使用
MG.131	3级				350 000						
MG.132	5级		15 000			MG.133	8级	200	1 200	3 500	12 000
MG.134	6级	5 000	30 000	100 000							
MG.134a	5级		80 000								

察哈尔中华铜币系列

MG.135（1924）中华铜币 / 十三年十文

察哈尔中华铜币十三年十文

塞北的察哈尔原是蒙古族的一部，1913年改为察哈尔特别区，1928年建省。新中国成立后废省。1923年11月张家口口北造币厂委请天津造币厂颁发设计当十、当二十祖模，拟请祖模加镌蒙、汉文"中华铜币"四字。十文可能属短期流通币性质，目前已发现几枚精美的试样与少量的流通币，由于是天津造币厂的技师所设计，所以风格与天津厂的共和纪念币铜元颇为相似。

MG.136（1926）中华铜币 / 十三年双枚

民国十三年　　民国十五年

MG.137（1926）中华铜币 / 十五年双枚

察哈尔中华铜币十三年双枚样币

此版察哈尔中华铜币十三年双枚属样币性质，币坯制作精良且厚重，压力足，字表平，外缘马齿及图案文字明显异于流通币，目前已知存世四枚左右。此样另有镀镍版存世，目前仅见三枚。中华铜币双枚（二十文）流通币目前发现有十三年版与十五年版两个版本，十三年相对较精而多，十五年则粗而少。

MG.138（1924）中华铜币 / 十三年双枚，样币

MG.138a（1924）中华铜币 / 十三年双枚，样币，镀锡

	级别	普品	极美	近未使用	未使用		级别	普品	极美	近未使用	未使用
MG.135	4级				350 000						
MG.136	9级	200	1 500	4 000	15 000						
MG.137	7级	600	5 000								
MG.138	2级				600 000	MG.138a	2级				700 000

贵州铜元系列

民国三十八年

长铜元　　扁铜元

MG.139（1949）贵州长铜元半分

MG.140（1949）贵州扁铜元半分

绥远白塔系列

MG.141（1949）白塔一分

MG.142（1949）白塔五分

陕西铜元系列

MG.143（1931）陕西一分

MG.144（1931）陕西二分

	级别	普品	极美	近未使用	未使用		级别	普品	极美	近未使用	未使用
MG.139	7级	3 000	15 000								
MG.140	8级	2 000	10 000	30 000							
MG.141	7级	3 500	20 000			MG.142	5级		40 000	80 000	
MG.143	8级	150	600	2 000	8 000	MG.144	9级	100	500	1 500	6 500

伪政府铜元系列

1931年9月日本发动九一八事变侵吞东北,并在1932年3月成立所谓的"满洲国",为日本在华扶植傀儡政权之始。尔后推动华北分治,1935年11月成立"冀东防共自治政府"。1937年7月抗战全面爆发,日军攻陷南京后在1938年3月先成立"维新政府",随即并入汪伪"南京国民政府"。1939年9月成立"蒙疆联合自治政府"。1945年8月日本投降后,傀儡政权全数瓦解。

伪"满洲国"铜币

1932年3月—1945年8月

伪"满洲国"范围包括旅顺、大连以外的东北三省、内蒙古东部及河北承德等地,伪满成立后溥仪任"执政",在长春"建都"并改名"新京",发行"大满洲国"及年号"大同"的铜镍币。1934年改帝制,年号"康德"。伪满硬币由日本造币局设计雕模,在伪满"中央银行"造币厂(奉天造币厂)制作。

MG.145(1933)伪满"大同二年"五厘

MG.146(1933)伪满"大同二年"壹分

MG.147(1934)伪满"大同三年"五厘

MG.148(1934)伪满"大同三年"壹分

MG.149(1934)伪满"康德元年"五厘

MG.150(1934)伪满"康德元年"壹分

	级别	普品	极美	近未使用	未使用		级别	普品	极美	近未使用	未使用
MG.145	7级	300	1 500	2 500	6 000	MG.146	7级	250	1 200	2 000	4 500
MG.147	9级	50	100	300	800	MG.148	10级	10	50	150	400
MG.149	9级	50	100	300	800	MG.150	10级	10	50	150	400

MG.151（1935）伪满"康德二年"五厘

MG.152（1935）伪满"康德二年"壹分

MG.153（1936）伪满"康德三年"五厘

MG.154（1936）伪满"康德三年"壹分

MG.155（1937）伪满"康德四年"五厘

MG.156（1937）伪满"康德四年"壹分

MG.157（1938）伪满"康德五年"壹分

	级别	普品	极美	近未使用	未使用		级别	普品	极美	近未使用	未使用
MG.151	9级	50	100	300	800	MG.152	10级	10	50	150	400
MG.153	9级	50	100	300	800	MG.154	10级	10	50	150	400
MG.155	9级	50	100	300	800	MG.156	10级	10	50	150	400
						MG.157	10级	10	50	150	400

MG.158（1939）伪满"康德六年"五厘

MG.159（1939）伪满"康德六年"壹分

MG.160（1940）伪华兴银行壹分

伪"华兴商业银行"铜币

1939年5月—1945年8月

"维新政府"成立后在上海设置"华兴商业银行"，作为此华中地区傀儡政权的发行银行。其中硬币为"民国二十九年"版廿分、拾分、伍分之镍币及壹分铜币，壹分少见，有铝样及银样存世，系日商石福金属制品厂上海工场生产。

MG.160a（1940）伪华兴银行壹分，铝质

MG.160b（1940）伪华兴银行壹分，银质

	级别	普品	极美	近未使用	未使用		级别	普品	极美	近未使用	未使用
MG.158	7级	300	1 500	2 500	6 000	MG.159	9级	50	100	300	800
						MG.160	4级				30 000
						MG.160a	2级				200 000
						MG.160b	3级				250 000

伪"冀东政府"铜币

1935年12月—1938年2月

1936年11月伪"冀东政府"在天津开办"冀东银行",发行纸钞及硬币。计有"冀东政府民国二十六年"版贰角、壹角及伍分镍币三种,壹分、伍厘铜币两种,计五种硬币,只有一个年份。据日本造币局史料记载,"1936年12月,'冀东政府'货币制造引受(承接)",制造时间为1936年至1937年。

MG.161(1937)伪冀东五厘

MG.162(1937)伪冀东壹分

民国合面合背

MG.163 阳九点/阳十点合面

MG.164 开国繁花合面

MG.165 圆国短点国合面

MG.165a 开国楷书合面

	级别	普品	极美	近未使用	未使用		级别	普品	极美	近未使用	未使用
						MG.161	8级	150	500	800	5 500
						MG.162	9级	50	200	500	2 500
MG.163	2级				100 000	MG.164	5级		20 000		
MG.165	4级		35 000			MG.165a	4级		40 000		

MG.166 六角星 / 七点星合背

MG.167 二十九年一分合背

MG.168 二十九年一分合背，银质

MG.169 二十九年一分合背，黄铜

―――― 台湾省铜元 ――――

MG.170（1949）三十八年台湾省壹角

	级别	普品	极美	近未使用	未使用		级别	普品	极美	近未使用	未使用
MG.166	4 级		20 000			MG.167	4 级			30 000	
MG.168	4 级			30 000		MG.169	4 级			30 000	
MG.170	10 级				500						

23
苏维埃篇

(SWA)

1927 至 1928 年间中国东南、中部、西北等地区相继成立了苏维埃政权，其中以赣南、闽西两块苏区连成的中央苏区，是当时全国实力最大的苏区。1931 年 11 月 7 日，经由全国代表大会在江西瑞金召开与决议，成立了中华苏维埃共和国，毛泽东当选为中华苏维埃共和国主席。1932 年 3 月，中央苏区造币厂利用缴获的一套新式造币机器和钢模正式迈入机械化生产时代，当时生产的铜元面值计有一分与五分。

为了统一领导鄂豫边、豫东南、皖西北三块革命根据地，1930 年成立鄂豫皖特委。1931 年 5 月成立了"鄂豫皖特区苏维埃银行"，下设三家独立的分行。其中，皖西北特区苏维埃银行于 1931 年 5 月初在安徽省金家寨成立，后更名为皖西北道区苏维埃银行，1932 年铸造皖西北 20 文与 50 文铜元。币面铭记皖西北（道区）苏维埃造，币背周边有"全世界无产阶级联合起来呵"的口号。

1931 年 11 月鄂豫皖苏区，成立红四方面军。1932 年 12 月解放四川通江县，成立了川陕省临时革命委员会，1933 年 2 月中旬正式建立川陕省苏维埃政府。同年 10 月红四方面军攻占四川达县，缴获接收了四川军阀刘存厚的先进造币机器设备。1933 年 11 月中旬，红四方面军造币厂（又称川陕省造币厂）在四川省通江城郊西寺成立。这是当时全国苏区各根据地中最具规模、设备最精良的造币厂，故在川陕省苏区能制造数量较多的银币与铜元，这些货币也因此在川陕苏区广泛流通，对于统一当地币制、活跃金融、稳定物价、改善根据地人民生活、促进贸易、发展工农业生产、巩固川陕苏维埃政权均发挥了重要作用。半年后，为了躲避敌机轰炸，川陕省造币厂辗转迁移。1935 年 4 月，红军长征北上撤离时，将大部分造币机器沉入水中。历时 17 个月的造币厂完成了其历史使命。

中华苏维埃共和国系列

无岛类　　套岛类　　近岛类

SWA.01（1932）中华苏维埃一分

连岛类　　远岛类

连岛粗珠圈　　圆花结

SWA.02（1932）中华苏维埃五分 / 无岛类

SWA.03（1932）中华苏维埃五分 / 套岛类　　SWA.04（1932）中华苏维埃五分 / 连岛类

SWA.04a（1932）中华苏维埃五分 / 连岛粗珠圈　　SWA.05（1932）中华苏维埃五分 / 近岛类

	级别	普品	极美	近未使用	未使用		级别	普品	极美	近未使用	未使用
SWA.01	7 级	400	1 500	3 500	12 000						
SWA.02	6 级	4 000	20 000	40 000							
SWA.03	8 级	400	1 200	3 500		SWA.04	8 级	400	1 200	3 500	
SWA.04a	5 级		5 000			SWA.05	8 级	400	1 200	3 500	12 000

SWA.05a（1932）中华苏维埃五分 / 圆花结　　　　　　SWA.06（1932）中华苏维埃五分 / 远岛类

皖西北苏维埃造系列

SWA.07（1931）皖西北苏维埃二十文　　　　　　SWA.08（1931）皖西北苏维埃五十文

   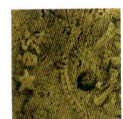

SWA.09（1931）皖西北苏维埃伍拾文　　　　　　　　　　　　　左读

SWA.10（1931）皖西北道区苏维埃伍拾文　　　SWA.10a（1931）皖西北道区苏维埃伍拾文，左读

	级别	普品	极美	近未使用	未使用		级别	普品	极美	近未使用	未使用
SWA.05a	6级	3 000	12 000			SWA.06	8级	400	1 200	3 500	
SWA.07	4级	20 000	50 000			SWA.08	5级	5 000	15 000		
SWA.09	5级	8 000	20 000								
SWA.10	5级	8 000	20 000			SWA.10a	4级	20 000			

川陕省苏维埃造系列

SWA.11（1933）川陕苏维埃 200 文 / 空心锤　　　SWA.12（1933）川陕苏维埃 200 文 / 实心锤

SWA.12a（1933）川陕苏维埃 200 文 / 反 2

一九三三年　　空心锤　　实心锤

反 2　　斧型锤　　空心五角星

SWA.12b（1933）川陕苏维埃 200 文 / 斧型锤

SWA.12c（1933）川陕苏维埃 200 文 / 空心五角星

SWA.12d（1933）川陕苏维埃 200 文 / 珠圈版

珠圈版

一九三四年

	级别	普品	极美	近未使用	未使用		级别	普品	极美	近未使用	未使用
SWA.11	8 级	1 000	3 000			SWA.12	8 级	800	2 500		
SWA.12a	7 级	2 000	5 000								
SWA.12b	7 级	2 000	5 000			SWA.12c	7 级	2 000	5 000		
SWA.12d	5 级		20 000								

川陕苏维埃 200 文一九三四年

川陕苏维埃 200 文一九三四年版于 1934 年川陕省革命根据地制造，该厂 1933 年至 1934 年生产发行铜元。其中二百文铜元根据坯型大小分为"大型二百文"和"小型二百文"（"赤化全川"铜元）。"大型二百文"铜元分 1933 年和 1934 年两种，前者大量发行，存世较多；后者极为稀见。

SWA.13（1934）川陕苏维埃 200 文

SWA.14（1934）赤化全川二百文　　　　SWA.15（1934）赤化全川二百文 / 反 4

1934　　　1934 反写 4

 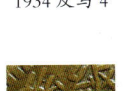
简写联　　繁写联

小五角星
大五角星

SWA.16（1934）川陕苏维埃 500 文 / 简写联

SWA.17（1934）川陕苏维埃 500 文 / 繁写联　　　　SWA.18（1934）川陕苏维埃 500 文 / 繁写联小五角星

级别	普品	极美	近未使用	未使用		级别	普品	极美	近未使用	未使用
SWA.13	3 级		120 000								
SWA.14	7 级	450	2 500	6 500		SWA.15	7 级	400	2 500	6 000	
SWA.16	7 级	500	2 500	5 500							
SWA.17	7 级	500	3 000	6 500		SWA.18	7 级	500	3 000	6 500	

附录：国外造币厂中式制钱试样

APP. C1（1866）同治通宝宝浙，巴黎造币厂

APP. C2（1866）Specimen，1866，英国　　　APP. C3 乾隆通宝，英国喜敦造币厂

APP. C4 specimen，英国　　　APP. C5 光绪通宝，宝广双柱

APP. C6 光绪通宝，宝源　　　APP. C7 宝广库平一钱，德国

新增	级别	普品	极美	近未使用	未使用		级别	普品	极美	近未使用	未使用
APP.C1					350 000						
APP.C2					150 000	APP.C3					150 000
APP.C4					150 000	APP.C5					80 000
APP.C6					350 000	APP.C7					150 000

后记
HOUJI

　　本书的宗旨是提供一本大纲式、简单实用的工具书，把精美品相之铜元以一正一背的图片形式完整地呈现给读者。所收录的铜元中不乏近年来所新发现的，且从未刊录过、发表过的不少珍稀品种，以及诸多大藏家秘藏许久的珍稀铜元。蒙各位藏家厚爱，容编者一一照相，予以完美呈现。

　　本书在写作过程中得到了全国乃至海外众多泉友的支持，在这里特别将他们的名字列出，以表示谢意。首先，感谢沈鸣镝先生给予本书的帮助与指导。特别感谢何代水先生的信任，多次取出私家珍藏给我带回家中拍照，书中相当一部分的铜元珍品为何先生所珍藏。蒙马定祥哲嗣马传德先生厚爱，感谢他特意从银行取出珍藏多年的大珍名誉品供我拍照，使本书的铜元种类更加完整。感谢孙浩老师为本书翻译前言及书名，以及提供宝贵的修改建议。感谢郑仁杰先生为本书作序。感谢上海博物馆周祥老师对本书的指导。感谢沈雪明先生对于本书版式、参考价提出的宝贵建议。

感谢上海科学技术出版社的大力支持，使本书终于付梓出版，与广大读者见面。

　　另外，各地泉友为本书提供了实物素材，他们的名字单独列于此处（排名不分先后，括号内为网名）：美国的孙浩（迷中迷）、加拿大的李共清（老钱），以及我国澳门特区的甄述圣（天南地北），我国台湾地区的何代水（何安）、郑仁杰（jacky）、王寿萱（Frank）、刘继武（67511）、郑文义（风云）、刘蕴宏、曾文鸿（宝源堂主）、陈吉茂、朱复圭（20000）、施诚一（levys）、宫建新、王俊胜（吉姆王）、王明灿；内地的张培林（沈水之阳）、栾心刚（平静的思念）、高兴、于扬眉（babylon）、魏亚军（铜缘）、曹旭初（karimcao）、（叶公好龙）、施新彪、施志民、赵准、孟雄、汪芳（wf55）、王卓凌（dandan）、袁韵涛（幽灵王）、周玥（无级）、周鑫淼（小人物）、元凯宁（孔方）、李松朋、蔡雨辰（上海蔡）、沈雪明（沈小宝）、周大为、赵梓凯（少泉）、傅华成、罗赟杰（清以昭明）、刘成伟（蓝色的感觉）、郑升国（杭州收藏者）、宁业超（万龙）、林海云（泉林阁）、卜月勤（贺龙）、邝卫森（南蛮）、李专（lzwnb）、肖志军、邹力（格力）、张洪宝（完美）、胡颂韩（husonghan）、（老骥cc）、段洪刚（杨公博）、方洁（泉宝宝）、龙权（loqu）、易龙泉（1588）、（芙蓉国）、崔晓光（随风）、陆文通（好文）、陈亚平（百马清流）、王忠伟（孙悟空）、秦鸣晨（秦泉）、金琪（常平式）、周文兴（周人和）、顾鼎民（三顾茅庐）、王修兰（绿秀秀）、宋文洪（集雅阁）、周贵（小江西）、姚涛、曹昳（CY）、王爱学（追寻）、周军（金银铜）、夏亮亮（新仁）、曾庆勇（求知）、姜勇杰（户部制造）、孙玉波（马大哈）、姜大勇（Jdy777）、陈忠华（舜泉）、刘春阳（聚泉庄主）、杨勇、李建清（dongjin）、朱孝伟（墨泉斋）、张治中（恋泉123）、郑雄（一点成金）、姚煜（YY）、许迎新、王红强（九段）、傅志方（钱眼通天）、胡瑞（百年铜元）、崔向荣（冷墨）、汪洋（sjwy）、李菁（菁泉）、余穗聪（Wino310）、许怀峰（江南游子）、郭洪亮（小伟）、吴永兵（朋友888）、王展平（杭州老王）、仇亮（学生）、马国超（铜元虫）、郑元章（自在堂）、罗九都（云南一仙）、张岗（沧州古玩）、林志锋（林风）、张国枢（qd006）、何峻峰（西域鬼刀）、康永杰、林敬镖、（铂金猫）、（藏银）、（唐古拉）、（逍江）、（蜀鑫）、（九月的肖邦）、谢晓坤、白轶群、（旋风出击）、（耳东）、（如获至宝）、（玉堂珍）、（贡嘎）、（猎豹列）、（wqs）、（有佛堂）、（兆康）、（五爪龙）、（fczfc）、聚银双洋）、（lyz）、（痕迹天空）、（风扇）、（高山流水）、（三点半）、（古币虫）、（藏友乐园）、（天堂阳光）、（龙须面）、（四眼）、庞西江、王端平、李智、张小熙、赵振阳、张静、罗一洋、王玉来、胡波、范敏、王雷、张鸣、陈浩敏、汪千力、蒋锦华、刘伟明、王武军、闵晓庆、蔡伟明、陈惠明、杨天灵。

最后，也要感谢诚轩拍卖、泓盛拍卖、嘉德拍卖、冠军拍卖、SBP拍卖、HA拍卖、中国机制币论坛、华夏古泉网、钱币纵横论坛、钱币天堂网、PCGS公司、NGC公司、小康金泉公司，以及其他给予我们支持的各地泉友。

编　者
2024年5月